KB117813

‘사는 늘 위기
ㅣ 나는 늘 ' 있다 !

저자 김정운
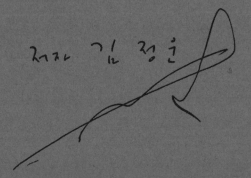

노는 만큼 성공한다

노는 만큼 성공한다

• 김정운 지음 •

www.book21.com

여는 이야기 하나 _ 논두렁에 앉아 낫 갈기

가을의 한 농촌 마을. 두 농부가 논에서 열심히 벼를 베고 있다. 한 사람은 허리를 펴는 법 없이 계속 벼를 벴다. 그러나 다른 한 사람은 중간마다 논두렁에 앉아 쉬었다. 노래까지 흥얼거렸다. 저녁이 되어 두 사람이 수확한 벼의 양을 비교해보았다. 틈틈이 논두렁에 앉아 쉬었던 농부의 수확량이 훨씬 더 많았다. 쉬지 않고 이를 악물고 열심히 일한 농부가 따지듯 물었다.

"난 한 번도 쉬지 않고 일했는데 이거 도대체 어떻게 된 거야?"

틈틈이 쉰 농부가 빙긋이 웃으며 대답했다.

"난 쉬면서 낫을 갈았거든."

우리 모두 한번 되돌아볼 일이다. 무딘 낫을 들고 온종일 땀 흘려 일하고 있지는 않은지? 그러면서 나는 정말 열심히 살고 있다고 스스로 위안삼고 있지는 않은지?

여는 이야기 둘 _ 자동차는 찌그러져야 안전하다!

자동차 정비소에 차를 맡겼다. 정비공이 엔진오일을 갈기 위해 자동차 보닛을 열었다. 곁에서 보니 빈 구석이 많았다. 정비소 직원에게 물었다.

"이렇게 빈 구석이 많으면 교통사고가 났을 때 너무 위험한 것 아닌가요? 너무 약해 보이는데요?"

정비소 직원은 오히려 내게 물었다.

"그럼 이 빈 공간을 튼튼한 쇠로 가득 채우면 안전할 것 같습니까?"

나는 대답했다.

"그럼요. 무거워서 속도가 안 나기는 하겠지만 자동차 앞부분에 빈 공간이 없다면 훨씬 더 안전해지지 않을까요?"

그러자 그는 빙긋이 웃으면서 말했다.

"그러면 아주 작은 사고에도 손님의 내장이 터지고 말 걸요? 사고가 났을 때 충격을 완화시켜줄 완충작용이 일어날 공간이 있어야 하거든요. 강하다고 안전한 차가 아닙니다. 사고가 나면 차는 찌그러져야 합니다. 그래야 사람이 안전합니다."

항상 고무줄처럼 팽팽하게 긴장되어 돌아가는 우리 삶의 완충지대는 어디에 있을까? 도대체 충격을 완화할 여유라고는 찾아볼 수 없으니 모두들 사소한 일에 신경이 곤두선다. 안에서 솟아나는 적개심을 어찌할 줄 몰라 눈이 벌겋게 되는 것이다. 팽팽하게 당겨진 고무줄은 아주 작은 충격에도 너무 쉽게 끊어진다. 오늘날 대한민국에서 하루에 40여 명씩 자신의 삶을 포기하는 것도 이와 다르지 않다.

여는 이야기 셋 _ 유대인은 유전자가 다르다?

지금 인류의 위대한 학자 몇 사람을 머리에 떠올리고 생각나는 사람들이 어느 민족인지 확인해보라. 두 사람 중 하나는 유대인일 것이다. 유대인에게는 뭔가 특별한 것이 있다. 심지어는 유대인은 선천적으로 우리와 다른 유전자를 타고난다고 주장하는 이도 있다. 그러나 유전자가 다른 것이 아니다. 그들의 교육방식과 문화가 특별하기 때문이다.

특히 그들의 노동 철학은 다른 민족과 확실하게 구별된다. 그들의 노동 철학은 '열심히 일해라'가 아니다. '우선 잘 쉬어라'다. 안식일을 철저하게 지키는 것은 세계 어느 곳에 흩어져 살든 유대인의 삶을 규정하는 가장 중요한 원칙이다. 오죽하면 예수를 상대로 안식일에 환자를 고쳤다고 시비를 걸었을까. 안식일만 있는 것이 아니다. 6년을 열심히 일했으면 1년은 정확하게 쉬어야 한다. 안식년이다. 안식년에는 땅의 경작도 쉬어야 한다. 자연도 쉬어야 한다는 이야기다. 안식년에 밭에서 나는 곡식은 가난한 자들의 것이었다.

안식일, 안식년만 있는 것이 아니다. 안식년을 7번째 보낸 다음해, 즉 50년째는 '희년禧年, year of jubilee'이라 불렀다. 희년에는 경작을 쉴 뿐만 아니라 죄인들의 죄를 용서하고 빚도 탕감해주었다. 모든 계약 관계를 정리하고 새로운 시작을 위해 가족에게 돌아가 휴식을 취하는 해였다.

유태민족은 이렇게 수천 년 전부터 노동의 핵심을 쉬는 것에 두었기 때문에 다른 민족이 따라갈 수 없는 창의적인 민족이 될 수 있었다. 일만 알고 휴식을 모르는 사람은 브레이크가 없는 자동차와 같이 위험하기 짝이 없다. 쉼의 철학이 빠진 노동의 철학은 사람을 일의 주인이 아니라 노예로 만드는 도구일 뿐이다.

우리는 일해서 얻은 것으로 살아가지만 또한 쉬면서 얻은 것으로 일할 수 있다. 쉼이 없는 노동은 '있지도 않고 있을 수도 없고 있어서도 안 된다.'

차 례

프롤로그 일에 빠져 있을 때 머리는 가장 무능해진다 · 14

"이렇게 경제가 어려운데 무슨 '노는 이야기'를?" 14 | 못 노는 386이 나라 망친다 18

1부 나는 놈 위에 노는 놈 있다 · 25

1장 한국, 놀 줄 몰라 망할지도 모른다 · 27

너무 많이 논다고? 29

행복하면 죄진 것 같았고 즐거우면 불안했다 30 | 불안한 예감은 꼭 들어맞는다 32 | 잘못하다간
IMF 위기가 또 온다고? 32 | '부적응적 불안'의 원인 34 | 제대로 놀지 못하면 제2의 IMF 위기가
찾아온다! 35 | 노동시간 단축은 혁명이다 37 | 여가시간의 증가 또한 혁명이다 38 | '1만 달러
덫'의 실체는 여가 문화의 부재 38

주5일 시대, 노는 시간을 경영하라 40

주40시간 근무제 대책이 포르노 사이트 단속? 41 | 대책 없이 늘어난 여가시간은 재앙이다 42
하루 더 놀면 이혼이 늘어난다 43 | 하루 더 놀면 결혼도 안 한다 44 | 결혼을 하지 않으니 아기를
낳을 생각도 없다 45 | 애를 낳지 않으니 노인들만 남는다 47 | 쉬는 날, 쉬지 않고 한 푼이라도 더
벌려고 한다_노동의 브라질화 48 | 방황하는 청소년들이 늘어난다 49 | 노동소외보다 여가소외
현상이 더 문제다 50 | 남는 것은 상업주의적 쾌락뿐 51 | 긴 서론에 짧은 결론 51 | 국가는 국민을
행복하게 해줄 책임이 있다 52

2장 일의 반대말은 여가가 아니라 나태 · 55

인센티브 위에 자존심 있다 57

돌고래가 받아먹는 썩은 생선을 탐할 건가 58 | 아이들을 TV에서 떠나게 하는 전략처럼 58 | 인센
티브 위에 자존심 있다 60 | 보상이 사라지는 순간 일하기를 멈춘다 61 | 보상으로 유혹할 수 없는
사람들이 많아진다 63 | 집안일을 회사로 가져오는 것은 왜 안 되나? 64 | 일과 삶의 균형 프로그
램_Work-Life Balance Program 64

일중독에 빠진 리더의 착각 _ 오버씽킹 66

일중독자는 일하는 시간이 짧다 67 | 심리학에서 본 걱정거리의 실체 68 | 행복한 순간조차 걱정
거리를 찾는 사람 69 | 무엇이 '오버씽킹'인가 70 | 오버씽킹은 전염된다 72 | 정말 중요한 일은
어떤 일일까 73 | 행복한 사람 주위에는 행복한 사람이 많다 74

노는 것을 학문적으로(?) 연구한 사람들 76

나는 '여가'라는 단어가 싫다 77 | 쉬는 것과 노는 것의 차이 78 | 놀이의 고전적 이론들 79 | 심리현상으로서의 놀이_프로이트와 피아제의 놀이이론 81 | 상호작용으로서의 놀이_비고츠키 83 놀이의 다섯 가지 특징 84 | 내 인생을 내가 선택했다?_놀이와 행복 87

3장 놀이는 창의성과 동의어 · 89

창의성의 원천은 '낯설게 하기' 91

근면 성실한 사람이 불쌍해지는 사회 91 | 재미가 가장 중요한 가치다 93 | 우리는 의미 있는 것들만 기억한다 94 | 지식과 정보는 어떻게 다른가 95 | 새로운 것을 만들어내는 것이 창의성이라고? 96 | 새로운 것은 없다 97 | "똥 싸?" 98 | 창의성의 원천은 '낯설게 하기'에 있다 100 | '노는 놈' 들은 세상을 낯설게 만든다 101

다빈치의 데이터베이스에서 나온 모나리자 102

좋은 게 뭔지도 겪어봐야 안다 103 | 내가 소니 바이오 노트북에 열광하는 이유 104 | 왜 국산 노트북은 나를 행복하게 만들어주지 못할까? 106 | 피아니스트의 어깨선에 반해 결혼한 내 친구 106 | 모나리자의 미소는 왜 아름다울까 108 | 어른들은 낯선 것을 익숙하게 만들고, 아이들은 익숙한 것을 낯설게 만든다 109

놀아본 사람만이 창의적일 수 있는 이유 112

자료를 카드로 작성해 논문을 쓰던 시절 113 | 애플 컴퓨터를 사다 115 | 4년 후 애플 컴퓨터 구입 비용의 수십 배를 벌다 116 | 내가 독일어로 독일 학생들을 가르치다니 118 | 정보 관리는 사고의 시스템을 바꿔준다 119 | 창의성이 없다고 한탄할 일이 아니다 120

창밖을 멍하게 보는 시간이 가장 창의적인 두뇌 122

e스포츠_뭔 스포츠? 123 | 게임 중계가 국가 핵심동력산업이라니 124 | 축구게임을 진짜 축구경기처럼 TV로 중계할 생각 125 | 전문적인 게임중계 채널을 만들어라 126 | 창의력은 정보의 '크로스오버'를 통해 얻어진다 127 | 창의적 사고는 그림으로 만들어진다 129 | 멍하고 있을 때가 가장 창의적이다 130 | 가장 열심이 일할 때가 가장 창의적이지 못하다 132

아마도……와 혹시?_창의적 사고의 방법 133

연역적 사고로는 절대 창의적일 수 없다 133 | 새로운 것의 발견에는 전혀 관심 없는 귀납적 사고 135 | 창의성은 '아마도……'에서 시작된다 135 | 산만한 마음의 지도를 그려라 137 | 마인드맵을 그리는 몇 가지 요령 139 | 세상은 모두 우연이다 141 | 놀이는 '아마도'와 '혹시'에서 시작된다 142

4장 놀이는 최고의 의사소통 훈련 · 143

'무슨 배트맨이 이래?'_ 가상놀이as if 145
남의 관점에서 바라보기 146 | 세상에는 세 종류의 교수가 있다 147 | 우리는 남의 마음을 어떻게 알까? 148 | 놀 줄 모르면 남의 마음을 읽을 줄도 모른다 149 | "무슨 배트맨이 이래?" 하는 삼촌은 100퍼센트 백수다 151 | "Oh, Shit!" 152 | 유머는 단순한 웃기기가 아니다 153

전 세계 엄마들의 말투가 똑같은 이유 155
원숭이도 인간이 키우면 말을 한다 156 | 언어습득을 돕는 시스템 157 | 놀이를 통해 인간으로 길러진다 158 | 전 세계 엄마들의 말투는 똑같다! 159 | 무슨 근거로 서로를 이해한다고 믿는 걸까? 161 엄마와 아기의 정서조율을 배워라 162 | 놀이하는 인간(호모 루덴스)의 심리학적 기초 163

잘 노는 사람의 특별한 능력 _ 정서공유의 리추얼 165
정서공유가 의사소통의 핵심이다 165 | 어쨌든 웃는 여자는 다 예쁘다 167 | 나를 기쁘게 만드는 사람과 괴롭게 만드는 사람의 차이 168 | 문화는 리추얼이다 169 | 사소한 리추얼만 어겨도 쉽게 죽일 놈이 된다 170 | 조직문화의 핵심은 정서공유의 리추얼이다 172 | 눈과 눈이 마주칠 때_ 웃음과 '왜 째려봐!'의 차이 173

놀이가 곧 의사소통이다 176
의사소통이 불가능해진 합리적 사회 177 | 의사소통이 목적이어야 한다_ 하버마스의 경우 179 엄마의 정서적 반응이 문화를 만든다 180 | 놀이를 통해 '인정투쟁'은 사라진다 182 | 도올 김용옥은 왜 인기가 있을까 183 | 상호인정의 틀 안에서 사람은 목적이 된다 184

휴테크 _ 사소한 재미에 목숨 걸자 186
휴테크는 행복의 기술이다 187 | 재미있어 하는 일이 분명해야 한다 188 | 교육문제의 근원은 '사는 게 재미없는 엄마들' 190 | 부모가 재미있어야 아이들도 행복해진다 191 | 재미 공동체를 찾아라 192 | 사는 게 재미없어서 한국영화가 잘 나간다 193 | 사소한 재미가 진짜 재미다 195 | 재미로 자아를 확인하라 196 | 재미가 전공인 사람이 21세기 주인이다 197 | 재미에 대한 환상을 버려라 199 | 사소한 재미의 힘! 201 | 다양한 재미의 가치! 203 | www의 철학적 의미 204 | 달력은 일요일부터 시작된다 205

2부 삶을 축제로 만들자 · 211

5장 즐겁지 않으면 성공이 아니다 · 213

성공했는데 왜 외로워질까? 215

뻔한 질문과 의외의 답 216 | 우리 사회의 성공 내러티브 217 | '여유'와 '행복'이 부재하는 한국형 성공 내러티브 218 | 아침형 인간은 대부분 '물만 먹고 가지요' 219 | 5년 전 경제신문을 들춰보라, 성공은 우연이다 220 | 성공중독의 5가지 'D' 221 | 미국사회에 불행한 사람이 가장 많은 이유 222 | 진정한 성공에 포함된 3가지 'C' 223

'성공했지만 불행한 사람들'의 7가지 습관 224

성공한 사람의 당연한 권리_"바빠서 이만……" 224 | 제1습관_세상은 오직 두 종류의 인간만 있다고 생각한다 226 | 제2습관_절대 감정을 드러내지 않는다 226 | 제3습관_빈 시간, 빈 공간을 두려워한다 227 | 제4습관_'주의집중 장애'에 시달린다 228 | 제5습관_현재보다는 과거와 미래에 산다 229 | 제6습관_여러 가지 일을 동시에 해야 마음이 편하다 229 | 제7습관_자기관리에 비정상적으로 집착한다 230 | 당신도 '성공했지만 불행한 사람들의 7가지 습관'에 길들여졌는가 231 우리는 아주 늦게 깨닫는다 232

갑작스러운 우울과 무기력_심리적 에너지의 고갈 234

내 자신의 심리적 변화에 민감해야 한다 235 | 번아웃_심리적 에너지의 소진 236 | 제1단계_삶의 에너지가 벌겋게 타오른다! 237 | 제2단계_굵은 참나무 장작이 지속적으로 타고 있다! 237 | 제3단계_가늘어진 불길이 바람에 흔들린다! 238 | 제4단계_바람이 세게 불어야만 불꽃이 일어난다! 239 | 제5단계_불은 꺼지고 연기조차 가늘어진다! 240 | 제6단계_왜 사냐고 묻거든 그냥 웃는가? 241 | 번아웃 측정설문 241

감정적으로 경영하라! 244

문명화 과정_감정의 절제와 온순화 244 | 남자가 흘리지 말아야 할 것은 눈물만이 아니다? 246 다이애나가 죽었을 때 영국의 우울증 환자가 3분의 1로 줄어들었다 247 | 감정을 억압하는 경영은 실패한다 248 | 정서지능_감정변화에 민감한 사람이 성공한다 252 | 감정연습 253

에스키모의 막대기를 꽂자! 255

군대 이야기에 흥분하는 한국남자들 256 | 한국 남자들의 적개심의 근원 257 | 적개심에는 아군과 적군밖에 없다 258 | 적개심 때문에 빨리 죽는다 259 | 적개심, 우울, 분노의 그림자를 벗어나는 탈출구 261 | 우울, 불안, 적개심 vs 슬픔, 걱정, 분노 262 | 슬픔, 걱정, 분노와 친해져야 한다 262에스키모의 막대기 263

6장 밸런스 경영 _ 일과 삶의 조화 · 265

혼자 중얼거리는 일이 부쩍 늘었다면…… 267

나는 지금 거짓말을 하고 있다 267 | 돌아와 거울 앞에 선 누님처럼 268 | 어려운 일이 닥치면 자기도 모르게 중얼거린다 270 | 자기와 대화하는 능력이 중요하다 270 | 리더가 될수록 내 안의 나를 만나야 한다 271 | 내 외로웠던 북구의 오후 3시 273 | 유럽의 호박씨는 참으로 컸다 274 | 혼자 떠나라 276

'중요한 일'과 '안 중요한 일' 바꾸기 _ 게슈탈트 원리 277

서양 여자들은 얼굴을 가릴수록 예쁘다? 277 | 축제는 실패하고 노래방은 성업 중 278 | 게슈탈트 _관객과 주인공이 수시로 바뀌어야 재미있다 280 | 여가정보학과? 그거 여자정보학과를 잘못 쓴 것 아닌가요? 282 | 여가_ '전경'과 '배경'을 바꾸는 일 283

축제를 통해 삶의 주인이 된다 285

겨울들판에 홀로 남겨진 이등병은 285 | 아, 이렇게 죽는 거구나! 286 | 지금도 고속도로의 '녹화사업' 간판에 가슴이 철렁한다 287 | 내 두려움은 전망 없는 미래 때문이었다 288 | 죽음은 예측할 수 없기에 두렵다 289 | 인간은 어떻게 두려움을 극복했나 290 | 나이가 들수록 세월이 빨리 가는 심리학적 이유 291 | 김광석의 「서른 즈음에」가 그토록 서글프다면 도대체 나는 어쩌란 말이냐 292 | '우리 기쁜 젊은 날'은 계속되어야 한다 293

'삶이 그대를 속일지라도'는 가짜! 295

교실에도 이발소에도 푸시킨이 있었다 296 | 아, 군대 내무반에도 있었다 296 | 인내는 잘못된 것이다 297 | 의미 있는 삶의 '틀 만들기' 298 | 사소한 일상이 삶의 의미를 규정한다 300 | 평생 삶에 속는 이유는 무엇인가 301 | 삶은 참는 것이 아니다 302 | 행복해야 성공한다 303

휴가, 규정대로 다 쓰십니까? 305

능력 있는 사람이 하루아침에 멍청해지는 이유_피터의 원리 306 | 스스로 '피터의 원리' 함정에 빠지다 307 | 우리 가족만의 연말 휴가를 계획하다 308 | 유능한 사람은 항상 그렇다, 그래도 된다 _휴가계획을 취소하다 310 | 내 대신 푸켓에 여행 간 처남 식구들이 연락이 안 된다 310 | 프로젝트가 먼저인가, 휴가가 먼저인가? 311 | 통에 모래와 돌을 가능한 한 많이 넣으려면 312 | 돌이 먼저였다! 313

21세기 경영 패러다임 _ 밸런스 경영 315

'알'과 '일 이외의 영역' 사이의 균형 315 | 승진, 급여인상 따위로 인재를 모을 수 있는가 317 | 밸런스 경영의 세 가지 차원 317 | 밸런스가 깨진 직원들의 실태 318 | 밸런스 경영 프로그램 319 | 밸런스 경영 수준 평가방법 321 | 잘되는 회사는 계속 잘되고 안 되는 회사는 결국 망한다 323

에필로그 그러는 당신은 어떻게 노시나요? · 324

콘서트 파트너 좀 되어 주실래요? 324 | 나는 바흐의 칸타타를 좋아한답니다 326 | 허섭스레기 이야기를 즐기지요 327 | 빈티지 오디오 시스템을 구입했습니다 329 | 쌓인 일을 미루고 음악과 함께 조는 행복을 아시나요? 330 | 이렇게 단순하게, 그러나 행복하게 놉니다 331 | 갑수 형의 홈피에 올라 있는 글_ "우리들은 모두 까맣게 늙었죠." 331

일에 빠져 있을 때
머리는 가장 무능해진다

"이렇게 경제가 어려운데 무슨 '노는 이야기'를?"

요즘 내가 가장 많이 듣는 이야기다. 솔직히 이런 이야기를 들을 때마다 혀끝까지 와서 맴도는 대답이 있다.

"바로 그렇게 생각하는 당신 때문에 경제가 어려운 겁니다."

"다른 건 다 가르쳐놓고 왜 쉬는 법은 가르쳐주지 않았느냐?"

15년 동안 오로지 골프에 둘러싸여 화려한 골프여왕으로 등극한 박세리가 최근 부진에 빠져 아버지에게 한 항의의 말이다.

"골프에 지쳤다. 이제 골프에서 잠시 빠져나오고 싶다. 나는 골프 말고 다른 일상생활을 즐기는 게 필요하다."

최고의 인물들에게는 나름의 노는 법이 있다. 골프황제 타이거 우즈와 잭 니클라우스는 낚시광이고 필 미켈슨은 시간이 나면 개인비행기를 조종하는 파일럿으로 변신한다. 카레이싱 F1챔피언인 미하엘 슈마허는 축구 달인이다. 여자 테니스 세계 1위였던 마르티나 힝기스는 대회에 출전할 때 가장 먼저 주변 승마 클럽을 물색했다.

자동차 왕 헨리 포드는 말한다.

"사람은 일하기 위해서 이 세상에 태어났다. 모든 사람은 자기 능력에 맞게 자기가 하고 싶은 일을 할 때 가장 빛난다. 그러나 일만 알고 휴식을 모르는 사람은 브레이크가 없는 자동차와 같이 위험하기 짝이 없다."

이 책은 혀끝에서 맴돌던 바로 그 이야기를 풀어놓은 것이다. 멀쩡하게(?) 생긴 사람이 놀아야 한다고 주장하니 여러 곳에서 여가와 놀이에 관해 이야기해달라는 초청이 왔다. 지난 2년 동안 참으로 많은 기업, 학교, 공무원 교육 기관 등에서 '노는 것'에 관해 이야기하고 다녔다. 사람들의 반응은 극과 극으로 나뉘었다. 내 이야기에 공감하는 이들도 많았지만 참 한가한 소리나 한다고 혀를 차는 이들도 있었다.

개인적으로 자존심 상하는 경우도 자주 있었다. 대개 이런 강의 요청을 받을 때이다.

"다른 교육들이 너무 어렵고 딱딱하다 보니 좀 재미있고 부드러운 강의를 해주십사하고……."

"교수님 강의가 재미있다고 해서……."

"직무교육 사이에 좀 쉬어가는 느낌을 주는 강의로 교수님 강의를 넣었습니다."

그럴 때는 일단 한숨을 크게 쉰다. 그리고 한참 후에 대답한다.

"차라리 개그맨을 부르시지요?"

내가 하는 '노는 이야기'는 그저 재미있는 이야기가 절대 아니다. 한국의 미래가 걸린 정말 중요한 이야기다. 독일에서 머리가 한 움큼씩 빠지도록 13년간 심리학을 공부한 내가 '노는 이야기나(?)' 하고 다니는 데는 그만한 이유가 있다. 한국사회의 근본적인 문제는 왜곡된 여가 문화에서 출발하기 때문이다.

심리학적으로 창의력과 재미는 동의어다. 사는 게 전혀 재미없는 사람이 창의적일 수 없는 일이다. 성실하기만 한 사람은 21세기에 절대 살아남을 수 없다. 세상에 갑갑한 사람이 근면 성실하기만 한 사람이다. 물론 21세기에도 근면 성실은 필수불가결한 덕목이다. 그러나 그것만 가지고는 어림 반 푼어치도 없다. 재미를 되찾아야 한다. 그러나 길거리에 걸어 다니는 사람들의 표정을 한번 잘 살펴보라. 행복한 사람이 얼마나 되나. 모두들 죽지 못해 산다는 표정이다. 어른들만 그런 것이 아니다. 21세기의 한국사회를 이끌어나갈 청소년들의 사는 표정은 더 심각하다.

우리는 경제가 어려운데 노는 이야기나 한다고 혀를 차는 이들의 걱정을 따라 하다가는 영원히 행복할 수 없다. 왜냐하면 그들에게 우리나라 경제가 좋았던 적은 한 번도 없었기 때문이다. 또 앞으로도 없을 것이다. 새해에 한 해 나라의 경제를 예측하는 경제학자들의 입에서 낙관적인 전망을 들어본 적이 있는가? 경제학자들이 예상하는 경제는 항상 나쁘다. 그럴 수밖에 없다. 경제가 좋다고 전망했다가 '사이비'로 찍히는 것처럼 억울한 일은 없기 때문이다. 반대로 나쁘다고 했다가 좋아지면 애초의 나쁜 예상에도 불구하고 좋아진 이유를 찾아 분석하면 된다. 좋아진 이유는 아무래도 좋기 때문이다. 이유가 장황할수록 '전문가'로 여겨진다. 사람들은 나쁘다고 했다가 좋아지는 것은 별로 상관하지 않는다. 그러나 좋을 것이라고 했다가 나빠지면 절대 못 참는다. 이 원리를 아는 영악한 경제학자들의 한 해 예상은 항상 부정적이다.

경제가 어려운데 무슨 노는 이야기냐고 혀를 차는 이들이 퍼뜨리는 불안감은 사스나 조류독감보다도 더 빠르게 전염된다. 그들은 21세기 국가경쟁력이 도대체 어디서 나오는지 전혀 아는 바가 없다. 그저 불안할 뿐이다. 그들의 여가 문화에 대한 이해 또한 무지하기 짝이 없다. 그들에게 노는 것이란 그저 폭탄주와 노래방뿐이다. 그러니 경제가 어려울 때 폭탄주에 젖어 '오바이트'나 할 수는 없는 일이라고 생각하는 것이다. 만약 그들의 생각대로 폭탄주와 노래방이 노는 것의 전부라면 경제가 어려울 때 놀아서는 절대 안 된다. 그러나 그런 사람들은 경제가 아무리 좋아져도 절대 놀아서는 안 된다. 그렇게 천박한 놀이 문화라면 아무리 경제가 좋아도 한순간에 모두 잃어버릴 수 있기 때문이다.

우리는 모두 살맛고 살살고 싶어 한다. 그러나 우리는 못마땅하면
이렇게 욕한다.

"에이, 잘먹고 잘살아라."

우리는 모두 재미있게 놀려고 열심히 일한다. 그러나 우리는 못마
땅한 그들에게 또 이렇게 욕한다.

"놀고 있네!"

잘못된 사회다. 잘못되어도 한참 잘못되었다. 이런 사회에서는 잘
먹고 잘살고 잘 노는 사람은 없게 되어 있다. 행복하고 재미있으면 욕
먹기 때문이다. 아무리 재미있는 일이 있어도 웃는 표정, 행복한 표정
을 지어서는 안 된다. TV 뉴스에 나오는 수많은 정치가, 한국의 대표
적 CEO의 표정에서 도대체 웃고 행복해하는 모습을 본 적이 있는가.

못 노는 386이 나라 망친다

요즘 한국사회가 위기라고 누구나 소리 높여 이야기한다. 모두들 위
기의 원인으로 한국사회의 후진적 정치문화를 이야기한다. 또 일본을
쫓아가지 못하고 중국에 쫓기는 경제구조를 이야기하기도 한다.

틀렸다. 한국사회의 진정한 위기는 정치 경제적 요인으로 일어나는
것이 아니다. 행복한 사람을 찾기 힘든 한국사회의 문화심리학적 구

조 때문이다. 사는 게 재미없는 사람이 너무 많은 것이 우리 사회의 근본적인 문제라는 이야기다. 인내하며 견디는 방식으로 21세기를 앞서 나갈 수 없다. 사는 게 재미있는 창의적 인재들이 이 나라를 이끌어 나가야 한다. 그런데 현재 우리 사회는 분노와 증오로만 치닫는다.

386세대가 한국사회의 주류가 되었기 때문이다. 1980년대 초의 군사독재 시절에 대학시절을 보낸 사람이 한국사회의 주류가 되어 이 사회를 이끌어 가기 때문에 이 사회에는 행복한 사람이 드물다. 그러나 그들은 자신의 문화심리학적 갈등구조에 대한 아무런 내적 통찰도 없이 이 사회를 계속 밀어붙일 뿐이다. 위험징후는 곳곳에서 발견된다.

나 역시 군사독재 정권이 가장 강력한 통제력을 가지고 억압하던 1980년대 초에 대학시절을 보냈다. 당시에는 행복과 재미를 이야기하면 정말 나쁜 사람이었다. 그리고 높은 학점을 받는 사람은 왕따를 당했다. 틈만 나면 캄보디아 앙코르와트에 이민 가서 관광안내원이나 하겠다고 투덜대는 내 친구 귀현이는 1학년 내내 거의 모든 과목이 F였다. 지금도 잊지 못하는 그의 학점은 0.64였다. 그는 당시 우리 모두의 전설이었다. '나라가 이 모양인데 어찌 자기만 출세하겠다고 열심히 공부하느냐'는 생각이 우리 모두를 억누르고 있었다.

세상의 절대적인 가치는 평등, 자유, 민주와 같은 것이지, 행복과 재미는 절대 아니었다. 나는 대학시절 내내 운동권 언저리를 벗어나지 못했다. 낮에는 교문 앞 전경들을 향해 돌을 던지고 밤에는 음대 여학생을 쫓아다니며 클래식음악을 들었다. 이런 나를 잘 아는 친구들로부터 내 안의 '프티부르주아'적 근성에 대해 끊임없이 비판 받았다. '프티부르주아'는 당시 어설픈 관념론자에 대한 저주였다.

어느 날 한국사회가 실수록 뭔가 꼬이는 느낌을 주는 것은 바로 나와 같은 사람들이 이 사회의 주류로 등장했기 때문이다. 우리 세대는 행복하고 재미있게 살면 끊임없이 죄의식을 느끼도록 '의식화'되었다. 그러다 보니 삶의 재미와 행복에 대해서는 아주 가증스런 이중적 태도를 취할 수밖에 없다.

재미와 행복은 내 삶의 본질과는 전혀 다른 세계의 일이어야만 한다는 무의식적 억압이 짓누른다. 그러나 이러한 이중적 태도로 인해 룸살롱이나 폭탄주와 같은 사이비 재미 앞에서 지금까지 자신의 삶을 짓눌러온 평등과 민주의 도덕이 한순간에 무너져버린다. 이런 386세대의 재미와 행복의 이중적 태도는 어느덧 한국사회의 지배적 문화가 되어버렸다.

재미와 행복에 대한 이중적 가치관이 우리 세대에서 끝난다면 아무도 시비를 걸지 않을 것이다. 그렇게 살다 죽으면 되기 때문이다. 문제는 이런 행복과 재미에 대한 분열적 태도가 우리 사회 전체를 정신분열로 몰아넣고 있다는 사실이다. 그리고 그 증상은 소중한 우리 아이들에게도 그대로 전염된다. 문화는 절대 한순간에 단절되지 않는다. 독일의 68세대는 나치에 협력한 자신들의 아버지를 저주하고 그들의 문화와 철저히 단절하려 했다. 하지만 그들은 자신들의 내부에 뿌리 깊게 자리 잡은 게르만 문화의 권위주의적 속성을 깨끗이 비워내지 못하고 결국은 좌절하고 만다. 68세대의 그 많은 문화적 실험들은 오늘날 독일사회에서 흔적을 찾기 어렵다. 문화는 그런 것이다. 한순간에 단절되고 단칼에 정리되는 그런 종류가 절대 아니다. 어느 누구도 성공했다고 이야기하지 않는 마오쩌둥의 중국 문화혁명이 그 단적인 예이다. 그런 까닭에 언젠가부터 우리 사회에 만연해 있는 행복과 재미에 대한 이중적 태도는 매우 위험하다. 단절되지 않고 계속 전염되기 때문이다.

놀 줄 모르는 한국의 386세대가 나라를 망칠 수 있다는 이야기다.

자유, 민주, 평등은 수단적 가치이지만 행복과 재미는 궁극적 가치다. 그런데 우리 모두가 행복해지기에는 장애물이 너무 많다. 이 장애물들은 일단 자유, 민주, 평등을 획득함으로써 극복될 수 있을 것이다. 그러나 그것으로 끝이 아니다. 재미와 행복이라는 궁극적 가치를 추구하는 법을 끊임없이 학습해야 한다. 정작 행복하게 즐겁고 재미있게 살 수 있게 되었는데, 어떻게 해야 행복하고 즐겁고 재미있는지를 몰라 허둥대는 것처럼 절망적인 상황은 없기 때문이다.

이 책은 재미와 휴식에 대한 심리학적 설명이다. 요즘 휴식과 여유를 이야기한다면서 깊은 산 속에 들어가 도를 닦는 선승禪僧이나 가능한 명상과 같은 자기수련 기술을 늘어놓는 책들이 너무 많다. 솔직히 나는 그런 종류의 책들이 가장 싫다. 자기가 하고 싶은 것들을 모두 포기해야 하고 도저히 따라하기 힘든 '자기 비우기'를 강조하는 글들은 우리를 더욱 좌절하게 만들기 때문이다. 이런 좌절이 계속되다 보면 가르치기의 심정으로 더욱 통속적인 재미에 빠지게 된다. 그렇다고 이 책이 미국식 성공학, 처세술 강의로 여겨진다면 더 더욱 곤란하다.

사실 '~을 위한 ○○가지 기술' '성공하는 사람은…….' 등과 같은 미국식 처세서를 읽고 나면 매번 허탈하다. 사전에서 좋은 단어들을 모두 골라놓은 느낌이 들기 때문이다. 그런 좋은 이야기라면 누구나 할 수 있다. 그러나 성공의 의미가 불명확한데 성공하면 무엇하겠는 가? 성공을 즐길 마음의 자세가 되어 있지 않은 사람에게 성공 기술을 가르치는 것은 살기 싫은 사람에게 마약을 투입하는 것과 같다. 끊임 없이 성공만을 추구하는 성공중독자를 만든다는 이야기다.

솔직히 나는 '그러는 당신은 잘 노냐?'란 질문이 가장 두렵다. 하지 만 그런 질문으로부터 자유로울 수 있는 인간은 아무도 없다. 예를 들 어 '사람은 교양이 있어야 한다'라고 이야기하는 사람에게 '그러는 당 신은 교양이 있는가?'라고 묻는 것처럼 악의적인 질문은 없다. 나 역 시 노는 것과 관련하여 많은 문제를 가지고 있는 사람이다. 신문이나 방송에서 '노는 이야기'를 할 때면 속으로 뭔가 항상 켕기고 집에 들어 갈 때는 아내와 아이들의 반응이 항상 두려운 사람이다. 그래서 어찌 보면 이 책의 내용은 내가 현실 속에서 느끼는 나 자신의 문제점들을 심리학 이론과 연관시켜 솔직하게 풀어낸 것들이라 할 수 있다.

이 책을 통해 행복해지려는 이들, 재미있게 살고 싶어 하는 이들이 '놀면 불안해지는 병' '재미있으면 왠지 양심의 가책이 느껴지는 몹쓸 병'에서 벗어날 수 있으면 좋겠다.

1부

| 나는 놈 위에 노는 놈 있다 |

1장

한국, 놀 줄 몰라
망할지도 모른다

너무 많이 논다고?

언제나 그렇듯이 안에 있는 사람은 변화를 못 느낀다. 반면 밖에 있는 사람에게 변화는 너무나도 생생하고 분명하다. 내가 독일에서 느낀 한국의 변화가 그렇다.

내가 유학을 갔던 1987년에 독일에서 볼 수 있는 한국산 물건이라고는 겨우 스웨터나 손톱깎이 정도였다. 그것도 독일에서 가장 싸구려 잡화점인 빌카Bilka 같은 곳에서나 찾아볼 수 있었다. 그래도 나는 먼 이국땅에서 나름대로 애국하겠다고 처음에는 국산 손톱깎이만 샀다. 하지만 손톱이 제대로 잘리기는커녕 오히려 힘으로 뜯어내는 수준이었다. 제대로 깎이지 않은 손톱을 이빨로 뜯어내며 손톱깎이도 제대로 못 만드는 조국에 절망했다. 가끔 국산 TV도 살 수 있었다. 당시 골드스타Goldstar 14인치 TV는 독일 시장에서 가장 싸구려 TV였다. 역시 애국하는 마음으로 그 TV를 샀지만 고작 1년이 지나지 못해 고장 났다. 결국은 수리비가 더 들어 내다 버렸다. 이후 비슷한 가격의 삼성 TV를 샀으나 이 또한 2년을 채 넘기지 못하고 망가졌다. 하지만 상황은 불과 10년 만에 크게 달라졌다.

내가 독일을 떠나 한국으로 돌아오던 2000년에 독일의 백화점에서 가장 비싼 컴퓨터 모니터는 한국의 삼성 모니터였다. 그때까지 가장 비싼 모니터였던 소니를 제치고 삼성 모니터가 가장 비싸게 팔리고 있었다. 뿐만 아니라 독일 아우토반 위에서 독일 자동차들 사이를 현대 차가 달리고 있었다. 현대 차는 독일 차에 비해 소음이 많고 속도가 떨어져 시내에서나 타는 차라는 비난을 받기도 했다. 하지만 그것은 속 좁은 독일인들이 세계에서 자동차를 만들 줄 아는 몇 나라에 한국도 포함되었다는 사실에 불안을 느껴 시샘하느라 하는 말에 불과하다. 역사상 이렇게 빨리 발전하는 나라는 이제까지 없었다.

행복하면 죄진 것 같았고 즐거우면 불안했다

내가 독일에 머물렀던 불과 13년 만에 한국의 물건들은 독일 시장의 구석구석에서 당당하게 한 자리를 차지하게 되었다. 나는 이런 한국의 위상 변화가 자랑스러웠다. 독일 학생들은 내게 물었다. 세계 역사상 이렇게 짧은 기간에 이 정도의 물질적 풍요를 이뤄낸 나라가 어디에 있었던가? 그런데 도대체 이런 엄청난 발전의 동력은 무엇인가?

흔히 우리의 경제 성장과 비교하여 독일의 '라인 강 기적'이 언급된다. 독일 역시 전쟁의 폐허 위에 라인 강의 기적을 이뤄냈기 때문이다. 하지만 독일의 경제 부흥은 우리의 경제 성장과는 질적으로 다르다.

독일은 세계대전을 두 번씩이나 일으킨 나라다. 탱크, 비행기, 잠수함을 만들 수 있었던 엄청난 기술력을 가졌던 나라다. 그런 나라와 농사조차 제대로 할 수 없어 매년 보릿고개를 힘겹게 넘던 우리나라를 같은 차원에서 비교할 수는 없는 일이다. 독일과 우리는 출발점 자체가 달랐다.

지긋지긋한 굶주림에 대한 한이었다. 못 먹어서 누렇게 뜬 얼굴로 죽어가는 자식들은 이젠 제발 그만 보고 싶다는 절망에서 비롯되는 처절한 분노였다. 좌절과 고통의 밑바닥에서 우리 부모님들은 '잘살아보세. 우리도 한번 잘살아보세'라는 그 단순한 구호에 가슴이 저려오는 흥분으로 새벽마다 뛰어나갔다. 인간의 권리, 자유, 행복과 같은 것들은 어찌되었던 상관없었다. 밥 한 끼 제대로 못 먹는데 그깟 것들이 무슨 의미가 있겠는가 하는 마음이었다.

행복하면 안 되었다. 즐거우면 뭔가 불안했고 죄의식 가까운 느낌마저 들었다. 자유를 느낀다는 것 자체가 엄청난 사치였고 도덕적 범죄였다. 참고 인내해야 했다. 모든 관공서의 한쪽 벽에는 '근면' '성실'의 구호가 어김없이 붙어 있었다. 그래야만 했다. 어찌 남들과 똑같이 해서 그 엄청난 가난을 벗어날 수 있었겠는가? 그러면서 우리 국민들은 1960~1980년대를 거쳐왔다.

불안한 예감은 꼭 들어맞는다

1990년대에 들어서자 이젠 먹고살 만해졌다는 느낌이 들었다. 이젠 조금 즐거워도 된다는 생각도 들었다. 그러나 오노수를 살금살금 들이켜면서도 골프채를 들었다 놓다 하면서도 왠지 불안했다. 이래도 되나 싶었다. 아무래도 이렇게 즐기는 것은 우리의 운명이 아닌 듯했다.

아나 다를까. 불안한 예감은 언제나 그렇듯 꼭 들어맞았다. IMF 외환위기가 덜컥 터진 것이다. 한국은 너무 일찍 샴페인을 터뜨렸다는 외국 언론의 비아냥거림에 이를 악물며 고개를 끄덕거렸다. 그리고 눈물을 글썽이며 중얼거렸다.

"우리는 행복하면 안 돼. 즐거워하면 안 돼. 먹고살 만해도 그저 배불리 먹고 등 따습게 누울 수 있으면 될 뿐 그 이상의 즐거움을 추구하면 안 돼."

우리는 집 안에 감춰두었던 금붙이들을 모아 내다 팔고 돌아서는 길에 하늘을 올려다보며 다짐했다. 무슨 일이 있어도 샴페인만은 다시 터뜨리지 않으리라!

잘못하다간 IMF 위기가 또 온다고?

2004년 7월부터 대기업을 중심으로 주40시간 근무제가 실시되었다. 주40시간 근무제는 차근차근 그 범위를 넓혀가 2011년부터 모든 국민들이 주40시간 근무제에 따라 일하게 된다. 그러나 노는 날이 늘어나는데도 사람들은 여전히 걱정한다.

"이렇게 놀 때가 아닌데, 우리가 이렇게 먹고살 만해진 지 얼마나 되었다고."

실제로 가장 먼저 주40시간 근무제를 실시한 은행권에서는 간부 직원들이 주말에 회사에 출근하거나 은행 근처 음식점이나 술집으로 부하직원들을 불러내 주말을 보내는 현상까지 있었다고 한다. 놀아도 회사 근처에서 놀아야 마음이 편하기 때문이다. 마치 공부 못하는 학생이 온종일 놀더라도 책가방만은 아침 일찍 도서관에 놔둬야 마음이 편한 것과 같은 현상이다. 그러면서 사람들은 여전히 이야기한다.

"잘못하다가 IMF 위기가 또 오는 것 아냐?"

한 번 호되게 놀란 가슴은 웬만해서는 가라앉지 않는다. IMF 위기의 정신적 충격은 병뚜껑 여는 소리에도 가슴이 철렁 가라앉게 만들어버린 것이다. 이제 우리는 단순히 놀라는 수준을 넘어 '놀면 불안해지는 병'에 집단적으로 걸려버렸다.

사실 불안과 공포는 인간의 생존을 위해 꼭 필요한 현상이다. 호랑이가 으르렁거리며 달려드는데도 공포를 느끼지 못하고 도망가기는커녕 웃고 있는 사람이 있다면 그는 분명 정상이 아니다. 하지만 불필요하게 과도한 불안과 공포는 정상적인 삶을 방해한다. 이를 '부적응적 불안maladaptive anxiety'이라 한다. 부적응적 불안에 시달리는 사람들의 특징은 위험한 상황이나 불안한 요인을 과민하게 인식한다는 것이다. 반면 안정적인 상황이나 신호에는 둔감하게 반응한다.

쉽게 말해 불안할 필요가 없는 상황에도 불안하게 만드는 신호를 찾아내 불안해할 준비가 되어 있다는 이야기다. 오늘날 한국인들이 약간의 경기침체 신호만 보여도 불안해하는 것은 바로 IMF 위기를 지나며 얻은 집단적인 부적응적 불안 때문이다.

불신한 사람들의 또 다른 특징은 특별한 의미 사고에 의지하려는 것이다. 안전하지 않으면 위험하다고 생각한다. 그러나 세상에 완벽하게 안전한 상황이 어디에 있겠는가? 어느 상황이든지 약간의 불안한 요인은 항상 있게 마련이다. 그러나 그들은 불안한 요인들만을 끄집어내 확대 해석하며 두려워한다. 그러니 그들에게는 항상 위험한 상황만이 계속될 뿐이다. 행복하면 안 될 것 같고 즐거울 때도 왠지 불안한 것은 바로 그 때문이다.

'부적응적 불안'의 원인

모든 종류의 심리적 불안은 비논리적인 추론에서 시작된다. 우리가 필요 이상으로 불안함을 느끼는 것은 아주 작은 불안 요인을 극대화하여 해석하기 때문이다.

이쯤에서 우리의 '놀면 불안해지는 병'의 원인이 되는 IMF 위기 당시의 문제를 좀더 냉철하게 들여다봐야 할 필요가 있다. 우리가 너무 일찍 샴페인을 터뜨렸거나 사치해서 아니면 주말마다 너무 많이 놀러 다녀서 IMF 위기가 발생한 것이 절대 아니다. 금융기관의 부실이 IMF 위기의 직접적인 원인이다. 더 정확히 말하자면 한보, 삼미, 진로로부터 시작된 수많은 대기업들의 부도 사태로 인한 금융기관의 부실채권 문제가 외환위기를 불러온 것이다.

기업들의 부도 사태를 막기 위해 금융기관들이 부실채권을 과도하게 떠안게 되면서 국가의 대외신인도가 하락하고 외환보유고가 바닥나버렸다. 경제적 발전에 상응하는 기업구조 개선과 선진 금융시스템의 구축을 게을리했던 것이 직접적인 원인이다. 게다가 외국의 투기자본까지 함께 가담하면서 사태가 걷잡을 수 없게 되었다.

우리가 샴페인 뚜껑을 일찍 열었기 때문에 IMF 위기가 닥친 것이 절대 아니다. 그러나 정말 착하디착한 우리 국민들은 모두 자신들의 사치와 게으름으로 인해 경제 위기가 닥친 것으로 생각하고 온갖 금붙이를 다 내다팔며 반성했다. 그리고는 덜컥 '놀면 불안해지는 만성적인 부적응적 불안'에 걸려버린 것이다.

제대로 놀지 못하면 제2의 IMF 위기가 찾아온다!

우리의 여가 문화와 놀이 문화는 잘못되어 있다. 잘못되어도 크게 잘못되어 있다. 우리의 여가 문화도 사회경제적 변화에 맞게 변화해야 한다. 경제적 발전에 상응하여 금융시스템이 변하지 못해 IMF 위기가 닥친 것처럼 여가 문화의 근본이 변하지 못하면 도덕적 문화적 IMF 위기를 맞게 될 것이다. 그러나 '놀면 불안해지는 병'으로는 우리 여가 문화의 근본적인 변화가 일어날 수 없다. 오히려 보다 적극적으로 놀아야 한다. 보다 적극적으로 놀지 못하면 제2의 IMF 위기가 찾아올 수 있다. 이건 또 무슨 소린가?

현재 우리 경제는 '1만 달러의 덫'에 걸려 있다. 우리나라는 1995년에 국민소득 1만 달러 시대에 돌입했다. 그러나 IMF 외환위기 당시 국민소득이 7,355달러까지 떨어진 후 2000년에 다시 1만 달러 시대에 진입했다. 그러나 세계에서 기민소득은 1만 달러 언저리에서 우갈 뿐 도무지 2만 달러 근처로 진입할 기미가 보이지 않는다. 물론 달러의 약세로 인한 환율 변화로 실질적 경제성장과는 상관없이 국민소득이 일시 증가하는 현상을 보이기도 한다. 그러나 그로 인해 우리 경제가 가진 근본적인 문제가 해결되는 것은 아니다.

우리는 10년 가까이 국민소득 1만 달러의 덫에 걸려 헤매고 있다. 하지만 국민 소득이 1만 달러에서 2만 달러로 올라서는 데 싱가포르는 5년, 일본은 6년, 영국은 9년, 미국은 10년이 각각 걸렸다.

많은 사람들이 우리의 2만 달러 시대가 오지 않는 이유를 다양하게 분석하고 있다. 노사문제, 장기적 경제정책의 부재, 산업구조의 변화 등. 그러나 여가학자인 내 눈에는 생산적 여가 문화의 부재가 '1만 달러의 덫'에 걸리게 된 가장 큰 원인으로 보인다. 제대로 놀지 못하기 때문에, 즉 놀면 불안해지는 병 때문에 국민소득 2만 달러 시대에 진입하지 못한다는 이야기다. 다시 말하면, 21세기 사회문화적 변화를 따라갈 수 있는 창의적 마인드 부족이 한국경제의 발목을 잡고 있다는 뜻이다. 창의적 마인드는 생산적 여가 문화와 직접적인 연관관계에 있다.

노동시간 단축은 혁명이다

현재 한국사회 발전의 발목을 잡고 있는 노사문제는 우리나라가 압축 성장한 결과이다. 우리는 서구 사회가 200년에 걸쳐 이뤄낸 근대적 경제성장 과정을 단 50년 만에 해치웠다. 이 맥락에서는 '해치웠다'는 표현이 아주 적당하다. 세계가 놀라는 이런 변화의 이면에는 극단적 노사갈등과 같은 부작용이 있게 마련이다. 부작용 없이 좋은 것만 얻을 수 있는 비방은 없다.

노동시간의 단축에서도 우리나라는 아주 놀라운 변화를 이뤄냈다. 우리는 서구 사회가 근 200년에 걸쳐 이뤄낸 주40시간 근무제를 단 50년 만에 '해치운' 것이다. 한 사회의 근대화 정도를 나타내는 다양한 척도 중 가장 설득력 있는 척도는 노동시간이다. 서구에 노동조합이 결성된 가장 중요한 이유는 임금협상과 노동시간 단축이었다.

1864년 9월 28일 영국 런던의 세인트 마틴 홀에서 마르크스와 엥겔스 주도의 제1인터내셔널(국제노동자협회)이 창립되었을 당시 가장 중요한 의제 또한 '1일 8시간 노동'이었다. 그 후 노동시간 단축은 사회주의 혁명의 목표가 된다. 19세기, 20세기 사회문화 변동의 핵심은 바로 이 노동시간의 단축과 불가분의 관계에 있다는 이야기다. 주40시간 근무제를 이뤄내기 위해 서구의 노동조합이 그토록 오랫동안 투쟁한 반면, 우리의 주40시간 근무제는 노사정 근로시간단축 특별위원회에서 2000년 5월부터 2003년 9월까지 불과 3년여의 논의를 통해 실시하게 되었다.

여가시간의 증가 또한 혁명이다

'노동시간의 단축'은 '여가시간의 증가'를 뜻한다. 서구 사회가 200년에 걸쳐 주40시간 근대체를 이뤄왔다는 것은 또한 200년에 걸친 여가 문화를 만들어왔다는 뜻이기도 하다. 다시 말해 200년에 걸쳐 다양한 시행착오를 거쳐 생산적인 여가 문화가 형성되었기에 서구 사회가 오늘날과 같이 발전할 수 있었다는 이야기다. 서구 사회가 200년 걸려 이룬 근대화를 우리가 50년 만에 해치웠다면, 역으로 우리는 서구 사회의 200여 년에 걸친 여가 문화의 형성을 50년에 이뤄냈어야 한다. 하지만 여가 문화는 그렇게 번갯불에 콩 구워먹듯 이뤄지는 것이 아니다. 폭탄주와 고스톱으로 대변되는 우리의 여가 문화는 바로 이러한 급속한 사회변화의 부작용을 적나라하게 보여주고 있다.

'1만 달러 덫'의 실체는 여가 문화의 부재

서구 사회의 변화를 통해 볼 때 생산적 여가 문화와 창의적 경제활동은 동전의 양면이다. 노동시간의 감소는 노동집약적 제조업에서 창의적 서비스업으로의 변화와 필연적으로 맞물려 있다. 상품의 생산과는 직접적인 관련이 없는 서비스업이란 대부분 여가시간에 이뤄지는 활동과 긴밀한 관계에 있기 때문이다. 그런데도 압축적 근대화로 인한 문제점은 수많은 사람들이 지적하면서도 압축적 여가시간의 증대로 인한 부작용에 대해서는 아무도 걱정하지 않는다. 바로 이 때문에 1만 달러의 덫에 걸려 있는데도 말이다.

변화하지 못하면 위기는 찾아오게 되어 있다. 경제발전을 따라가지 못한 금융시스템이 IMF 위기를 불렀듯이 노동시간 단축에 상응하는 생산적 여가 문화가 형성되지 못하면 한국사회의 총체적 위기는 또다시 찾아오게 되어 있다. '놀면 불안해지는 병'과 '노동시간의 급격한 단축에 따른 생산적 여가 문화의 부재'라는 이중적 구조를 넘어서지 못하는 한 우리는 '1만 달러의 덫'에서 결코 벗어날 수 없다.

주5일 시대,
노는 시간을 경영하라

주40시간 근무제는 문화혁명이다. 모든 인간의 삶의 패턴이 달라진다. 18세기 산업혁명 이후의 노동운동사는 노동시간을 줄이고 보다 많은 여가시간을 얻어내기 위한 투쟁의 역사라고 할 수 있다. 하지만 우리의 주40시간 근무제는 어딘가 이상하게 시작되었다. 서구의 주40시간 근무제는 노동조합의 끊임없는 투쟁을 통해 얻어진 반면, 우리의 주40시간 근무제는 1997년 대통령선거에서 공약으로 처음 등장했다. 그 후 김대중 정권에서 노사정위가 설치되어 주40시간 근무제에 대한 합의가 이뤄지고 2004년 7월부터 단계적으로 실시하기로 결정했다. 어딘가 정부 주도의 성격이 강하다.

주40시간 근무제 대책이 포르노 사이트 단속?

노동시간 감소보다는 임금인상에 더 많은 관심을 보여온 노동계의 주 40시간 근무제에 대한 태도는 어딘가 어정쩡하다. 기업의 태도 역시 왠지 불투명하다. 정부에서 밀어붙이니 마지못해서 한다는 형국이다. 모두들 앉아서 생산성 하락만 걱정하고 있다.

어떤 기업은 업무 집중도를 높이겠다고 오전 시간에는 전화를 못 받게 한다. 어떤 기업은 인터넷을 이용해 딴짓을 하는 직원들을 엄벌하겠다고 나섰다. 임금은 그대로인데 실제 노동시간은 줄어들었으니 직원들의 업무태도를 감시하여 문제를 해결하려는 것이다.

실제로 그런 기업에 다니던 한 대리는 어느 날 해고통지를 받았다. 해고통지서의 뒷면에는 그가 지난해에 근무시간 중에 들락거렸던 포르노 사이트와 주식거래 사이트의 주소와 그곳에 머무른 시간이 자세하게 적혀 있었다.

일본이 주40시간 근무제를 실시한 방식은 우리와는 사뭇 다르다. 1985년부터 주40시간 근무제를 단계적으로 실시해 지난 2001년 학교 교사들의 주40시간 근무제 도입을 끝으로 전 사회적인 주40시간 근무제가 완성되었다. 흥미로운 사실은 일본에서는 주40시간 근무제라고 하지 않고 '주휴2일제週休二日制'라고 부른다. 노동시간의 감소보다는 휴일의 증가에 초점이 맞춰져 있다고 볼 수 있다. 실제로 일본인들은 노동시간의 감소에는 그다지 큰 관심이 없었다.

일본의 주40시간 근무제는 기업에서 주도한 측면이 강하다. 1970~ 1980년대 국제사회로부터 일밖에 모르는 '경제동물'로 비난을 받게 되자 일본 기업들은 근로시간 단축을 자발적으로 추진한다. 우선 1973년에 미쓰비시 중공업에서 주40시간 근무제를 자발적으로 도입하고 많은 기업들이 뒤따르게 된다. 물론 휴일 증가와 생산성 향상이 긍정적 상관관계에 대한 수많은 연구들을 기초로 기업들이 그러한 결정을 내렸음은 두말할 나위 없다. 그러한 변화를 정부가 뒤따라 제도화함으로써 주40시간 근무제가 실시되었다.

대부분의 서구 각국은 노동자가 주도해서 주40시간 근무제가 시행되었다. 반면 일본은 기업 주도로 주40시간 근무제가 실시되었다. 우리의 경우는 정부 주도로 이 제도가 시행되었다고 봐야 할 것이다. 그러나 우리나라의 경우 주40시간 근무제의 도입이 가져올 사회 문화적 변화에 대한 논의는 거의 없다. 그저 노는 날이 하루 늘어났으니 좋다는 생각뿐, 그에 따른 변화의 심각성에 대해서는 아무 생각이 없는 듯하다.

대책 없이 늘어난 여가시간은 재앙이다

주40시간 근무제는 한 개인의 차원에서만 보자면 자기 마음대로 사용할 수 있는 시간이 노동시간보다 많아지는 것을 의미한다. 일주일의 168시간 중에서 노동시간 40시간, 수면 시간 56시간(하루 8시간 수면을 기준으로)을 빼고 나면 42시간이 남는다. 자기가 마음대로 사용할 수 있는 시간이 노동시간보다 2시간이나 많아졌다. 그러나 여가시간이 늘어날수록 좋은 것만은 아니다. 독일과 프랑스 등 유럽국가의 노동조

합에서는 노동시간을 30시간까지 단축할 것을 요구했다가 요즘은 슬금슬금 다시 노동시간을 늘려 대부분 주35시간, 40시간 정도로 합의하고 있다. 일과 여가의 균형이 깨진 삶이 두려운 까닭이다. 그들 나라의 노동부 주요정책이 '일과 삶의 균형work-life balance'이라는 사실은 우연이 아니다.

주40시간 근무제의 본격 실시를 앞두고 모두들 늘어난 여가시간이 우리에게 행복과 기쁨을 가져다줄 것처럼 이야기한다. 대부분의 TV 뉴스에서는 천편일률적으로 고속도로 톨게이트를 비춰주며 행복한 주말을 보내려고 서울을 떠나는 이들의 모습을 비춰준다. 그저 모두들 늘어난 하루의 휴일을 행복하게 놀 생각뿐이다. 그러나 평소에 놀아본 사람만이 제대로 놀 줄 안다. 논다고 해봐야 기껏해야 노래방에서 넥타이를 머리에 묶고 오버하거나 폭탄주 제조법이나 배운 이들의 주말이 생산적이기를 기대하는 것은 러브호텔에서 심도 깊은 학술토론회가 열릴 것을 기대하는 것과 같다. 도대체 주당 근무 시간이 40시간으로 줄어들면 무슨 심각한 문제가 일어날까? 조목조목 살펴보자.

하루 더 놀면 이혼이 늘어난다

이게 무슨 소린가? 그렇지 않아도 이혼율이 세계 최고 수준이라고 야단법석인데 노는 날이 늘어난다고 이혼도 늘어난다니? 안타깝지만 사실이다. 평소에 잘 지낸 부부들에게 늘어난 여가시간은 서로의 사랑을 확인하는 행복한 시간이 될 것이다. 그러나 평소에 바쁘다는 핑계로 수많은 문제들을 회피하고 지내온 부부들에게 늘어난 여가시간은 갈등이 수면 위로 불거지게 만드는 계기가 될 뿐이다. 특히 한국의 중년 부부들이 그렇다.

실제 휴일의 증가가 이혼율의 증가로 이어진 사례가 있다. 독일 볼프스부르크Wolfsburg에서 있었던 일이다. 도시 거주자의 대부분이 폴크스바겐Volkswagen 사의 노동자였던 이곳에서 1994년 이혼율이 그 전에 비해 70퍼센트나 늘어나는 일이 발생했다. 한 해 평균 300쌍에 불과했던 도시의 이혼 건수가 460쌍으로 갑자기 늘어났다. 이유를 찾아보니 그 해 폴크스바겐 사에서 노사합의에 의해 주4일 탄력근무제를 실시한 것이 가장 큰 이유였다. 물론 휴일 증가와 이혼율 증가 사이에 직접적 인과관계가 있다고 분명하게 증명할 수는 없다. 그러나 깊은 상관관계가 있다는 사실만은 부인할 수 없다.

하루 더 놀면 결혼도 안 한다

이혼만 늘어나는 것이 아니다. 젊은 사람들은 결혼을 안 한다. 즉 독신 가구가 급격히 늘어나게 된다. 독일의 경우 25세부터 49세 사이의 독신 가구가 주40시간 근무제가 본격 실시되기 전인 1970년대에 비해 현재 100퍼센트 이상 증가하였다. 그 결과 현재 독일 대도시의 독신자 비율은 전체 인구의 36퍼센트에 이를 정도다. 길거리에서 만나는 사람들 3명 중 1명은 혼자 사는 사람이라는 뜻이다.

가족에 구속되지 않고 자신만의 삶을 마음껏 즐기는 자유로운 라이프스타일이 보편화되면서 나타난 현상이다. 자기 마음대로 사용할 수 있는 여가시간이 있어야만 자신만의 자유로운 삶을 즐기는 방식이 가능하다. 이미 한국의 젊은이들 사이에는 싱글족이 더 이상 특이한 존재가 아니다. 동거의 필요성 역시 관대하게 받아들여진다.

결혼을 하지 않으니 아기를 낳을 생각도 없다

노는 날이 늘어나면 애도 낳지 않는다. 젊은이들 사이에서 결혼과 가족 형성을 기피하고 자유로운 라이프스타일이 이상화되면서 아이의 존재는 자신의 삶을 방해하는 요인으로 인식된다. 상당한 수준의 출산장려금을 지원할 정도로 출산율이 낮아 고민인 프랑스의 경우 2001년도 출산율이 1.89명이고 영국의 경우 좀 더 심해 1.64명이다. 그러나 우리나라의 경우 2003년 출산율이 1.19명으로 우리 역사상 최저일 뿐만 아니라 세계 최저 수준이다.

인구가 지금 수준으로 유지되기 위한 출산율은 2.1명이라고 한다. 지금의 출산율이 지속된다면 국가가 유지되기 힘들다. 이런 상황에서 주40시간 근무제의 실시는 마른 장작에 불을 지피는 격이 된다.

나는 독일에서 첫 아기를 낳았다. 아이가 태어나자 베를린 시 크로이츠베르그 지역 적십자사의 사회복지 관련 직원이 우리 집을 찾아왔다. 들어오자마자 카펫을 바꾸라고 한다. 아이 건강에 안 좋다는 것이다. 돈 없다고 하니 나라에서 사주겠다고 한다. 냉장고도 웬만하면 바꾸란다. 이번에도 돈이 없다고 하니 또 나라에서 사줄 수 있다고 한다.

외국인 유학생임에도 불구하고 3년 동안 애가 먹을 것, 입을 것을 다 대주었다. 독일의 젊은 부부가 아이를 셋 낳으면 이 부부는 아이가 다 클 동안 아무것도 안 하고 놀고먹을 수 있다. 아이 양육비로 휴가도 즐기며 충분히 살 수 있을 정도이다. 그러나 독일 정부에서 볼 때 이런 젊은 부부는 너무 기특하고 고마운 존재이다. 둘이서 셋을 낳다니!

독일이 경제적으로 한창 급성장하던 1970년대에는 일할 사람이 부족했다. 어쩔 수 없이 외국인 노동자들을 불러들였다. 그때 우리나라 간호사, 광부들도 갔다. 당시 제일 많이 들어온 외국인 노동자는 터키 사람들이다. 그런데 30년이 지난 오늘날 독일은 그 대가를 톡톡히 치르고 있다.

베를린 같은 대도시의 초등학교에는 한 반에 외국인 아이들의 비율이 20~30퍼센트에 육박한다. 그러니 외국인을 증오하는 네오나치도 청소년들 사이에 널리 퍼지고 있다. 터키인들은 터키인대로 베를린의 한 지역에 몰려 산다. 도시가 게토화되는 것이다. 인종갈등, 문화적 갈등으로 인한 사회문제가 연일 매스컴의 핫이슈가 된다. 이를 해소하기 위해 투입하는 정부 예산도 어마어마하다.

독일의 문제만이 아니다. 우리나라도 불과 15~20년 후면 똑같은 문제가 생긴다. 그런데 그 양상은 독일보다 훨씬 심각하게 나타날 확률이 높다. 반만년 단일 민족의 유구한 역사를 자랑하는 우리의 인종주의 또는 민족주의는 독일에 비해 훨씬 뿌리 깊은 양상을 보이기 때문이다. 그러나 나라에 일할 사람이 없으니 어쩔 수 없이 외국인 노동자들을 불러들여야 한다. 그러면 우리의 아이들과 손자들이 다니는 초등학교 한 반의 20~30퍼센트도 외국인 노동자의 자녀들로 채워질 것이다. 어떻게 해야 하나?

이 모두가 노는 날이 늘어나면 닥쳐올 현상이다.

애를 낳지 않으니 노인들만 남는다

애가 없는 나라에는 노인들만 남는다. 고령화 사회가 된다. 우리나라의 고령화 사회 진입속도 또한 세계 1등이다. 출산율 저하의 반대급부로 얻어지는 현상이다. 한 번 1등하면 여러 곳에서 1등하게 된다. '노인부양비'라는 통계학적 개념이 있다. 노인 1명을 부양하기 위한 비용을 부담해야 할 생산가능인구 수를 뜻한다.

1980년대에는 약 16명의 젊은이가 노인 1명을 먹여 살렸다. 요즈음은 약 8명이 필요하다. 그러나 지금과 같은 저출산 현상이 계속된다면 20년 후, 즉 지금의 40~50대가 노인이 되었을 때는 젊은 사람 2명이 노인 1명을 먹여 살려야 한다. 게다가 이 노인들은 지금의 노인들에 비해 훨씬 돈을 많이 쓴다.

노인들이 많으니 정치인들은 노인들 위주의 정책을 약속할 수밖에 없다. 그러나 나라에는 돈이 없다. 대부분의 젊은이들은 이 나라를 버리고 도망갈 것이다. 해주는 것 없이 돈만 뜯어가는 나라에 어찌 살고픈 마음이 생길까. 어쩌란 말인가. 지금도 국민연금 때문에 말들이 많은데.

쉬는 날, 쉬지 않고 한 푼이라도 더 벌려고 한다

_ 노동의 브라질화

잘 쉬라고 휴일을 늘려주면 오히려 더 많이 일하려고 달려든다. 울리히 벡Ulrich Beck이라는 독일 사회학자는 '노동의 브라질화'라는 개념으로 이 현상을 설명한다. 신자유주의 경제체제하에서의 노동관계의 탈규제, 노동 시장의 유연화, 노동시간의 감소로 인한 노동 시장의 불안정은 노동의 유목민화 현상을 초래한다는 것이다. 아주 쉽게 정리하자면 사람들이 돈을 더 많이 벌려고 이리저리 전전한다는 뜻이다. 돈을 벌기 위해서는 주말, 야간을 가리지 않고 일한다는 뜻이다.

'노동의 브라질화'는 남미나 유럽만의 얘기가 아니다. 한국에서도 IMF 위기 이후 '노동의 브라질화'가 현실에서 매우 구체적으로 진행되고 있다. 조기퇴직, 청년실업 등으로 인한 실업률의 증가, 비정규직 노동자의 증가, 나홀로 창업 등의 증가로 인해 닥치는 대로 일하는 사람들이 늘어나고 있다.

투잡스two-jobs 족, 쓰리잡스three-jobs 족이 늘어나고 있다. 쉬는 시간에 더 많은 돈을 벌기 위해 비정규직 주말 노동을 찾는 사람들이 많아진다. 미국의 경우 제2차 세계대전 이후 주40시간 근무제가 정착되었으나 주말에 사람들이 더 많은 노동을 함으로써 가족의 위기가 증가하고 삶의 질이 저하되는 현상이 나타났다.

저소득층의 경우, 노동 시간이 줄면 소득도 감소한다. 줄어든 소득을 보충하기 위해 주말과 밤에 또 다른 일을 찾아 나설 수밖에 없게 된다. 저소득층만 그런 것이 아니다. 중산층의 경우에도 여가시간 증가에 의한 소비패턴의 변화에 따라 더 많은 돈이 필요해진다. 더 화려한 소비를 위해 기꺼이 투잡스족이 되려 한다.

통계청의 생활시간 조사 자료를 보면 정규 노동시간이 감소할수록 야간 노동시간이 증가하는 것으로 나타난다. 1980년 이후로 야간 노동시간이 4배 가까이 증가했다고 한다. 노동시간의 감소는 야간 노동시간의 증가는 물론 주말 노동시간의 증가로 이어진다. 결국 여가를 즐기며 삶의 질을 높이라는 주40시간 근무제가 오히려 여가시간마저 일을 찾아 헤매게 만드는 결과를 낳게 되는 것이다.

방황하는 청소년들이 늘어난다

투잡스, 쓰리잡스 족 부모들이 주말과 밤에 집을 비우게 되면 청소년 문제가 다양하게 늘어나는 것은 너무도 당연하다. 부모들을 대신 할 사회복지기관과 여가시설에 대한 투자가 전혀 이뤄지지 않은 상태에서 청소년들 스스로의 힘만으로 헤쳐나가야 할 다양한 시행착오가 초래할 사회비용에 대해서는 구태여 설명할 필요조차 없다. 궁극적으로 교사들의 주40시간 근무제는 학교의 주5일 수업제로 이어진다. 학교와 가정에서 놓여난 저소득층 자녀들이 당면하게 될 문제들에 관한 별도의 대책을 무엇보다 시급히 세워야 한다.

반면 중산층 자녀들을 대상으로 하는 사교육 시장이 급속히 팽창할 것이다. 주40시간 근무제에 불안을 느낀 부모들은 주말 동안 학원과 과외를 통해 자녀들을 교육시키려고 할 것이다. 현재 주40시간 근무

제를 가장 열심히 준비하는 곳은 사교육 시장이라는 이야기도 거짓이
아니다.

노동소외보다 여가소외 현상이 더 문제다

산업 사회는 노동소외 현상이 가장 큰 문제였다. 그래서 마르크스식
의 문제 제기, 즉 실제로 이익을 창출해내는 노동자가 생산과정, 생산
물, 생산수단으로부터 소외되기 때문에 자본주의를 타파해야 한다는
주장이 어느 정도 사회적 세력을 형성할 수 있었다. 그러나 이제는 양
상이 전혀 다르다.

20세기의 산업 사회에서는 노동소외 현상이 문제였다면 앞으로는
여가소외 현상이 문제가 된다. 주말은 물론 야간에도 제대로 쉬지 못
하는 저소득층의 박탈감은 사회적 갈등을 증폭시키는 계기가 된다.
계층 간의 갈등이 더욱 심각해질 것은 불을 보듯 뻔하다.

금융권의 주40시간 근무제가 본격 시작된 2003년 3분기 중 해외소
비는 그 전해 같은 기간에 비해 20퍼센트 가까이 급증하면서 사상 최
대인 3조 원대를 돌파했다. 은행권만 주40시간 근무제를 시작했는데
도 그렇다. 앞으로 일부 계층을 중심으로 해외여행 등의 과소비가 늘
어나고 다른 한편으로는 주말 야간 가릴 것 없이 일하는 투잡스, 쓰리
잡스 족들이 늘어나는 사회양극화 현상과 그로 인한 사회문화적 갈등
은 치유할 수 없는 수준으로 발전하게 될 것이다.

남는 것은 상업주의적 쾌락뿐

결국 진정한 삶의 질 제고와는 거리가 먼 자극적인 여가의 상업화가 진행된다. 여가의 복지적 접근이 전혀 인식되지 않는 상태에서 급작스럽게 여가시간이 증대하면 국민 대다수가 즐길 수 있는 여가 문화가 형성되기보다는 보다 감각적이고 보다 자극적인 상업적 여가 문화가 주류가 된다. 이러한 여가 문화의 상업화는 여가 중독, 사행성 산업의 증대로 인해 상당한 부작용을 낳게 된다.

최근 주휴2일제를 도입한 일본의 경우, 파친코 등의 사행성 산업이 200퍼센트 이상 증가했다는 통계가 있다. 고스톱과 폭탄주 이외에는 별로 연상되는 것이 없는 한국 여가 문화의 상업화가 어떤 양상을 보일 것인가에 대해서는 그리 긴 설명이 필요 없다. 변두리에 가득 찬 경마 오락실과 러브호텔의 변화를 살펴보면 내 주장이 아주 분명해진다.

긴 서론에 짧은 결론

긴 이야기를 짧게 정리해보았다. 내 주장은 아주 간단하다. 노동 시간의 감소를 위한 투쟁이라는 300년 산업 사회 역사에 종지부를 찍는 주40시간 근무제라는 이 엄청난 문화 혁명적 사건을 우리는 너무 간단히 준비하고 있다는 이야기다. 차라리 무대책이라는 표현이 더 어울린다.

사실 문화관광부를 중심으로 주40시간 근무제 대책회의가 지난 2004년에 지속적으로 있었다. 나도 계속 참여했다. 자세한 대책을 세우고 2005년 예산을 신청하니 기획예산처의 관리가 웃더라는 것이다.

"아니, 노는 날이 늘어났으면 좋은 거지 대책은 무슨 대책?"

결국 한 푼도 못 받았다.

대통령이 다시 노동자의 여가생활에 대한 적극 지원을 지시했다. 그러나 이 예산 또한 국회에서 삭제되었다. 2004년 12월 31일, 그동안 서로 싸우느라 정신없던 국회의원들이 예산심의 시한 마지막 몇 분을 앞두고 나름대로 심의한다며 '여가'라는 글자가 들어간 예산을 잘라버린 것이다. 경제가 어려운데 무슨 여가냐는 것이었다. 우리나라 국회의원 수준이 그 정도다. 낙선운동을 하려고, 그 국회의원 이름을 알아내려고 백방으로 애썼으나 안 알려준다. 국가비밀이란다.

국가는 국민을 행복하게 해줄 책임이 있다

국회의원들의 생각은 이렇다. 노는 것은 각자 알아서 할 문제라는 것이다. 그러나 놀아본 적이 없는 이들에게 놀라고 시간을 주는 것은 고문에 가깝다. 「쇼생크 탈출」이라는 영화를 보면 평생 감옥에만 있던 노인이 어느 날 갑자기 특별사면으로 자유롭게 된다. 그러나 평생 갇혀 살던 이 노인에게 자유는 너무나 감당키 어려운 고통이었다. 결국 이 노인이 택한 것은 목을 매다는 일이었다.

주40시간 근무제를 맞는 한국사회 또한 이 노인과 크게 다르지 않다. 단순히 노는 시간이 늘어난다고 행복해지고 모두 '저 푸른 초원 위에 그림 같은 집을 짓고' 가족과 함께 즐겁게 살 것이라는 환상을 버려

야 한다. 여가정책, 여가 문화는 국가의 경쟁력이다. 특히 문화적 창의성이 강조되는 21세기에는 더욱 그렇다. 잘 노는 사회가 건강한 사회다. '놀이'에 대한 문화적, 사회적, 정책적 담론이 존재하는 사회가 잘 노는 사회다. 노는 시간 늘어난다고 생산성 타령만 하는 사회는 못 노는 사회다. 노는 것은 각자 알아서 하라는 정부 또한 무능한 정부다. 못난 국회의원들 제발 이제부터라도 '어떻게 하면 잘 놀 수 있을까'를 이야기해야 한다. 우리는 잘먹고 잘살기 위해 태어났기 때문이다.

주40시간 근무제를 이용해 돈을 벌려면

혹시라도 주40시간 근무제 실시를 통해 돈을 벌고 싶은 사람들을 위해 서비스 차원에서 알려주고 싶다. 앞서 설명한 변화를 거꾸로 읽으면 돈이 눈에 보인다. 구체적으로 설명하자면 다음과 같은 사업이 뜬다.

이혼, 재혼 관련 사업(법적 대리인부터 재혼전문 사진관까지), 독신들을 위한 각종 이벤트 회사, 성형부터 헬스 산업에 이르기까지의 각종 뷰티산업(동거를 유지시키는 유일한 힘은 성적인 매력이다. 섹시한 몸을 가꾸기 위해 독신들은, 남자고 여자고 가릴 것 없이 돈을 아끼지 않는다), 투잡스 족을 위한 각종 서비스 업종(반찬 가게에서 헤드헌팅에 이르기까지). 그래도 가장 안정적인 시장은 주말 전문학원이나 주말 전문 과외다. 내용만 특성화되면 절대 안 망한다. 그만하자. 너무 많은 이야기를 한 것 같다.

2장

일의 반대말은
여가가 아니라 나태

인센티브 위에 자존심 있다

사람들은 일의 반대말이 여가나 놀이라고 생각한다. 그러나 여가는 일의 반대말이 아니다. 일의 반대말은 나태다. 사람들이 헷갈리는 이유는 지금까지 일은 남이 시켜서 하는 행위로만 여겨왔기 때문이다. 일이란 내가 자발적으로 내 마음대로 할 수 있는 행위가 아니라 그저 남의 돈을 따 먹는 행위였을 뿐이다. 일의 주인이 내가 아니기 때문이다. 그러다 보니 더럽고 아니꼽지만 참고 견뎌야만 하는 것이 일이었다.

내가 하고 싶은 일을 하는 사람들에게 일의 반대말은 여가나 놀이가 아니라 나태가 된다. 자신이 하는 일의 주인은 놀듯이 일하기 때문이다. 그러나 일의 주인이 아닌 사람들에게 일의 반대말은 여가다. 일은 재미없고 여가나 놀이만 재미있다고 생각한다. 그들은 놀기 위해 일한다. 그리고 외친다.

"Working for the weekend!(주말을 위해 일하라!)"

"Thanks God, it's Friday!(오 하나님, 감사합니다. 드디어 금요일입니다!)"

돌고래가 받아먹는 썩은 생선을 탐할 건가

직원들만 그렇게 생각하는 것이 아니다. 경영자들도 마찬가지로 생각
한다. 경영자의 눈에는 직원들이 모두 어떻게 하면 '적게 일하고 많이
가져갈 수 있을까'만을 생각하는 염치없는 인간들로 보인다. 따라서
경영이란 직원들이 회사에서 보내는 시간을 효과적으로 통제하는 방
법이라고 생각한다. 직원들이 회사에 머무는 시간 동안만은 가능한
한 딴생각하지 않고 일에 몰두하게 하는 방법이 없을까를 골몰한다.

온갖 인센티브 제도를 도입해서 직원들이 일에 몰두하도록 노력해
보지만 그것도 한때뿐이다. 갈수록 더 많은 인센티브를 줘야 한다. 웬
만한 인센티브로는 직원들을 감동시킬 수 없기 때문이다. 직원들은
안다. 인센티브란 돌고래가 재주넘고 받아먹는 썩은 생선이라는 것
을. 그래서 경영자들은 항상 걱정이다. 어떻게 하면 직원들이 회사 일
을 자기 일처럼 할 수 있을까?

아이들을 TV에서 떠나게 하는 전략처럼

애를 키우는 부모들에게는 매일같이 남의 마음을 내 마음대로 할 수
없는 상황이 반복된다. 날씨가 화창한 일요일, 아이들이 아침부터 TV
앞에서 넋을 놓고 있다. 아이들에게 TV 그만 보고 동네 한 바퀴 돌자
고 넌지시 이야기해본다. 하지만 아이들은 나가기 싫다고 고개도 돌
리지 않고 대답한다. 그런 상황에서 'TV 그만 보고 나가 놀아!'라고
고함치는 방식은 부모가 선택할 수 있는 옵션 중에서 최악의 경우가

된다.

나름대로 작전을 구사하는 부모는 TV 그만 보고 산책 나가면 돌아오는 길에 슈퍼에서 아이스크림을 사준다고 유혹한다. 자신이 회사에서 인센티브에 길들여진 그대로다. 하지만 아이들도 자신과 그리 다르지 않다. 처음에는 1,000원짜리 아이스크림에 만족하더니 이제는 1만 원이 훌쩍 넘는 '변신-합체' 장난감이 아니면 움직일 생각도 않는다.

좀 더 머리가 좋은 부모는 아주 교묘한 전략을 짜낸다.

"지금 나가 놀기에 너무 좋은 날씨고 너희 친구들은 벌써 놀이터에서 놀고 있지만 너희들은 오늘 집에서 온종일 TV만 봐야 돼!"

저항 심리를 유도하는 '역逆심리학reverse psychology'이다. 가끔은 이런 전략이 통하기도 한다. 아이들은 당장 TV를 끄고 나가 놀게 해달라고 졸라댄다. 한두 번은 신발끈을 채 묶지도 않고 뛰어나가는 아이들의 뒷모습을 보면서 흐뭇해 하겠지만 이 부모는 조만간 아이들의 조소와 경멸(?)이 섞인 반응을 겪게 된다. 그리고 아이들은 똑같은 방식으로 부모를 시험하려 들 것이다.

마지막으로 고려해볼 수 있는 방법은 아이들에게 선택의 기회를 제공하는 것이다.

"이제 TV 그만 보고 나가 노는 것이 좋겠다. TV가 그렇게 보고 싶다면 선택해라. 30분만 더 TV 보고 나가서 놀래? 아니면 지금 나가서 놀고 점심 먹기 전에 한 시간 동안 TV 볼래?"

아이들은 약간의 갈등은 겪겠지만 그리 큰 부담 없이 이 두 가지 옵션 중에서 하나를 선택하게 된다. 부모 또한 불필요한 강요나 협박을 동원하지 않고 아이들을 TV앞에서 떠나게 하는 데 성공할 수 있다.

인센티브 위에 자존심 있다

사람들은 자신이 선택한 일에 한해서만 책임진다. 내가 선택했다는 느낌이 있을 때 그 일의 주인이 된다는 이야기다. 통제의 주인은 경영자가 아니라 나 스스로라고 생각할 때 회사의 일을 자신의 일처럼 하게 된다. 통제나 선택의 주인이 자신이 아니라고 여겨질 때 사람들은 자존심이 상한다. 아이스크림과 같은 인센티브로 움직이기도 하지만 그것도 자신의 자존심이 망가지지 않는 범위 내에서만 가능하다.

사람들이 자존심을 얼마나 중요하게 생각하는지에 관한 재미있는 실험이 있다. 우선 두 집단의 사람들에게 정말 재미없는 영화를 보여준다. 영화를 본 후 밖에 나가서 다른 사람들에게 그 영화가 무척 재미있다고 거짓말을 하도록 시킨다. 이때 A집단에게는 거짓말의 대가로 100달러를 주고 B집단에게는 1달러를 준다.

그 이후 실험에 참가한 사람들에게 물어봤다. 본인들은 솔직히 그 영화가 재미있었느냐고? 그랬더니 두 집단 중에 한 집단의 사람들은 그 영화가 '정말 재미있었다!'고 대답했다. 과연 어느 집단의 사람들이 아무도 재미없다고 하는 영화를 재미있다고 느꼈겠는가? 언뜻 생각하기에는 100달러 받은 사람들이 영화를 재미있게 느꼈을 것 같다. 그러나 실제 상황은 정반대다. 1달러를 받은 사람들이 그 영화를 정말 재미있게 봤다는 것이다. 도대체 어찌된 일일까?

1달러 받은 사람들은 자존심이 상한 것이다. 100달러 받은 사람들은 그 단순한 거짓말에 비해 과분한 보상이라 느끼며 기꺼이 그 영화가 재미있다고 거짓말을 한다. 하지만 1달러를 받은 사람들은 불과 1달러에 거짓말을 하기에는 자존심이 상한다. 이렇게 자존심이 상하는 상황을 피하는 방법은 유일하다. 차라리 그 영화를 정말 재미있다고 느끼는 것이다. 영화가 재미있다고 느껴버리면 단돈 1달러에 거짓말을 해야 하는 어처구니없는 상황은 피할 수 있게 된다.

보상이 사라지는 순간 일하기를 멈춘다

인센티브와 같은 보상을 통해 행동을 유도하는 것도 그리 오래갈 수 없다. 100달러를 받고 거짓말을 하는 것도 그때뿐이다. 한 유치원에서 심리학자들이 행한 보상의 결과에 대한 실험 이야기다.

아이들이 칠판에 그림을 그리는 시간이 있었다. 이 유치원의 아이들을 세 집단으로 나눴다. 우선 A집단의 어린이들에게는 예쁜 그림을 그리면 상품을 주겠다고 약속을 하고 그림을 다 그린 후에는 약속대로 상품을 줬다. 나머지 두 집단의 어린이들에게는 별다른 약속 없이 그림을 그리라고 했다. 그러나 그림을 다 그린 후, B집단의 어린이들에게도 A집단의 어린이들과 마찬가지로 상품을 줬다. C집단의 어린이들에게는 아무런 보상도 하지 않았다.

A집단-보상을 기대한 집단

B집단-예측하지 못한 보상을 받은 집단

C집단-아무런 보상을 받지 못한 집단

며칠이 지난 후 그 유치원을 방문하여 아이들이 칠판에 그림을 그리는 놀이를 하고 있는가를 살펴보았다. 그 결과 각 집단에 따라 그림 그리기 놀이를 하는 시간이 크게 달라짐을 확인할 수 있었다. A집단 어린이들의 그림 그리기 놀이 시간은 절반 수준으로 줄어 있었다. 반면 B집단의 어린이들과 C집단의 어린이들은 지난번에 비해 더 오랜 시간 그림 그리기 놀이를 하고 있었다. 특히 아무런 보상을 받지 않았던 C집단의 어린이들이 가장 오래 그림을 그리고 있었던 것이다.

다양한 보상에 길들여진 사람들은 보상이 사라지는 순간, 더 이상 그 일에 흥미를 보이지 않는다는 이야기다. 아이만 그런 것이 아니다. 어른들도 마찬가지다. 직장에서 오직 월급과 인센티브만으로 직원들을 움직일 수 있다고 생각하는 경영자가 있다면 잘못 생각해도 한참 잘못 생각하는 것이다. 보상에 대한 기대는 갈수록 커질 뿐만 아니라 어느 정도가 지나면 웬만한 보상에는 전혀 감동하지 않는다. 이런 직원들에게 괘씸하다고 분통을 터트리는 경영자처럼 어리석은 사람은 없다. 직원들은 자존심을 버린 대신에 보상을 선택했기에 보상에 대한 기대가 어긋나는 순간, 바로 자신의 자존심을 되찾으려 시도한다. 사람들은 이렇게 되찾은 자존심을 이전에 비해 더 강하게 지키려고 애쓴다.

보상으로 유혹할 수 없는 사람들이 많아진다

20세기적 기업 경영의 핵심은 다양한 금전적 인센티브로 사람들의 노동 의욕을 극대화하는 일이었다. 그러나 능력 있는 직원들은 더 높은 보상을 찾아 다른 직장으로 떠난다. 결국 뛰어난 인재들을 붙잡으려면 갈수록 높은 보상을 약속해야만 한다. 프로야구 선수들의 몸값이 천정부지로 뛰는 것과 마찬가지 원리다. 그러나 보상을 약속하면서 잡을 수 있는 사람들조차도 갈수록 줄어든다. 돈으로는 더 이상 살 수 없는 다른 종류의 인간들이 늘어난다는 이야기다.

우선 개인주의형 인간들이 늘어난다. 개인주의형 인간들은 금전적 인센티브로 움직일 수 있는 사람들이 아니다. 그들에게 조직에 대한 충성은 상상할 수 없다. 그들은 개인의 행복을 극대화하려는 사람이다. 재미가 있다면 언제든지 직장을 떠날 수 있다. 오늘날 IT 관련 산업에서 일하는 젊은 엘리트들에 해당되는 이야기다. 그들에게 일이란 재미와 결부되어 있다. 일 자체의 재미와 일터에서의 재미가 사라지는 것과 동시에 직장은 의미를 상실한다. 그들에게는 주말의 또 다른 삶도 매우 중요하다. 직장의 삶이 주말의 삶을 방해한다면 언제든지 직장을 포기할 수 있다.

또 다른 종류의 인간형도 나타난다. 그들에게는 가족주의형 인간이란 이름을 붙여주는 것이 적당할 것 같다. 가족주의형 인간들에게 직장에서의 성공은 그리 큰 의미가 없다. 그들의 궁극적 관심은 훌륭한 아빠, 착한 남편이 되는 일이다. 보다 높은 지위를 보장해주고 돈을 더 많이 준다고 약속해도 그리 큰 관심이 없다. 오후 5시면 칼퇴근이다.

집안일을 회사로 가져오는 것은 왜 안 되나?

문제는 앞으로 이러한 개인주의형 인간들과 가족주의형 인간들이 늘어나고 경영자들이 원하는 조직충성형 인간들은 갈수록 줄어든다는 사실이다. 그런데도 여전히 인센티브 제도만으로 직원들에게 동기를 부여하려는 경영자들이 대부분이다. 그들은 개인주의형 인간, 가족주의형 인간이 있다는 사실조차 상상할 수 없다. 절망에 찬 경영자들은 헝그리 정신을 강조하며 해병대 입소를 추진하거나 연수원을 군대식 훈련소로 바꿔본다. 경제가 어려운 요즈음이야 모두들 숨죽이고 가만히 있을 것이다. 그러나 상황은 곧 바뀐다.

사람들의 라이프스타일이 갈수록 급변하기 때문이다. 예를 들어 경영자는 주말에 회사일로 직원들에게 이메일을 보내고 답변을 요구하는 것이 아무런 거리낌이 없다. 그러나 21세기형 라이프스타일을 추구하는 직원들은 반대로 물어본다.

'왜 당신은 내 주말을 방해하는 것에 대해 아무런 문제를 느끼지 못하면서 내가 월요일 회사에서 영화표를 예매하거나 주식투자하는 것을 못마땅해 하는가?'

'왜 회사 일을 가득 안고 집에 가는 것을 흐뭇하게 생각하면서도 주중에 아이들을 회사에 데려와 노는 것을 상상도 못하는가?'

일과 삶의 균형 프로그램 _ Work-Life Balance Program

변화하는 사람들의 라이프스타일을 고려하지 못하는 기업 경영은 실패할 수밖에 없다. 더 이상 금전적 인센티브로 사람들을 움직일 수 없다는 사실을 깨달은 서구의 앞서가는 기업들이 채택한 새로운 제도가 있다. 'Work-Life Balance Program(WLB 프로그램)'이다. 직원들의 일과 개인적 삶의 균형과 조화를 배려하려는 새로운 인재 관리 전략이다. 우선 WLB 프로그램은 개인의 일과 가족의 불균형으로 생기는 갖가지 문제를 유연근무제, 육아 휴가, 변동 휴가제 등을 통해 해결하려 시도한다. 또한 개인의 경력 관리와 회사의 업무가 일치하도록 배려하는 갖가지 제도를 실시한다. 개인의 관심과 회사의 업무가 제대로 일치하지 않으면 직원들이 떠나기 때문이다. 회사에서 꼭 필요한 능력이 있는 인재일수록 미련 없이 떠난다.

이 프로그램은 가족주의형 인간들을 위한 갖가지 복리후생 정책 또한 치밀하게 계획한다. 직원들이 개인의 여가와 가족과의 삶에서 즐거움을 상실하지 않도록 배려한다. 그렇게 배려받는 느낌을 받아야 직원들은 회사 일을 자기 일처럼 배려하기 때문이다.

무엇보다도 직원들이 자신의 삶을 스스로 통제한다는 느낌을 잃지 않도록 해야 한다. 내 삶의 주인이 더 이상 내가 아니라는 생각이 드는 순간, 사람들은 회사를 어떻게 하면 이용할 수 있을까에만 골몰한다. 당연하다. 회사 또한 어떻게 하면 직원을 이용할 수 있을까만 연구하기 때문이다. 서로 이렇게 자갈 굴러가는 소리 나도록 머리싸움을 하는 회사의 미래는 없다. 이 회사의 직원들에게 일의 반대말은 나태가 아니라 여가이기 때문이다.

일중독에 빠진 리더의 철학

_ 오버씽킹

　　인도의 수도승 두 명이 질척거리는 길을 걷고 있었다. 길 저편에서 아리따운 아가씨가 길을 건너지 못하고 있었다. 비단 신발이 더럽혀질까 걱정하고 있었던 것이다. 한 수도승이 그녀를 업고 진흙탕 길을 지나 내려주었다. 그리고 두 수도승은 이전처럼 말없이 계속 걸었다. 저녁이 되자 여자를 업고 길을 건넌 수도승에게 다른 수도승이 질책하듯 말했다.

　　"어떻게 자네는 여자를 업어줄 생각을 할 수 있었지? 수도승은 여자를 멀리해야 하는 것을 몰랐나?"

　　그러자 여자를 업어줬던 그 수도승은 대답했다.

　　"나는 길을 건너자마자 그 여자를 내려줬다네. 그런데 자네는 어째서 아직도 그 여자를 업고 있는가?"

　　여자는 걱정거리를 상징한다. 여자를 업어준 수도승은 진흙탕을 건너면서 잠시 걱정했을 뿐이지만 다른 수도승은 한 번도 걱정과 시름으로부터 자유로운 적이 없었으면서도 자신이 걱정하고 있는 것조차 인식하지 못한다는 사실을 비유하고 있다. 우리도 어리석은 수도승처럼 항상 걱정을 등에 업고 산다.

일중독자는 일하는 시간이 짧다

직장에서 성공했다고 여겨지는 일중독자일수록 수많은 걱정으로부터 자유롭지 못하다. 그러나 일중독자와 정말 일 잘하는 사람은 다르다. 일중독자는 자신이 일주일에 70시간을 일한다고 생각한다. 그러나 정말 일 잘하는 사람은 일주일에 40시간밖에 일하지 않는다.

일중독자가 일을 훨씬 더 많이 하는 것 같다. 그러나 일중독자가 일하는 방식을 잘 들여다보면 사정은 달라진다. 일주일에 70시간을 일한다고 생각하는 일중독자가 실제 일하는 시간은 30시간에 지나지 않는다고 한다. 나머지 40시간 동안은 일하기는커녕 일에 대해 걱정하면서 보낼 뿐이라고 한다.

일중독자는 주말에 어쩌다 곤한 낮잠을 자고 나면 기분이 왠지 찝찝하다. 내가 이렇게 귀중한 주말 시간을 허비해도 되는가 하는 걱정 때문이다. 일요일 저녁이 되면 왠지 불안해진다. 새로 시작되는 한 주가 기다려지기보다는 불안해진다. 주말에 너무 놀았다는 생각 때문이다. 이런 사람들에게 월요병은 단순히 심리적 질병이 아니다. 죽음에 이르는 병이 되기도 한다. 실제로 심장병으로 인한 사망률이 월요일에 제일 높다고 한다.

모처럼의 긴 휴가를 마치고 돌아오는 길에서 불안한 마음이 떠나질 않는다.

'내가 이렇게 노는 동안 다른 사람들은 열심히 일했겠지? 이러다 영영 뒤떨어지는 것 아냐?'

자신뿐만 아니라 사원들의 운명까지도 책임져야 하는 CEO나 간부들의 불안과 근심은 가끔 도를 지나쳐 불면증에 이르기까지 한다.

옅은 잠결에 문득 생각난 일 걱정 때문에 잠을 깬 후, 다시 잠들어보려고 애써 보지만 허사다. 결국에는 안방에서 나와 냉수 한 잔 들이켜고 이른 새벽 거실 소파에서 어제 신문이나 뒤적거리는 안타까운 중년이 의외로 많다. 왜 이렇게 불안한 것일까? 과연 이렇게 걱정할 것이 많은 것일까?

심리학에서 본 걱정거리의 실체

한 심리학자가 사람들의 걱정거리를 모아서 분류해보니 다음과 같은 결론이 나왔다고 한다.

- 우리가 걱정하는 것들의 40퍼센트는 결코 일어나지 않을 일이다. 즉 하늘이 무너질까 걱정한다는 것이다.
- 30퍼센트는 이미 일어난 일들에 관한 것들이다. 이미 엎어진 물을 걱정하는 것처럼 바보 같은 일이 어디 있을까마는 의외로 많은 사람들이 지나간 일들에 대해 쓸데없는 걱정을 한다.

- 22퍼센트는 아주 사소한 일들에 관한 걱정이다. 우린 정말 '걱정도 팔 자'인 일들에 관해 너무 많은 시간을 보낸다.
- 우리가 걱정하는 일의 4퍼센트는 우리가 전혀 손쓸 수 없는 일들에 관한 것이다. 결국 걱정해봐야 자신만 손해보는 일이다.
- 이제 4퍼센트만 남았다. 이 4퍼센트만이 우리가 정말로 걱정해야 하는 일들이다. 그러나 우리는 나머지 96퍼센트 걱정거리 때문에 이 4퍼센트의 일들을 그냥 지나치는 경우가 너무나 많다.

진짜로 걱정해야 하는 일들은 걱정하지 못하고 엉뚱한 일들을 걱정하느라 정력을 낭비한다는 뜻이다. 이런 사람들은 아주 행복한 순간에도 걱정의 끈을 놓지 않는다. 이런 종류의 인간을 아주 잘 드러내주는 일화가 있다.

행복한 순간조차 걱정거리를 찾는 사람

사막 한가운데 나무 한 그루가 있었다. 이 나무 그늘에서는 생각하는 모든 일이 이뤄진다. 사막을 막 가로질러온 한 사내가 지친 몸을 겨우 가누며 나무 밑에 앉는다. 그 사내는 생각했다. 이럴 때 시원한 물 한 모금만 있었으면……. 아니나 다를까. 물 한 바가지가 눈앞에 나타났다. 목마름이 가시자 사내는 생각했다. 온몸을 찬 물에 담글 수만 있다면……. 그러자 눈앞의 모래밭이 화려한 수영장으로 변하는 것이었다. 기쁜 마음에 수영장에 뛰어들어 헤엄을 쳤다. 몸의 열기가 어느 정도 가시자 천국 같은 기분이었다. 그러나 여느 수컷이 다 그렇듯이 기본적인 욕구가 해결되자 생각나는 것이 있었다. 이런 기막힌 수영장에 비키니의 아가씨가 있있으면……. 그러지 '펑' 히고 비키니의 아가씨가 나타났다. 그것도 한 명이 아니라 세 명씩이나. 수영장 물가에서 아리따운 아가씨들의 마사지를 받으며 이 사내는 너무나 행복해 했다. 그러나 행복에 취한 것도 잠시. 사내는 갑자기 불안해졌다. 이 행복한 순간이 얼마나 갈 수 있을까? 갑자기 굶주린 호랑이가 나타나 이 행복을 빼앗아가지나 않을까? 아니나 다를까. 갑자기 호랑이가 나타나더니 아가씨들을 물어뜯고 사내마저 위협하는 것이었다. 결국 사내는 다시 사막으로 쫓겨났다.

행복한 순간에조차 불행해질 것을 예상하고 불안해 하는 사람들이 너무나 많다. 우리는 이런 사람들을 때에 따라 완벽주의자라 부르기도 한다. 그러나 이는 잘못된 명칭이다. 그토록 기다려왔던 행복을 즐기기는커녕 행복한 순간에 다시 불행을 준비하는 사람들은 결코 완벽주의자가 아니다. 강박증 환자일 뿐이다.

무엇이 '오버씽킹'인가

지나치게 생각이 많아 부질없는 걱정이 떠나지 않는 현상을 가리켜 미시간 대학교 심리학과의 놀렌-획스마Nolen-Hoeksema 교수는 '오버씽킹over-thinking'이라는 개념으로 설명한다. 오버씽킹이란 부정적인 생각이 꼬리에 꼬리를 물고 계속되는 현상을 뜻한다. 일어나지 않은 일에 대한 걱정, 이미 내뱉은 말에 대한 후회, 다른 사람에 대한 근거 없는 의심, 지나가면서 던진 동료의 한마디에 도무지 끝이 나질 않는 추측 등.

상황에 따라 당연히 걱정해야 하는 경우와 불필요한 오버씽킹은 아주 간단히 구별된다. 오버씽킹의 대부분은 '만약'이라는 가정을 포함하기 때문이다. 이미 지나간 일에 대해서 '만약 그 일이 일어나지 않았더라면' 하고 생각한다. 앞으로 일어날 일에 대해서는 '만약 이 일이 잘못되면 어떻게 하지.' 하고 걱정이 끝이 없다. 또 한 가지 주의해야 할 것은 오버씽킹이 자신을 깊이 돌아보는 자기반성이라고 생각하는 일이다.

자신의 과오를 분명히 하고 개선해야 할 것을 찾아내는 자기반성은 자신의 긍정적 가능성을 발견하게 하여 삶의 의욕을 높여준다. 그러나 오버씽킹은 다르다. 자신의 부정적인 측면만을 생각하게 할 뿐이다. 결국 '난 정말 안 돼!' 하는 부정적인 생각만 반복하여 자신의 긍정적 능력마저 상실케 한다. 결국 우울증과 같이 부정적 정서가 지속되는 병적인 상태로 이어지는 경우가 대부분이다. 오버씽킹으로 생기는 부정적 정서는 다음과 같은 생각으로 이어진다.

'나는 혼자야. 아무도 믿을 수가 없어.'

'도대체 집중할 수가 없군.'

'왜 나한테만 이런 일이 생기지?'

'또 이런 식이야. 나는 어쩔 수가 없나봐!'

오버씽킹은 전염된다

문제는 이러한 오버씽킹이 아주 쉽게 전염된다는 사실이다. 정서는 아주 간단한 눈짓, 몸짓, 표정으로도 그대로 선염된다. 특히 불안과 같은 부정적 정서는 긍정적 정서에 비해 아주 빠르게 전염된다.

"밥 먹어라." 하는 엄마의 목소리가 어떠한 느낌인가에 따라 식탁에 앉는 아이들의 표정이 달라지는 것과 같은 원리다. 더욱 심각한 경우는 조직의 리더가 오버씽킹할 경우다. 리더의 오버씽킹은 훨씬 빨리 전염되기 때문이다.

리더의 오버씽킹은 부하직원들을 불안케 한다. 불안하게 하여 일의 효율이 높아진다면 때에 따라 부하직원들을 불안하게 하는 것도 그리 나쁜 방법이 아닐 것이다. 그러나 리더의 오버씽킹은 지속적으로 부하직원들을 불안하게 한다. 지속적인 불안은 좌절과 공격성으로 이어져 결국 조직의 팀워크 자체가 완전히 붕괴되는 결과를 낳게 된다. 하지만 사람들은 높은 지위에 올라갈수록 오버씽킹하는 경향을 보인다.

끊임없는 인수 합병, 퇴직에 대한 지속적인 위협, 하루에도 몇 번씩 오르내리는 주식 시장, 컨설팅 결과에 따라 조직 변화가 있으리라는 소문 등. 높은 지위에 따른 높은 연봉이 우리를 행복하게 만들기는커녕 오버씽킹의 나락으로 한없이 떨어지게 만든다.

높은 지위에 올라갈수록 다른 사람들과 비교하여 평가받는 이 사회는 자신에 대해 끊임없이 오버씽킹하게 만든다. 내가 무엇을 해냈는가가 중요한 것이 아니고 다른 사람에 비해 얼마만큼 해냈는가가 중요해지는 것이다.

자신이 불행하다는 오버씽킹에 빠져 있는 사람일수록 다른 사람과의 비교에 목숨을 건다. 다른 사람이 120만 원을 받고 내가 100만 원을 받는 경우보다, 내가 80만 원을 받고 다른 사람이 60만 원을 받는 경우를 더 선호한다는 심리학 연구 결과가 있다. 절대적인 가치보다는 타인과 비교하여 상대적으로 높은 가치가 더 마음이 편하다는 이야기다. 오버씽킹은 이렇게 합리적 사고를 불가능하게 만들고 세상을 보는 관점을 왜곡시킨다.

정말 중요한 일은 어떤 일일까

그럼 도대체 어떻게 해야 오버씽킹으로부터 벗어날 수 있을까? 정말 중요한 일에 몰입하면 된다. 여기서 정말 중요한 일이란 자기가 정말 재미있어 하는 일을 뜻한다. 이렇게 이야기하면 많은 사람들이 당황해 한다. 재미있는 일이 중요한 일이라니? 이렇게 묻는 이들에게 나는 되묻는다. 아닌가? 자기가 정말 재미있어하는 일만큼 중요한 일이 또 어디 있겠는가?

삶의 가장 중요한 목적은 내가 행복해하고 재미있어 하는 일을 발견하는 것이다. 그게 아니라면 우리는 평생 주어진 의무를 다하며 그저 먹고살기 위해 어쩔 수 없이 견디는 삶을 살아가야 할 것이다. 그러나 사람들은 보다 중요한 것이 있는 것처럼 착각한다. 삶의 목적이 되는 행복과 재미를 추구하면 뭔가 죄의식을 느낀다. 잘못된 생각이다. 모두 먹고살기에 급급했던 시절이 남긴 피해의식이다.

중요한 일을 찾아서 그것에 푹 빠지는 재미처럼 오버씽킹을 예방하기 좋은 방법은 없다. 심리학에서는 이를 '몰입flow'이라고 한다. 구태여 우리말로 번역하자면 '무아지경無我之境' 정도가 적당하다. 자기가 좋아하는 일에 푹 빠져 시간가는 줄 모르는 상태를 뜻한다.

낚시의 예를 들어보자. 낚시를 하면서 인생과 우주 전반을 생각한다는 낚시꾼처럼 가짜는 없다. 진짜 낚시꾼은 아무 생각도 하지 않는다. 오직 찌 끝만 바라볼 뿐이다. 수면으로 겨우 올라온 찌 끝의 움직임을 기다리며 하루고 이틀이고 앉아 있다. 물론 가끔 이런저런 생각이 스친다. 그러나 찌가 조금만 움직여도 모든 생각은 간데없고 온몸에 소름이 끼칠 뿐이다. 손으로 낚싯대의 끄트머리를 움켜쥐고 결정적인 순간을 기다린다. 드디어 찌가 쑤우욱~하고 위로 솟구친다. 순간 잡아채는 손끝으로 고기의 육중한 무게가 느껴진다. 이때 느끼는 희열은 무엇과도 비교할 수 없다. 우리의 존재는 이런 재미를 통해 확인된다.

행복한 사람 주위에는 행복한 사람이 많다

물고기의 작은 움직임에도 이렇게 감동할 수 있는 사람들은 행복하다. 가끔 놓친 물고기에 대한 허풍(놓친 물고기는 모두 힘이 어마어마한 월척이다)을 빼면 낚시꾼들처럼 순수하고 행복한 사람들은 없다. 낚시꾼들에게 오버씽킹이란 불가능하기 때문이다. 이제라도 허풍쟁이 낚시꾼처럼 재미있어 하는 일을 찾아야 한다. 내가 좋아하는 일에 몰두하는 행복을 되찾는 길이 내 삶의 주인이 되는 유일한 길이다.

행복한 사람 주위에는 행복한 사람들이 많다. 특히 리더의 행복은 아주 쉽게 전염된다. 오늘 당신의 새벽잠을 빼앗아가고 당신 주위의 모든 사람들을 불안하게 하는 오버씽킹으로부터 탈출하는 유일한 방법은 시간 가는 줄 모르고 푹 빠질 수 있는 삶의 재미를 되찾는 일뿐이다.

원치 않는 오버씽킹으로 괴로운 당신, 이제 보다 적극적으로 삶의 재미를 추구해야 할 때다.

노는 것을 학문적으로(?) 연구한 사람들

놀이의 학문, 즉 여가학을 한다고 하니 사람들의 저항이 만만치 않다. 일단 여가라는 단어가 마음에 들지 않는다는 것이다. 단어가 주는 느낌 자체가 왠지 '유한 계급'과 연관되어 먹고살기 힘든 사람들에게 거부감을 불러일으킨다는 것이다. 사실 여가餘暇란 단어 자체의 뜻이 '남는 시간'이다. 여가란 살기 위해 중요한 일을 다 하고 남는 시간이라는 뜻이다. 그러니까 여가라는 단어 자체는 부차적인 의미가 강하다.

2002년에 한국여가문화학회를 만들 당시 이 단어를 가지고 참 많이 토론했다. 여가시간의 증대에 따라 생겨날 사회문제를 함께 논의하자는 취지에 많은 사람이 동참했다. 그러나 모두들 여가라는 단어가 마음에 들지 않는다는 것이었다. 그래서 여가와 문화를 합쳐서 여가 문화로 하면 좀 저항이 없을 것 같다는 주장 때문에 여가문화학회가 됐다. 상임고문을 맡기로 한 이어령 선생은 모든 단어는 역사적 과정에서 구성되는 것이고 한국여가문화학회를 하자는 것은 바로 여가라는 단어의 사회적 의미를 바꾸자는 것이라고 주장했다. 그러나 여전히 한국여가문화학회 구성원들 중에는 여가라는 단어를 못마땅해 하는 사람들이 많다.

나는 '여가'라는 단어가 싫다

사실 나도 마음에 들지 않는다. 보다 나은 단어가 있으면 바꾸고 싶다. 그러나 아직까지는 영어 '레저leisure'를 여가라고 번역하는 것을 대치할 수 있는 우리말 단어는 없는 것 같다. 레저라는 영어를 그대로 쓸 경우에도 문제는 있다. 스포츠의 한 영역으로 너무 제한적인 의미가 된다. '남는 시간'이라는 원래의 의미를 보다 적극적인 의미로 바꿔가는 수밖에 없다. 여가라는 단어의 사용에 관한 논의를 그렇게 일단락 지어도 단어의 의미와 관련된 또 다른 논란이 있다. 노는 것과 쉬는 것의 차이에 관한 것이다. 도대체 노는 것은 뭐고 쉬는 것은 무엇인가?

쉬는 것은 말 그대로 소극적 의미의 여가 생활을 의미한다. 노동에서 지친 몸을 회복한다는 의미다. 쉰다는 단어 속에서는 여전히 노동이 인생의 목적이고 여가는 노동을 보다 효율적으로 하기 위한 수단일 뿐이다. 잘 쉬어야 보다 잘 일할 수 있다는 뜻이다. 20세기까지는 그랬다. 그러나 21세기에는 그저 쉬는 것만으로는 부족하다. 육체노동은 더 이상 의미가 없기 때문이다. 이제는 노동자도 더 이상 육체노동을 하지 않는다. 대부분 기계가 대신한다. 노동자의 개념 대신 지식 근로자라는 개념이 나오는 세상이다.

논다는 것은 보다 적극적인 개념이다. 재미를 추구한다는 이야기다. 재미를 추구한다는 것은 노동과 여가의 이분법을 넘어서는 개념이다. 이제까지 노동은 재미없는 것이었나. 그러나 지식정보화 사회의 노동은 재미없고 그저 인내해야 하는 어떤 것이 아니다. 지식노동에서 재미를 느끼지 못한다면 그 사람은 결코 생산적인 사람이 될 수 없다. 창의적일 수 없기 때문이다.

쉬는 것과 노는 것의 차이

쉬는 것과 노는 것의 위와 같은 근본적인 차이를 설명하는 심리학 이론도 있다. 엘리스Ellis라는 심리학자의 각성조절이론이다. 이 이론에 따르면 의식의 각성 상태를 적절하게 유지시키려는 중추신경계의 조절 경향이 있다는 것이다. 자극이 너무 많을 때는 각성 수준이 너무 올라가 중추신경계는 물론 심리 상태가 불안정해진다. 이런 경우 사람은 쉬려고 한다. 반면 자극이 너무 적어 각성이 전혀 안 일어날 경우, 인간은 자극이 증가하는 활동에 참여함으로써 각성 수준을 높이려 한다. 같은 자극도 친숙해지면 각성 수준이 낮아져 불쾌하게 느끼거나 지루하게 느끼게 된다. 이럴 경우 다른 자극을 찾아 나서게 된다. 이런 상태를 '논다'라고 할 수 있다.

놀이란 결국 '자극 추구 활동'이라는 것이다. 상당히 설득력 있는 이론이다. 하지만 나는 일상적인 맥락에서 쉬는 것과 노는 것을 구태여 구별할 필요가 없다고 생각한다. 매번 두 단어의 차이를 설명하기 어렵기도 하거니와 개념적 구분이 맥락에 따라 불필요한 측면도 있다. 대신 두 단어를 포괄하는 단어로 놀이의 개념을 제대로 이해하는 것이 꼭 필요하다. 여가의 21세기적 의미는 바로 놀이에 대한 정확한 이해에서 출발하기 때문이다.

사회에서 이용되는 실용적 측면에 초점을 맞추어본다면 놀이와 재미는 거의 동의어라 할 수 있다. 놀이는 행동적 측면을 강조한 개념이고 재미는 이 행동으로 인해 생기는 심리적인 특징에 초점을 맞춘 개념이다. 따라서 학문적으로 설명되는 재미는 대부분 놀이 이론에 포함되어 있다. 이쯤에서 놀이에 관한 학문적 설명들을 간단하게 살펴볼 필요가 있다.

놀이의 고전적 이론들

도대체 인간은 왜 노는가? 이 질문은 심리학과 문화사회학과 같은 분야의 오래된 질문이다. 문화학적인 개념 틀이 아직 성립되어 있지 않던 20세기 초반까지의 놀이이론은 매우 단순했다. 이를 학문적으로 고전적 놀이이론이라 부른다.

고전적 놀이이론으로 대표적인 것은 '잉여에너지론'이다. 말 그대로 에너지가 생존에 필요한 것보다 넘친다는 이야기다. 이 에너지를 어찌할 수 없어서 노는 데 쏟았다는 것이다. 물론 동물의 놀이를 설명하는 경우 이 잉여에너지론이 타당해 보인다. 그러나 인간의 놀이를 설명하기에는 상당히 설득력이 떨어지는 이론이다. 잉여에너지론이 남아도는 에너지를 놀이를 통해 쏟아놓는다는 이론인 반면 '휴식론'은 일에서 소모한 에너지를 재충전한다는 주장이다.

휴식론은 우리 사회의 일반적인 이해와 맞물려 있는 설명이다. 예를 들어 일터에서 지친 몸을 운동이나 산책을 통해 재충전하려는 시도를 뜻한다. 사실 이 '휴식론'은 우리의 일상생활을 지배하는 기본적인 원칙이라고 할 수 있다. 학교에서 50분 수업에 10분 휴식을 하는 이유도 바로 이 휴식론에 바탕을 두고 있다.

약간은 고전적인 발달심리학에서는 놀이를 발생반복설의 입장에서 설명한다. 개체 발생은 계통 발생을 반복한다는 의미의 발생반복설의 관점에 따르면 아동은 놀이를 통해 인간이 발달해온 과정을 재현한다고 한다. 즉 우리의 원시 조상이 했던 나무 기어오르기와 같은 행동을 놀이를 통해 반복하거나 또래 집단놀이를 통해 원시 집단사냥과 같은 행동을 함으로써 인류의 발달과정을 반복하여 보여준다는 이론이다. 좀 말이 안 되는 이야기지만 20세기 초 역사 발전의 근대이념을 심리학적으로 전환시킨 이론으로 보면 될 것 같다.

놀이를 생존을 위한 연습으로 이해하기도 한다. 다른 동물에 비해 인간은 매우 불완전한 존재로 태어난다. 그러다 보니 생존에 필수적인 능력이 매우 부족하다. 놀이는 이러한 약점을 보완하는 과정이다. 놀이를 통해 인간의 아이들은 생존의 필수적인 기술을 연마하고 독립된 개체로 살아가기 위해 필요한 능력을 습득한다. 마치 사자들이 싸움놀이를 통해 사냥기술을 연마하는 것처럼 인간의 아이들도 소꿉놀이 등을 통해 성인이 되어(성인이 되는 데) 필요한 부모 역할의 기술 등을 연습하는 것이다. 여기까지는 약간 오래된 놀이이론이다.

심리현상으로서의 놀이 _ 프로이트와 피아제의 놀이이론

20세기 중반 이후, 놀이는 심리학과 교육학 분야의 매우 중요한 연구 주제가 된다. 그중 대표적인 인물이 프로이트Freud와 피아제Piaget다. 콤플렉스, 이드, 에고, 수퍼에고와 같은 단어는 누구나 상식적으로 안다고 생각하는 단어다. 이런 단어들은 정신분석학의 창시자 프로이트가 만들어낸 개념들이다.

이처럼 새로운 개념을 만드는 일은 새로운 물건을 발명하는 것과 같은 차원이다. 개념이 있어야 세상을 본다. 유홍준의 『나의 문화유산 답사기』가 히트한 이유도 바로 이와 같은 차원이다. 아는 만큼 보이는 것이다. 인간의 미묘한 심리 상태를 지칭하는 수많은 개념을 만들어낸 프로이트가 놀이라는 현상을 그냥 지나칠 리가 없었다.

프로이트에 따르면 놀이의 주된 기능은 '카타르시스'다. 즉 부정적인 감정을 정화시켜주는 기능을 한다는 것이다. 오늘날 우리가 일상적으로 사용하는 표현을 빌리자면 스트레스를 해소시켜준다는 뜻이다. 인간은 현실에서의 부정적인 경험을 수동적으로 받아들여야만 하는 무기력한 존재지만 놀이에서는 부정적인 경험을 제공하는 능동적인 존재로 전환할 수 있다. 마치 아이가 부모에게 야단을 맞은 후, 인형놀이에서 인형을 때리거나 야단치는 흉내를 하는 것과 같은 현상을 이야기한다. 부정적인 경험은 어떠한 방식으로든 해소되어야 한다.

그렇지 않으면 정신적인 상처로 오래 남기 때문이다.

프로이트가 주로 인간 내면의 부정적인 측면들, 예를 들면 죽음에 대한 충동이나 성에 대한 욕구에 대해 관심을 가진 반면 피아제는 인간 발달을 촉진시키는 놀이의 기능에 대해 설명하고 있다. 인간이 어떻게 합리적인 생각을 할 수 있게 되는가에 대한 그의 관심은 인지발달 이론에서 자세하게 드러난다.

피아제가 설명하는 발달의 기본적인 메커니즘은 인간과 환경 간의 상호작용이다. 이때 상호작용의 양상은 '동화assimilation'와 '조절 accommodation' 두 가지로 나타난다. 이 두 가지 상호작용의 방식은 모두 놀이의 형태로 나타난다. 동화의 대표적인 행동은 상징놀이다. 예를 들어 아이가 베개를 가지고 말타기를 하는 경우, 베개는 아이의 상상력에 의해 말로 변형된다. 이렇게 인간의 인지구조에 의해 환경의 의미가 변화되는 경우를 동화라고 한다. 그 반대의 과정, 즉 환경에 맞춰 자신의 인지 구조를 변화시키는 경우를 조절이라고 한다.

조절의 예는 흉내 내기 놀이다. 아이가 개의 흉내를 낼 경우, 개의 소리와 모양에 맞춰 자신의 얼굴 표정과 목소리를 변화시킨다. 상징놀이와 모방놀이는 서로 반대 방향의 상호작용을 의미하지만 서로 보완적인 기능을 하며 아동의 인지발달을 촉진시킨다.

상호작용으로서의 놀이 _ 비고츠키

피아제만큼 놀이가 차지하는 발달의 중요성을 강조한 사람은 비고츠키Vygotsky다. 비고츠키는 놀이를 통해 추상적 사고능력이 생긴다고 주장한다. 예를 들어 베개를 가지고 말타기를 하는 상징놀이의 경우, 추상적 사고능력이 없다면 불가능하다는 것이다. 이 추상적 사고능력이란 사물과 개념이 서로 따로 놀 수 있다는 것에 대한 인식이 가능하다는 것을 뜻한다.

아이가 어려 아직 추상적 사고가 가능하지 않은 경우, '말'이라는 단어와 실제 네 다리 달린 '말'이 분리될 수 있다고 생각하지 못한다. 그러나 아이가 베개를 말로 생각하며 타고 놀 경우, 실제의 '말'과 '말'이라는 단어가 서로 분리되어 따로 놀고 있음을 뜻한다. 즉 실제의 '말'이 없어도 '말'이라는 단어를 통해 추상적으로 '말'을 구현할 수 있는 것이다. 비고츠키는 이러한 개인의 추상적 사고능력의 발달은 다른 인간과의 상호작용이 없으면 불가능하다고 보았다. 이 점에서 피아제와 비고츠키의 철학적 차이가 나타난다.

피아제는 인지발달이란 환경과의 상호작용을 통해 아이 혼자서도 가능하다고 본 반면 비고츠키는 환경과의 상호작용은 물론 인간의 상호작용이 없으면 발달은 없다고 보았다. 그의 이러한 철학은 '근접발달지대zone of proximal development'라는 개념에서 확실하게 드러난다.

아동의 능력은 개인의 내부에서 만들어지는 것이 아니라 타인과의 상호작용 과정에서 먼저 만들어진다. 이 능력이 내면화되는 것이 아동발달의 실체라는 것이다. 상호작용에서 먼저 나타나는 능력을 '잠재적 발달'이라 하고 이것이 내면화되어 아동이 혼자 수행하는 능력을 '실재적 발달'이라고 한다. 결국 아동의 능력은 엄마 또는 아빠와의 놀이를 통해 만들어지는 것이라 할 수 있다. 초기의 아동발달 과정의 상호작용에서 놀이가 가장 결정적이기 때문이다.

비고츠키와 피아제가 놀이의 발달적 기능에 초점을 맞춰 이론을 전개하고 있다면 베이트손Bateson은 놀이의 '내용text'과 '맥락context'을 구별하여 놀이를 통한 의사소통 측면을 부각시킨다. 아동이 소꿉놀이와 같은 가상놀이에서 가상의 맥락(부엌에서 이루어지는 엄마, 아빠의 대화)에 적합한 내용(아빠의 역할)으로 참여한다. 그러나 가상의 맥락에서 (엄마가 아빠에게 심하게 설거지를 시키는 경우와 같은) 문제가 발생하면 아동은 가상의 맥락을 깨고 현실에 돌아온다. 더 이상 자신이 아빠가 아니고 아기임을 선언("아기는 그런 일을 안 해.")하는 경우다.

가상과 현실을 마음대로 넘나들 수 있는 능력은 인간의 의사소통에서 꼭 필요하다. 예를 들어 상대가 처해 있는 상황에 대한 이해가 없다면 타인의 말을 이해할 수 없다. 이렇게 타인의 입장에서 상황을 파악하는 능력은 놀이에서 가상의 맥락과 현실의 맥락을 자유자재로 변경할 수 있는 능력과 같은 차원이다.

놀이의 다섯 가지 특징

다양한 놀이에 관한 이론을 종합해보면 인간의 놀이는 다음과 같은 다섯 가지 특징으로 요약할 수 있다. 우선 놀이는 비실재적이다. 놀이는 일상적인 경험들과 구별된다는 뜻이다. 놀이에서 사물은 새로운 의미를 획득한다. 예를 들어 빗자루는 더 이상 빗자루가 아니다. 말이 되기도 하고 비행기가 되기도 한다. 총과 칼이 되기도 한다. 아이들은 나무 조각을 컵이라고 하며 물을 마시는 시늉을 하기도 한다. 놀이에서 이러한 비실재적인 특성들을 제외시키면 놀이는 더 이상 놀이가 될 수 없다. 이러한 비실재성의 경험은 아동의 경험 세계 범위를 '여기와 지금'에서 벗어나 전혀 새로운 차원의 상징적 세계로 넓혀준다.

둘째, 놀이는 '내적 동기intrinsic motivation'에서 출발한다. 처벌, 상품, 칭찬 등은 외적 동기화의 강력한 도구이다. 우리가 재미없어도 참고 열심히 일하는 이유는 월급과 보너스를 받기 위해서다. 이런 경우 우리의 행동은 외적 동기에 의해 유발된다고 한다. 반면 어떠한 외적인 보상도 없이 자기 스스로의 만족을 위해 행동이 유발되는 경우, 내적으로 동기화되어 있다고 이야기할 수 있다. 재미는 내적 동기의 가장 중요한 측면이다.

셋째로 놀이는 목표를 이루는 것보다 과정을 즐기는 것이다. 수단이 결과보다 더 중요하게 여겨지며 목표를 달성해야 한다는 부담도 없다. 그렇기 때문에 놀이에서 사람은 더욱 유연하게 사고할 수 있으며 다양한 시도를 할 수 있다. 세상에 황당한 사람은 놀다가 싸우는 사람이다. 운동 삼아 테니스 경기를 할 때 지면 어쩔 줄 모르고 씩씩거리는 사람이 의외로 많다. 이 사람에게 테니스는 놀이가 아니다. 과정보다 승부에서 이기려는 목적이 더 중요하기 때문이다. 이런 사람에겐 약이 없다. 혼자 놀게 내버려둬야 한다. 놀이는 목표 지향적 행동이 아니다.

놀이는 스스로 선택해야 한다. 이 자유-선택은 놀이의 네 번째 특징이 된다. 아무리 재미있는 놀이도 억지로 시켜서 하면 절대 놀이가 아니다. 내가 선택한 놀이여야 한다. 게제네 아신이게 블록 쌓기 놀이를 스스로 선택해서 하면 오랫동안 집중해서 재미있게 논다. 그러나 선생님의 지시에 의해 학습의 일환으로 하게 되면 더 이상 놀이로 느끼지 않고 그리 오래 지속하지도 않는다.

재미있는 것은 내적 동기와 자유-선택의 관계다. 이 둘의 관계에 대한 다양한 실험 결과에 의하면 사람들은 내적 동기에 의한 행동이 아니라 처벌과 보상과 같은 외적 동기에 의해 유발된 행동이라 할지라도 자신이 선택한 것이라면 재미있게 놀이처럼 즐길 수 있다. 이 연구 결과를 잘 적용해보면 불가능해 보이는 '노는 것처럼 재미있게 일하기'가 가능해진다. 비록 월급(외적 동기)을 받기 위해 일하지만, 자기 스스로 선택한 일이라면 재미를 느낄 수 있다는 것이다. 즉 일터에서 사람들이 재미있게 일하도록 하려면 직장 내 선택의 폭을 가능한 많이 넓혀주고 스스로 선택할 기회를 많이 제공하면 된다.

출퇴근 시간부터 작업의 순서와 내용 등에 대한 선택 기회를 가능한 한 사람들에게 많이 제공하면 사람들은 마치 자신이 내적 동기에 의해 행동하듯 재미를 느끼게 된다. 이를 '지각된 자유감perceived freedom'이라 한다. 실제의 자유가 아니라 내가 얼마나 자유로운 선택으로 느꼈는가가 결정적이라는 것이다.

놀이의 다섯 번째 특징은 즐거움이다. 놀이의 가장 결정적인 특징이다. 아무리 내가 선택했다고 해도 즐겁지 않으면 놀이가 아니다. 물론 약간의 걱정과 두려움이 동반되는 놀이가 있다. 미끄럼타기와 같은 놀이의 경우 처음에는 약간의 두려움이 동반되기는 하나 그 두려움을 극복하는 과정 자체가 즐거움이 된다. 그렇기에 아이는 계속해서 미끄럼을 타게 된다.

내 인생을 내가 선택했나? _ 놀이와 행복

놀이는 비실재성, 내적 동기, 과정 지향성, 자유−선택, 즐거움의 다섯 가지로 특징지을 수 있다. 어쩌면 이 놀이의 다섯 가지 특징은 우리가 추구하는 행복의 내용일 수도 있다. 놀듯이 사는 삶이 가장 행복한 삶이기 때문이다. 내 삶을 이 다섯 가지 특징으로 판단해보면 내가 얼마나 행복한가를 측정할 수 있다.

- 나는 '여기와 지금'에 너무 매몰되어 있지는 않은가? 내 삶의 현실적 조건만 보고 좌절하고 또 다른 삶의 맥락에서 이뤄낼 수 있는 새로운 가능성은 전혀 보지 못하는 것은 아닌가?
- 나는 '남의 돈을 따먹기' 위해 일하는가, 아니면 내 만족을 위해 일하는가? 내 삶은 무엇을 얻기 위한 삶인가, 아니면 내 만족과 행복을 추구하는 삶인가?
- 내 삶이 추구하는 목적이 과연 타당한가? 목적을 추구하는 과정이 잘못된 것은 아닌가? 목적으로 인해 과정의 모든 중요한 것을 생략해 버리며 사는 것은 아닌가?

- 내 삶은 과연 내가 선택한 것인가? 아니 지금까지 한 번이라도 내가 선택한 삶을 살아보긴 했나?
- 지금 이곳이 미연 근긴기는 한가? 하루에 도대체 몇 시간이나 행복하 '껌으로 사나?

3장

놀이는
창의성과 동의어

창의성의 원천은 '낯설게 하기'

뛰는 놈 위에 나는 놈 있다면, 나는 놈 위에는 노는 놈 있다. 20세기는 부지런하게 뛰는 근면 성실한 사람이 성공했지만 21세기는 잘 노는 사람이 성공한다. 잘 노는 사람이 창의적이란 이야기는 많은 사람들이 한다. 그러나 도대체 잘 노는 것이 창의성과 어떻게 연관되는지는 아무도 설명해주지 않는다. 또 잘 노는 것과 21세기가 무슨 상관이 있는가를 자세하게 이해하는 사람도 그리 많지 않다. 이 문제에 제대로 접근하기 위해서는 21세기에는 왜 창의력이 결정적으로 중요한지부터 이해해야 한다. 먼저 산업사회와 지식정보화 사회의 차이부터 명확히 해보자.

근면 성실한 사람이 불쌍해지는 사회

19, 20세기를 산업사회라고 한다면 21세기는 지식기반 사회, 정보화

사회 혹은 이 둘을 합쳐서 지식정보화 사회라고 특징지을 수 있다.

산업사회는 농경 중심의 전통사회가 대량생산, 대량소비의 공업이 주축이 되는 사회로 옮겨간 사회이나. 이 산업사회에시는 육체적 노동이 이윤을 창출하는 원천이다. 따라서 근면과 성실은 사회 유지를 위한 필수 덕목이 될 수밖에 없다.

독일의 사회학자 막스 베버Max Weber는 산업사회의 근면 성실의 가치를 극대화한 요인으로 프로테스탄트 정신을 들고 있다. 산업사회의 발전을 가능케 한 자본주의 이데올로기는 기본적으로 인간의 본능적인 충동을 억제하고 합리적으로 조절하는 금욕과 절제의 문화를 바탕으로 한다. 그래야 자본이 축적될 수 있기 때문이다. 베버는 이 금욕과 절제의 문화적 기원을 프로테스탄트 정신에서 찾는다.

독일어로 '직업'은 'beruf'라고 한다. 이 직업의 명사형은 누구를 '부른다'라는 뜻의 동사 'berufen'에서 파생한 단어다. 다시 말해 직업이란 신이 인간을 불러 일일이 부여한 하나의 의무라는 것이다. 인간은 이 의무를 근면 성실하게 수행해야만 한다.

베버의 해석에 따르자면 한국사회가 지난 50년간 압축 성장을 할 수 있었던 것도 바로 근면 성실의 사회적 가치가 있었기 때문이라고 할 수 있다. 이 기간 동안 한국사회에서의 기독교의 급속한 성장도 이와 무관할 수 없다. 굳이 기독교가 아니더라도 사회 전반에 걸쳐 가난을 극복하려는 한恨 맺힌 노력들이 근면 성실의 가치를 극대화하여 한국사회의 자본축적과 확대재생산을 가능케 했다고 할 수 있다.

그러나 21세기의 지식정보화 사회는 이제까지와는 사뭇 다른 양상을 보인다. 근면 성실의 가치로만은 사회가 유지될 수 없다. 창의적 아이디어를 가능케 하는 '재미'가 사회를 유지하는 필수적 가치가 된다.

재미가 가장 중요한 가치다

지식정보화 사회는 이제까지의 물질과 에너지 중심의 사회와는 질적으로 다르다. 지식정보화 사회에서는 '우주의 에너지 총량이 항상 보존된다'는 에너지보존법칙 등 현실의 법칙과는 전혀 다른 법칙에 의해 규정되는 사이버공간이 우리의 삶을 지배하는 또 하나의 세계가 된다.

정보는 에너지와는 달리 보존되는 것이 아니라 네트워킹을 통해 끊임없이 확대재생산된다. 정치, 경제, 문화의 모든 사회생활이 인터넷을 통한 사이버공간에서 돌아다니는 정보를 통해 연결되고 결정된다. 개인생활 또한 이로부터 자유로울 수 없음은 물론이다.

모든 가치는 정보의 네트워킹을 통해 생산된다. 아무도 생각해내지 못한 새로운 네트워킹을 찾아내는 인간의 지적 창의력이 21세기 사회 발전의 근본 동력이 된다. 토지나 자본이 가치를 만들어내는 것이 아니라 지식이 가치를 창출한다.

새로운 지식을 창출하는 창의력은 '재미'를 적극적으로 추구할 때 개발된다. 이 '재미'가 근면 성실을 뛰어넘는 가장 중요한 가치가 된다. 과거 노동과 자본이 없는 나라는 망했듯이 21세기에는 새로운 지식이 지속적으로 창출되지 않는 나라는 망한다. 이를 구체적으로 살펴보기 전에 정보와 지식의 관계를 개념적으로 분명하게 구분해서 이해할 필요가 있다. 지식정보화 사회에서 지식은 뭐고 정보는 또 무엇을 의미할까?

우리는 의미 있는 것들만 기억한다

'정보information'는 인간이 세상에 일어나는 셀 수 없이 많은 사건과 사물들 중에서 의미를 부여한 최소한의 단위이다.

세상에는 너무나 많은 사물과 사건들이 있다. 인간이 이 모든 것들을 일일이 기억할 수는 없다. 아니 인식조차 할 수 없다. 이 모든 것들을 모두 지각하며 살다가는 정신분열증에 걸리게 되어 있다. 인간은 자신에게 의미 있다고 여겨지는 중요한 것들만 지각한다. 이 의미를 부여 받은 최소한의 단위가 정보다. 예를 들어 세상에는 수많은 살인사건이 일어난다. 지구상에서 일어난 그 모든 살인사건을 기억하며 의미를 부여할 수 없다. 그러나 우리는 그 살인사건들 중에서 의미 있고 기억할 만한 살인사건들만 기억한다.

안중근이란 사람이 이토 히로부미를 살해한 사건은 수없이 많은 살인사건들 중에서 의미 있게 기억된다. 정보로서의 가치가 있기 때문이다. 그러나 의미 있게 기억된다고 해서 그 정보가 곧바로 지식이 되는 것은 절대 아니다. 이토 히로부미 살해사건이 의미 있는 정보로 기억되기 위해서는 이 사건의 사회문화적 맥락을 이해해야 한다. 안중근이 한국에서는 의사義士가 되고 일본에서는 테러리스트가 되는 바로 그 맥락이다.

이토 히로부미 살해사건이 한국에서는 '안중근 의사가 조선 침략의 원흉을 응징한 사건'이 되고 일본에서는 '안중근이라는 조선의 테러리스트가 현대 일본 건국 지도자를 암살한 사건'이 된다. 이렇게 맥락에 의해 해석 가능한 구체적 의미가 부여될 때 '정보'는 비로소 '지식'이 된다. 결국 정보는 그것이 속한 지식의 맥락에 따라 의미가 변할 수밖에 없다.

지식과 정보는 어떻게 다른가

'지식knowledge'은 정보가 사회문화적 맥락 혹은 이론적 맥락에 의해 구체적 의미가 부여된 정보라고 할 수 있다. 조금 더 간단하게 표현하자면 '지식은 정보와 정보들의 관계'라고 정의할 수 있다. '이토 히로부미 살해사건'이라는 정보와 '안중근은 한국인' 혹은 '이토 히로부미는 일본인'이라는 정보가 서로 연관되면서 '안중근 의사가 조선 침략의 원흉인 이토 히로부미를 응징한 사건'이라는 지식이 가능해지는 것이다. 물론 이렇게 형성된 지식은 보다 더 넓은 맥락에서는 정보로서 기능할 수도 있다.

간단히 요약하자면 정보는 의미를 수용하는 가장 최소한의 인식단위이고 지식은 이 정보와 정보들 간의 관계라고 할 수 있다. 그렇다면 새로운 지식의 생산은 어떻게 가능한가? 새로운 지식은 기존의 정보와 정보들 간의 관계를 새롭게 만들어내는 것을 뜻한다. 이것이 바로 창의성이다. 이제 창의성에 대해 좀 더 자세히 살펴보자.

새로운 것을 만들어내는 것이 창의성이라고?

도대체 창의성이란 무엇인가? 창의성이 중요하다는 이야기는 정말 많은 사람들이 이야기한다. 초등학생을 위한 학습지부터 기업의 인사관리에 이르기까지 창의성 혹은 창의적 인재에 관련된 이야기는 너무나 다양하다. 그러나 도대체 어떻게 하면 창의적이 될 수 있을까를 설명해주는 이는 별로 없다.

국어사전을 찾아보면 창의성은 이렇게 정의되어 있다. '새로운 생각(착상)이나 의견을 생각해내는 특성.' 이렇게 황당한 정의가 또 어디에 있을까? 영어사전이라고 예외가 아니다. 내 책꽂이에 20년 전부터 꽂혀 있는 『Longman Dictionary』는 'creativity'를 이렇게 정의하고 있다. 'the ability to produce new and original ideas and things', 즉 창의성이란 '새롭고 독창적인 아이디어나 물건을 만들어내는 능력'이란 것이다. 새로운 생각을 생각해내는 것이 창의성이라니. 이렇게 동어반복으로 창의성을 정의해서는 아무도 창의적이 될 수 없다.

창의성이 새로운 생각이나 물건을 만들어내는 능력이라면 우리는 또 물어보지 않을 수 없다.

"도대체 뭐가 새로운 것입니까?"

자칭 창의성 전문가들은 대답할 것이다.

"새로운 것이란 생전 들어보지 못하고 본 적도 없는 것 혹은 상상할 수도 없던 것이지요."

그러면 또 물어보게 된다.

"도대체 누가 생전 듣도 보도 못한 것, 상상할 수도 없는 것을 만들어낼 수 있지요? 뭘 만들어내려면 상상은 가능해야 한 것 아닌가요? 도대체 머리에 떠오르지 않는 것을 어떻게 만들어낼 수 있지요?"

새로운 것은 없다

창의성에 대한 정의가 잘못되어 있다. '해 아래 새로운 것은 없다.' 평생 지혜(오늘날의 표현으로는 창의성)를 추구했던 솔로몬의 이런 최후의 탄식을 빌리지 않더라도 생전 듣도 보도 못한 그런 종류의 새로운 것은 없다. 하지만 우리가 새롭다고 느끼는 것들은 분명히 있다. 예전에 있던 것들이 다른 맥락에 놓이면 우리는 새롭게 느낀다.

정확히 말해 창의성이란 아주 익숙한 것을 다른 맥락에 놓아 새롭게 느끼게 하는 능력을 뜻한다. 앞서 힘들게 정의했던 정보와 지식의 관계를 통해 설명하자면 창의성이란 다음의 두 가지로 정의된다.

(1) 정보와 정보들의 관계를 이전과는 다르게 정의하는 능력
(2) 정보의 맥락을 바꾸는 능력

한번 물어보자. '도끼' '망치' '나무' '톱'. 이 네 가지 중에서 불필요한 한 가지를 빼내라고 한다면 당신은 어떤 것을 선택하겠는가? 아마도 우리들 중 대부분은 '나무'를 빼낼 것이다. 왜? '도끼' '망치' '톱'은 연장이고 '나무'는 재료이기 때문이다. 이러한 추론의 과정은 '연장'과 '재료'라는 추상적 지식을 우리가 습득하고 있고 이 지식의 맥락에서

'도끼' '나무' 등의 정보들이 의미를 갖고 있기에 가능하다.

러시아의 벌목공들에게 똑같은 질문을 던졌더니 전혀 의외의 대답이 나왔다. 네 가지 중에서 불필요한 것은 '망치'라는 것이다. 그들에게 '나무'를 뺀 연장들은 아무 소용이 없다. 그렇기에 '나무'는 절대 뺄 수 없는 것이다. 물론 '망치'도 필요하지만 다른 것들에 비해 상대적으로 덜 중요하기에 '망치'를 뺄 수 있다는 것이다. 전혀 새로운 지식이다.

러시아 벌목공들이 인지하는 '도끼' '망치' '나무' '톱', 이들 각 정보 간의 관계는 우리가 구성하는 정보 간의 관계와 전혀 다른 것이다. 즉 전혀 다른 지식의 체계를 가지고 있는 것이다. 우리의 지식을 러시아 벌목공들의 입장에서 보면 아주 헛소리거나 반대로 매우 창의적인 것이 된다. 이렇게 정보와 정보의 관계를 다양하고도 유연하게 연결하는 것이 바로 창의성이다.

"똥 싸?"

정보의 맥락을 바꾸는 능력으로서의 창의성은 정보가 속한 맥락에 대한 통찰을 전제로 해야 한다. 다음은 화장실에서 두 고등학생 간에 나누는 대화다.

A: 똥 싸?

B: 똥 싸!

A: 똥 싸?

B: 똥 싸!

A: 똥 싸!

도대체 무슨 대화가 이 모양인가? 그러나 이 대화가 이뤄지는 맥락을 파악하면 전혀 달라진다. A와 B는 고등학생이다. 나름대로 '노는 애들'이다.

쉬는 시간에 B가 먼저 화장실에 들어가 있다. 뒤따라온 A가 물어본다. "똥 싸?" 담배 피우는 게 아니고 정말 똥 싸냐는 이야기다. 혹시 담배를 피우고 있으면 같이 피우자는 뜻이다. 그러나 B는 우연히도 정말 똥을 싸고 있었다. 그래서 B는 대답한다. "똥 싸!" 그러나 이를 믿지 못하는 A는 다시 물어본다. "똥 싸?" 너 지금 담배 피우지 않고 정말 똥 싸냐는 이야기다. 짜증난 B는 대답한다. "똥 싸!" 정말 똥 싼다는 대답이다. 그러자 머쓱해진 A는 "똥 싸!" 하며 화장실을 떠난다. 똥을 마저 잘 싸라는 친절한 배려다.

'똥 싸'라는 똑같은 단어가 맥락에 따라 전혀 다른 의미를 갖는다. 각각의 '똥 싸'가 속한 맥락에 대한 지식이 없다면 위의 대화는 아무도 이해 못하는 정신이상자들끼리의 대화이거나 앵무새의 흉내 내기에 불과하다. 창의성은 이렇게 각각의 정보가 속한 맥락에 대한 통찰을 전제로 한다. 그래야 정보와 정보들의 관계를 바꾸고 정보가 속한 맥락을 변화시킬 수 있는 것이다.

창의성의 원천은 '낮설게 하기'에 있다

정보와 정보들의 관계를 바꾸고 낡은 정보를 다른 맥락으로 바꾸는 창의적 능력을 현대 미학에서는 '낮설게 하기Verfremdung, Ostranenie'라는 용어로 정리하고 있다. 독일의 극작가 브레히트Brecht의 서사극 기법으로 알려져 있는 '낮설게 하기'는 러시아 형식주의에서 출발한다.

20세기 초반 러시아 형식주의의 선구자인 쉬클로브스키Sklovskij는 문학을 비롯한 예술 창작의 진정한 목표는 '새로운 것을 만들어내는 것'에 있는 것이 아니라 너무 익숙해서 우리가 느끼지 못하는 것을 낮설게 느끼도록 만들어주는 것이라고 정의한다. 창의적 예술의 본질에 관해 쉬클로브스키는 이렇게 이야기한다.

"예술의 목적은 사물에 대한 느낌을 알려져 있는 그대로가 아니라 지각된 대로 느끼게 하는 데 있다. 그러므로 예술 기법은 사물을 낮설게 하고 형식을 어렵게 하며 지각을 힘들게 하고 지각에 소요되는 시간을 연장시키는 기법이다. 왜냐하면 예술에 있어서 지각의 과정 자체가 미적 목적이며 이 과정을 오래 끌 필요가 있기 때문이다. 예술은 사물을 경험하는 과정을 경험하는 방법이며 이미 다 만들어진 것은 예술에서 별로 중요하지 않다."

이 러시아 형식주의의 '낮설게 하기' 기법은 독일의 브레히트에게 전수되어 너무 익숙해서 느끼지 못하는 현실의 모순을 드러내는 서사극의 기법으로 사용되었다. 우리는 예술 창작의 목표가 새로운 것을 만들어내는 것 같은 환상을 심어주는 것이 아니라 현실 모순을 드러내는 것이라는 브레히트의 미학 이론에서 오늘날 창의성의 본질에 대한 통찰을 발견한다.

생전 듣도 보도 못한 것에 대한 환상을 버려야 비로소 창의성에 다가설 수 있다. 우리가 새롭다고 느끼는 것은 이전에 다 있었던 것들이다. 단지 그것들이 속한 맥락이 바뀌었을 뿐이다.

'노는 놈'들은 세상을 낯설게 만든다

너무 익숙해서 아무도 깨닫지 못하는 것을 새롭게 느끼게 만들어주는 이들은 근면 성실한 이들이 아니라 바로 '노는 놈'들이다. '노는 놈'들은 놀이를 통해 아주 익숙한 것들을 낯설게 하여 새롭게 느낀다. 바로 이때 재미를 느끼는 것이다.

지식정보화 사회에서 필요한 인재는 바로 이런 '노는 놈'들이다. 정보와 정보들의 관계를 새롭게 만들어주는 이, 너무 익숙해서 우리가 느끼지 못하는 정보들의 맥락을 바꿔줌으로써 그 낡은 정보를 새롭게 만들어주는 이. '노는 놈'의 힘은 바로 '재미'다. 재미를 추구하는 자만이 창의적인 '노는 놈'이 될 수 있다.

다빈치의 데이터베이스에서
나온 모나리자

창의성은 새로운 것을 만들어내는 능력이 아니다. 익숙한 것, 낡은 것을 낯설게 하는 능력이다. 너무 익숙해서 있는 줄도 몰랐던 것들이 어느 날 갑자기 정신이 번쩍 들면서 눈에 들어온다. 이때 느끼는 감동이야말로 최고의 미학적 경험이다. 칸트Kant는 이를 '장엄의 미학 Aesthetik des Erhabenen'이라고 부른다.

비 오는 어느 날, 평소에 있다는 사실조차 느끼지 못하고 지나치던 광화문 뒤편 인왕산이 안개에 싸인 한 폭의 그림 같은 모습으로 눈에 들어왔다. 발길을 멈추고 가슴 벅차 하염없이 바라보던 그 새로운 경험. 인왕산은 항상 거기에 있었다. 그러나 내가 감동하며 바라보았던, 안개에 싸인 인왕산은 더 이상 예전의 낯익은 인왕산이 아니다. 비와 안개를 통해 낯설게 된 전혀 새로운 인왕산이다. 바로 이러한 가슴 벅찬 감동의 경험을 인위적으로 반복하려는 인간의 시도가 예술과 같은 창의적 작업의 본질이다. 일상의 '낯설게 하기'를 통해 이뤄지는 창조적인 미학적 경험들은 우리 주변에서도 아주 쉽게 발견된다.

좋은 게 뭔지도 겪어봐야 안다

언젠가부터 한강의 야경이 아름다워졌다. 한강 다리의 야간조명 때문이다. 2002년 월드컵 당시, 일본과 경쟁적으로 실시했던 도시 야경 개선 작업의 결과라고 한다. 서울시의 사업이라고는 믿기 어려운 생뚱맞은(?) 시도가 서울 시민들의 밤늦은 퇴근길을 너무나 행복하게 만들어주었다. 세계의 수많은 도시들을 관통하는 강 중에서 가장 폭이 넓다는 한강을 그저 건너다니기에 급급했던 우리의 눈에 한강 다리가 새롭게 보이기 시작한 것이다. 각각의 다리마다 다양한 색깔과 디자인으로 장식된 빛의 축제로 인해 서울의 밤은 질적으로 달라졌다.

한강대교 사이의 노들섬도 새롭게 느껴진다. 테니스장, 부하의 낙하산을 펴주고 자신은 순직했다는 군인의 동상, 낚싯대를 휘둘러대는 왠지 어설픈 낚시꾼들 이외에는 아무런 의미도 없던 심드렁한 섬, 노들섬이 밤만 되면 중세의 성처럼 느껴지며 온갖 상상을 불러온다. 바로 이러한 미학적 경험이 많으면 많을수록 서울 시민들은 부드러워지고 창의적이 된다.

아름다운 것을 경험해야 뭐가 아름다운지 안다. 한강 다리의 야경이 바뀌고 나니 조명의 기능에 눈뜨게 되고 외국의 도시들이 밤에 더욱 아름다워 보였던 이유를 깨닫게 된다. 행복한 경험을 해야 어떻게 하면 행복해지는지 안다. 쾌적한 경험을 해야 어떻게 하면 쾌적해지는가를 깨닫게 된다.

한국인에게 가장 큰 문제는 바로 아름답고 행복하며 쾌적한 경험이 부족하다는 점이다. 세계에서 이들 기서 전들기만 하면 기만 두지 않겠다는 표정으로 운전대에 바짝 붙어 있는 한국인들의 표정에는 아름답고 행복하고 쾌적한 것들에 대한 기대를 찾아 볼 수 없다. 그러니 누가 자기 앞에서 차선을 바꾸겠다고 깜박이를 켜면 절대 못 끼어들게 하는 것이다. 행복한 것은 잘 몰라도 기분 나쁘고 우울한 것은 너무 잘 알기 때문이다.

내 앞에 누가 앞서가는 것은 도로 위가 되었든 회사가 되었든 우울하고 기분 나쁜 일이다. 오죽하면 외국인들이 '한국 사람들은 차선을 바꾸겠다는 신호를 빨리 달려오라는 신호로 아는 것 같아요'라고 푸념을 할까.

내가 소니 바이오 노트북에 열광하는 이유

나는 소니Sony 마니아다. 소니 노트북, 소니 디지털 카메라, 소니 비디오카메라, 소니 녹음기 등. 특히 내 모든 원고를 담고 있는 소니의 바이오 노트북 때문에 매일 행복해진다.

그렇다고 국산품을 애용하지 않는다고 나를 욕하면 섭섭하다. 독일에서 유학하던 시절 내내 나는 품질이 훨씬 뛰어난 독일 제품을 마다하고 국산품만 애용했다. 뿐만 아니다. 귀국해서 제일 먼저 산 것도 삼성 노트북이다. 용산 전자 상가의 소니 노트북 전문매장을 수없이 기웃거리면서도 삼성 노트북만을 5년 동안 3번이나 기종을 업그레이드하며 사용했다.

하지만 어느 날 갑자기 무척 화가 났다. 내가 소니 바이오 노트북의 유혹을 견디며 삼성 노트북을 사용하는 그 5년 동안 삼성 노트북의 디자인은 거의 변함이 없었다는 사실을 깨닫게 된 것이다. 그 사이 소니 바이오 노트북은 거의 매년 새로운 디자인의 노트북을 선보였다. 내가 소니 매장 앞을 떠나지 못했던 이유를 그때야 명확하게 깨달은 것이다. 그날로 나는 노트북을 바꿨다. 소니 바이오 노트북으로.

삼성의 디자인 센터에 근무하는 후배에게 물어봤다. 삼성의 노트북 디자인은 왜 소니의 노트북 디자인을 따라가지 못하느냐고. 투자의 부족 때문이란다. 디자인에 투자하는 물량 면에서 삼성이 소니를 쫓아가기는 현재로서는 힘들다는 이야기였다. 그렇다면 단순히 투자를 하기만 하면 삼성 노트북이 소니의 노트북처럼 될까?

나는 그렇게 생각하지 않는다. 물론 투자의 규모도 중요한 요인이 될 수 있다. 하지만 예쁘고 행복하고 쾌적하고 아름다운 것을 적극적으로 추구하지 못하는 우리의 미학적 태도가 보다 결정적인 문제가 된다. 예쁜 것을 경험해봐야 뭐가 예쁜지를 아는 법이다. 그러나 우리의 디자이너들은 뭐가 예쁘고 좋은지를 모른다. 예쁘고 좋은 것을 추구하면 죄의식을 느껴야 하는 우리 여가 문화의 긴 그림자가 상품 디자인에도 영향을 미치고 있기 때문이다.

왜 국산 노트북은 나를 행복하게 만들어주지 못할까?

아름답고 쾌적한 것을 추구하는 것보다는 어설픈 애국심을 지키는 것을 더 중요하게 여기는 지난 십수 년 산의 내 태노가 심심의 디자인을 그 수준에 머무르게 만들었다는 생각이 들었다. 그 이후로 내 태도는 정반대로 바뀌었다. 수많은 강의에서 내가 소니 마니아임을 항상 이야기한다. 국산품 애용으로 우리 산업의 경쟁력이 지켜지던 시대는 지났다.

21세기 국가 경쟁력은 디자인 수준으로 결정된다. 국제적 수준의 디자인을 갖추려면 국민의 미학적 수준이 높아져야 한다. 중국 물건이 촌스럽다고 느끼는 이유는 중국인들의 미학적 수준이 글로벌 수준에 미치지 못하기 때문이다.

나는 삼성의 컴퓨터 기술이 소니에 절대 뒤떨어진다고 생각하지 않는다. 오히려 컴퓨터의 기술적 안정성은 소니의 바이오 노트북이 삼성 노트북에 뒤떨어지는 것 같다. 그러나 바이오 노트북을 산 지 몇 개월이 지나도 컴퓨터를 켤 때마다 나는 행복해진다. 손으로 느끼는 감촉이 다르기 때문이다. 너무 예쁘기 때문이다. 왜 삼성 노트북은 바이오 노트북처럼 나를 행복하게 만들어주지 못할까?

피아니스트의 어깨선에 반해 결혼한 내 친구

생전 여자와 사귀어본 적이 없던 내 친구는 우연히 피아노 연주회를 갔다가 피아노 치는 어느 여대생의 뒤에서 보이는 고운 어깨선에 반했다. 몇 개월을 미친 듯이 쫓아다닌 끝에 그녀와 결혼했다. 그 친구가 내게 설명하는 그녀의 목에서 어깨로 이어지는 선의 아름다움은 정말 환상이었다.

그러나 불과 2년을 채 못 견디고 그 친구는 이혼했다. 그 여대생은 뒤에서 보는 어깨선만 예뻤기 때문이다. 아무리 목선이 예뻐도 항상 아내를 피아노 의자에 앉혀놓고 목선만 바라보고 살 수는 없는 일이다. 행복한 결혼 생활을 위해 뭐가 정말 예뻐야 하는가를 모르고 결혼했던 그 친구는 그 후로 여자의 목이나 어깨는 절대 쳐다보지 않게 되었다.

행복한 집에서 자란 사람들이 행복하게 사는 방법을 안다. 뭐가 재미있고 즐겁고 기쁜지를 경험한 사람만이 그 재미와 기쁨과 즐거움을 적극적으로 추구할 수 있다. 국가도 마찬가지다. 한 국가의 문화적 수준은 그 국민들이 얼마나 행복과 기쁨을 적극적으로 추구하는 능력이 있는가에 따라 달라진다.

각 나라의 문화적 수준은 그 나라의 대표적인 상품의 디자인 수준에서 적나라하게 드러난다. 예쁜 것을 아는 사람이 예쁜 물건을 찾고 그 수요를 아는 회사가 그 수준에 맞는 예쁜 물건을 만들어내기 때문이다. 21세기 국가의 경쟁력은 군사력 경제력보다도 국민들이 얼마나 행복하고 기쁘고 즐거운가에 의해 결정된다. 21세기 복지국가의 개념이 바로 그것이다.

사는 게 재미없고 우울하여 모든 것이 불만인 국민들이 추구하는 재미란 갈수록 자극적이고 말초적인 것들 뿐이다. 즐긴다고 하면 폭탄주 이외에는 떠오르는 게 없고 시골 논두렁 사이에도 러브호텔이 줄줄이 지어지는 나라의 국민들이 진정 행복하고 즐겁다고 이야기할 수 있을까? 진정으로 잘 노는 사람들이 많아져야 한다. 그 토대 위에서 디자인도 꽃피울 수 있고 국가 경쟁력도 높아질 수 있다.

모나리자의 미소는 왜 아름다울까

예쁘고 행복한 것을 찾아내는 미학적 능력은 '낯설게 하기'를 통해 감탄을 자아내는 정서적 차원과 깊이 관련되어 있다. 그러나 인지적 차원과 정서적 차원은 심리학적으로 서로 분리되어 있는 것이 아니다. 레오나르도 다빈치는 정서적인 미학적 경험과 인지적 훈련을 통합하여 창의력을 발휘한 예이다.

의사이며 과학자이기도 하고 동시에 화가이자 조각가인 다빈치는 끊임없는 훈련을 통해 예술과 과학을 통합하는 천재성을 발휘한 사람이다. 그 훈련이란 다름 아닌 정보의 재조직화, 즉 정보와 정보의 관계를 이전과 다르게 하고 정보의 맥락을 바꾸는 것이었다. 이 정보의 재조직화를 통해 창조적인 '낯설게 하기'를 가능케 했다.

「모나리자」를 예로 들어보자. 모나리자의 미소는 여간 신비스러운 것이 아니다. 또한 어느 각도에서 바라보아도 자신을 보는 것과 같은 착각을 일으킨다. 모나리자가 사실은 여장한 남자였다는 추측까지 있을 정도로 그 창작 과정에 대해 여러 가지 해석이 있다. 그러나 다빈치의 습작들을 살펴보면 그가 어떠한 방식으로 「모나리자」를 그려냈는지 유추할 수 있다.

다빈치는 수백 가지의 눈의 습작을 가지고 있었다. 찢어진 눈, 젖은 눈, 늘어진 눈 등. 뿐만 아니라 코, 입, 머리, 턱 등과 같은 얼굴 부위 각 부분에 관해서도 수백 수천 가지 습작을 모아놓고 있었다. 오늘날의 표현을 쓰자면 얼굴 각 부위에 대한 '데이터베이스'를 구축하고 있었던 것이다. 얼굴의 다양한 부위에 관한 데이터베이스를 구축한 다빈치가 작품을 그려낸 방식은 지극히 단순하다. 얼굴의 각 부위를 다양하게 조합해보는 것이었다. 예를 들어 찢어진 눈, 높은 코, 늘어진 턱, 얇은 입술 등을 조합하면 아주 우스꽝스러운 모습이 될 것이다.

모나리자는 다빈치가 모아놓은 데이터베이스에서 뽑아낸 부분들의 최고의 조합이라고 봐야 할 것이다. 마이클 미칼코Michael Michalko는 그렇게 데이터베이스를 구축하여 정보의 재조합을 통해 이뤄지는 창의적 작업을 '다빈치 기법'이라고 칭하였다. 정보의 재조합을 통해 경험하는 창의적 작업의 결과로 사람들은 탄성을 동반하는 정서적 경험을 한다. 아름답고 행복하고 기쁘고 즐거운 정서적 경험을 반복하려는 것은 창조적 작업을 가능케 하는 '동기motivation'가 된다.

어른들은 낯선 것을 익숙하게 만들고, 아이들은 익숙한 것을 낯설게 만든다

쉰 살 먹은 사람의 창의력은 다섯 살 어린이의 창의력의 4퍼센트에 지나지 않는다고 한다. 어린이가 창의적인 이유는 '낯설게 하기'를 통해 끊임없이 재미를 추구하기 때문이다. 재미를 추구하기 때문에 아무 의미 없는 돌 조각으로도 하루종일 놀 수 있다.

아이들의 놀이에서는 정보의 재조합을 통한 '낯설게 하기'가 지속적으로 일어난다. 예를 들어 어른들은 빗자루를 가지고 청소할 생각 이외에는 어떠한 상상도 하지 못하지만 아이들은 빗자루를 말처럼 타고, 총싸움 칼싸움을 하다가, 빗자루를 타고 하늘을 날아간다. 빗자루라는 정보의 맥락이 청소 도구의 맥락에서 하늘을 날아가는 맥락으로 바뀌면서 빗자루의 '낯설게 하기'가 일어난다. 그 결과로 얻어지는 것은 '재미'다.

레고 블록과 같은 장난감은 바로 이러한 과정을 극대화한 것이다. 아이들의 놀이에서는 수단과 목적의 관계가 뒤바뀌거나 생략되어 버린다. 빗자루는 청소의 수단이 아니다. 빗자루 자체가 즐거움의 대상이거나 전혀 다른 즐거움의 수단이 되어버리는 것이다.

아이들이 끊임없이 '낯설게 하기'를 통한 창의적 작업을 반복하는 것은 재미를 추구하기 때문이다. 아이들은 오직 한 가지 생각밖에 없다. 어떻게 하면 재미있을까.

가끔 아직도 한참 일할 나이에 갑자기 세상을 떠난 이들의 장례식장을 찾으면 가슴이 찢어지는 장면이 있다. 어린 그의 아이들이 아버지의 영정 사진 앞에서 천진난만하게 놀고 있는 모습을 보게 될 때다. 아이들은 아버지의 죽음을 모른다. 허전할 뿐이다. 그러나 그 와중에도 아이들은 오로지 어떻게 해야 재미있을까만 생각한다.

사실 그래야 살아갈 수 있다. 평생 아버지가 없는 것을 슬퍼하며 살

수는 없는 일이다. 아이들은 아버지의 장례식장에서조차 재미만을 생각한다. 그래서 아이들은 행복하다. 걱정과 근심은 잠시뿐이다. 오직 어떻게 하면 재미있게 놀 수 있을까만 생각한다.

부모들은 이렇게 놀면서 최고의 창의성을 발휘하고 있는 아이들에게서 빗자루를 빼앗고 창의성 학원에 가는 버스에 태운다. 그런 아이들은 자라서 그 부모들과 똑같이 우울한 얼굴로 운전을 하며 앞에서 차선을 바꾸려고 깜박이를 켜는 이들을 절대 용납 못하는, 재미라고는 눈곱만큼도 없는 인생을 살아가게 된다.

항상 그 부모에 그 자식인 법이다.

놀아본 사람만이
창의적일 수 있는 이유

창의성의 본질에 대해 조금 더 자세히 살펴보자. 창의성은 정보의 집적과 조직화를 통해 가능하다. 조금 어려운 내용 같지만 간단한 이야기다. 재료가 다양해야 맛있는 음식을 만들 수 있다. 아무리 훌륭한 요리사도 라면 한 봉지만 가지고는 어떠한 요리도 할 수 없다. 그저 똑같은 라면만을 끓일 뿐이다. 마찬가지로 정보들의 관계를 새롭게 구축해서 창의적 지식을 만들어내려면 정보가 데이터베이스화되어 언제라도 끄집어내 사용할 수 있어야 한다.

인류 역사상 최고의 천재로 일컬어지는 레오나르도 다빈치조차도 얼굴 부위에 관한 엄청난 양의 데이터베이스를 구축하고 있었기에 모나리자를 그릴 수 있었다는 사실을 알아야 한다. 보통의 사람들이 가장 크게 오해하는 것이 바로 창의적인 아이디어는 어느 날 갑자기 하늘에서 뚝 떨어지는 것이라고 생각하는 점이다.

자료를 카드로 작성해 논문을 쓰던 시절

데이터베이스 개념은 IT시대의 가장 기본적인 용어라 할 수 있다. 데이터베이스의 사전적 정의는 '논리적으로 연관된 자료들의 모음으로 그 내용을 구조화하여 검색과 갱신의 효율적 사용을 가능케 한 자료들의 집합체'이다. 퍼스널 컴퓨터가 상용화되면서 다양한 데이터베이스용 프로그램들이 개발되어 사용되고 있다. 또 데이터베이스 구축을 위한 수많은 노력이 지금도 대학과 회사의 연구실을 비롯한 다양한 분야에서 끊임없이 진행되고 있다. 하지만 정작 이 데이터베이스 구축이 무슨 의미를 갖는지 제대로 이해하는 이들은 그리 많지 않다.

나 역시 독일에서 우리나라의 석사 학위에 해당하는 디플롬Diplom 논문을 마치고 박사 과정에 들어가기까지는 데이터베이스에 대해서 전혀 모르고 있었다. 지금도 나는 데이터베이스 전문가는 아니다. 아주 초보적인 데이터베이스 사용 경험만이 있을 뿐이다. 하지만 나는 데이터베이스를 통한 정보관리가 창의적 사고와 어떻게 관련되는가를 피부로 절실하게 느낀 적이 있다.

내가 독일에서 디플롬 논문을 쓸 당시에는 컴퓨터가 일반화되어 있지 않았다. 일부 앞서가는 학생들이 아타리Atari 컴퓨터, AT, XT 등 아주 원시적 형태의 컴퓨터를 사용하고 있었지만 대부분 타자기 대용으로 사용하는 수준이었다. 컴퓨터가 타자기보다 나은 것은 자료가 저장이 된다는 점뿐이었다. 문서 작성 방식도 타자기보다 훨씬 복잡해서 그다지 실용적으로 느껴지지 않았다.

나 역시 286컴퓨터를 타자기 대용으로 사용하여 석사 논문을 작성하였다. 하지만 정작 중요한 논문 자료는 컴퓨터와는 전혀 관계없이 일일이 수작업으로 카드를 작성하여 정리했다. 논문에 필요한 카드 작성은 대개 키워드 중심으로 이뤄졌다. 책을 읽으면서 중요한 자료가 나오면 키워드를 카드 맨 위에 적고 그 아래에 내용을 요약해 적는다. 그리고 논문의 체계가 잡히면 논문의 각 단원에 맞춰 그 카드를 재배열하는 방식이다. 그러니까 카드를 통한 자료 정리는 우선 키워드에 따른 카드 분류와 논문 목차에 따른 재분류라는 2차의 과정을 거치게 되는 것이다.

디플롬 논문을 완성하기까지 이 카드 분류 방식은 매우 효과적이었다. 나는 디플롬 논문을 위해 약 2,000장의 카드를 체계적으로 작성하였다. 앞서 설명한 정보와 지식의 개념적 차이를 통해 설명하자면 논문 준비 기간에 작성된 2,000장의 카드들은 내 정보였다. 내 디플롬 논문은 이 정보들을 재조직화하여 생산된 지식인 것이다.

디플롬 논문이 완성되고 박사 과정에서 박사 논문의 체계를 세우게 되자 이 카드들과 관련하여 중대한 문제가 발생했다. 디플롬 논문의 체계에 맞게 분류된 카드들을 박사 논문의 체계에 맞게 재분류하는 것은 보통 어려운 작업이 아니었다. 키워드부터 새로 정의해야 했음은 물론이고 디플롬 논문의 단원에 의해 분류된 카드들을 박사 논문의 체계에 맞게 재분류하다 보니 카드가 누더기가 되어버렸다.

나는 몇 개월에 걸쳐 2,000장의 카드를 가지고 씨름을 하다가 녹초가 되어버렸고 자포자기 상태에서 그 카드들을 모두 내다 버렸다. 그 카드를 살려보려고 바둥거리다가는 시간만 잃어버릴 것 같았다. 그럴

바에는 아예 새롭게 출발하는 게 더 효율적이라는 생각이었다. 카드들이 눈앞에 어른거리면 또 아까운 마음에 시간만 낭비할까봐 쓰레기통에 2,000장의 카드를 버릴 때의 그 착잡한 마음이란······.

애플 컴퓨터를 사다

박사 논문에 맞게 자료를 새로 수집할 것을 결정하고 한숨을 푹푹 쉬며 책상에 앉자 책상 위의 컴퓨터가 유난히 크게 보였다.

'저 애물단지는 자리만 차지하고 아무런 도움이 안 되는구나.'

그런데 순간 그게 아니라는 생각이 들었다. 주위에 컴퓨터를 안다는 사람들에게 도움을 청했다. 카드 자료를 정리하는 것과 같은 기능의 프로그램을 아느냐고.

d-base라는 프로그램이 있는데 dos 프로그램 사용에 능숙하지 않으면 어렵다는 것이었다. 실제로 사용하고 있는 사람도 찾아볼 수 없었다. 때마침 학교 컴퓨터실에 한국 학생이 조교로 일을 하고 있었다. 그는 내가 필요로 하는 목적이라면 애플 컴퓨터가 훨씬 편하다고 충고해줬다. 애플 컴퓨터에는 아주 쉽게 사용할 수 있는 '파일메이커file maker'라는 데이터베이스 어플리케이션이 있다는 것이었다. 그러나 애플 컴퓨터에 사용하는 프로그램을 몰래 복사하는 것은 불가능하고 직접 사야만 하니 경제적인 여유가 되면 결정하라는 친절한 충고까지 곁들이는 것이었다. 예산을 뽑아보니 애플 컴퓨터 구입에 당시 한국돈으로 약 400만 원, 프로그램 구입비도 약 200만 원이 들었다.

당시 나는 주말마다 아르바이트로 야간 경비원을 하고 있었다. 금요일 밤부터 일요일 밤까지 근무하면 한 달에 약 200~300만 원을 벌 수 있는 야간 경비원은 당시 베를린의 유학생들에게 매우 사랑 받던 아르바이트였다. 지금 한국에서 교수로 폼 잡고 있는 베를린 출신 유학생들의 대부분은 당시 밤마다 공장 수위실을 전전하던 경비원들이었다.

그해 여름방학 내내 아내는 공장에서 포장하는 일을 했고 나는 주말은 물론 주중까지 경비원으로 일했다. 그 돈으로 앙증맞은 애플 컴퓨터와 파일메이커 프로그램을 구입하고 프로그램 사용법에 대한 독학에 들어갔다. 애플 컴퓨터를 구입한다는 것 자체가 유학생들 사이에서는 사치였던 당시, 파일메이커 프로그램을 사용하는 이를 찾기란 불가능했기 때문이다. 모두들 내 무모한 결정에 비웃음 아니면 시기의 눈초리를 보냈다. 모든 일에서 나를 신뢰하는 아내조차 뭔가 미심쩍어 했다.

4년 후 애플 컴퓨터 구입 비용의 수십 배를 벌다

내가 파일메이커 프로그램을 익숙하게 사용하여 박사 논문의 자료를 효과적으로 정리하게 될 즈음, 지도교수가 운영하는 학교 연구소에서 자료 정리를 위한 보조 인력을 구한다는 공고가 났다. 마침 연구소에서 사용하는 컴퓨터도 애플 컴퓨터였다. 거의 아무도 사용하지 않는 데이터베이스 프로그램을 한국 유학생이 자유롭게 사용하여 연구소의 모든 자료를 체계적으로 정리해내자 지도교수는 나를 정식 연구소 직원으로 임명하였다.

나는 처음 몇 달간의 월급을 모아 당시로는 최첨단이었던 애플 노트북을 다시 구입했다. 도서관에서 책을 읽으며 그 자리에서 바로 자료를 정리하려는 목적이었다. 모두들 나를 돈을 펑펑 써대는 철없는 유학생으로 바라보았다.

나는 그 노트북으로 내 박사 논문의 자료는 물론 연구소의 모든 자료를 체계적으로 정리해나갔다. 연간 수십억 원의 예산을 사용하는 대학 연구소의 연구 자료가 내 손을 거치지 않으면 안 되게끔 만들었다. 지도교수나 다른 연구원들이 필요한 자료를 이야기하면 단 10분 내 처리가 되도록 자료 관리의 체계까지 구축했다. 뿐만 아니라 당시의 첨단 기자재들의 사용방식을 아주 간편한 매뉴얼로 만들기까지 했다. 연구소의 모든 보고서와 논문들은 내가 관리하는 자료들로 인해 아주 빨리 그리고 효율적으로 작성되었다.

모두들 문제가 생기면 나를 찾았다. 다른 학생들의 경우, 한 번 면담하려면 적어도 한 달 전에는 예약해야 하는 지도교수가 하루에도 몇 번씩 나를 찾았다. 뿐만 아니라 지도교수는 내게 연구소의 전체 예산 운영까지 맡겼다. 내가 원하면 항상 최신형의 노트북 컴퓨터를 구입할 수 있게 해주었다. 애플 컴퓨터를 구입한 후, 약 4년 만에 나는 초기 투자한 비용의 수십 배를 벌었다. 그뿐만이 아니었다.

내가 독일어로 독일 학생들을 가르치다니

박사 논문이 끝나갈 무렵, 교수는 내게 엄청난 제안을 했다. 대학의 전임강사로 일할 마음이 있느냐는 것이었다. 지도교수는 내가 없는 연구소 운영이 자신 없다며 나를 붙잡을 수 있는 유일한 방법은 나를 전임강사로 만드는 것이라고 했다. 그 정도면 내가 귀국을 연장하고 자신과 일할 수 있을 만한 제안이라고 생각한다고 했다.

당시 베를린 자유대학의 사회과학분야에서 외국인이 강의하는 것은 그리 흔한 일이 아니었다. 게다가 나는 독일 이민법에 따라 박사 학위를 받으면 바로 독일을 떠나야 했다. 독일 대학의 전임강사는 독일의 정식 공무원이다. 그 자리에 내가 임용되려면 법적으로 문제가 되는 것이 한두 가지가 아니었다. 그러나 그 문제를 모두 지도교수가 앞서서 풀어주었다. 심지어는 베를린의 이민청장이 나 때문에 베를린 자유대학 총장을 고소하는 일까지 벌어졌다.

더 큰 문제는 내 독일어 발음이었다. 나를 잘 아는 유학 시절 친구들은 내 독일어로 강의가 가능했다는 사실 자체를 지금도 의심한다. 어떻게 독일 학생들이 그 독일어를 참을 수 있었느냐는 것이다. 심지어는 나와 전임강사 자리를 두고 경쟁하던 한 독일 친구가 내 독일어 수준을 문제 삼아 대학본부에 정식으로 조사를 요청한 일도 있었다. 내 독일어 능력에 관한 대학 본부의 심의회가 열리기 전날, 지도교수는 나를 자신의 집으로 불러 내가 발표하는 것을 비디오로 찍어가며 연습시켰다. 이렇게 복잡하고 힘든 과정을 뚫고서라도 내 지도교수는 나를 베를린에 잡아두려고 했다. 지도교수의 노력 덕분에 나는 그 이후로 4년이나 베를린에 더 머물렀다. 그 시작은 파일메이커라는 데이터베이스 어플리케이션이었다.

내 데이터베이스는 내 특이한 독일어 발음을 상쇄하고도 남았다. 내 강의 자료는 다른 어떤 독일 교수도 따라오지 못할 만큼 자세하고 친절했다. 키워드 하나면 바로 자료를 끄집어내 학생들에게 나눠 주었다. 처음에 잘 이해 안 되던 내 독일어에 짜증을 내던 독일 학생들은 내 강의 자료를 받지 못해 안달이었다. 내게 논문 지도를 신청하는 학생들이 생기기 시작했다. 당시 내가 지도한 학생들은 독일 곳곳에서 지금도 학자로서 의욕을 불태우며 일하고 있다. 물론 그들은 모두 자료를 데이터베이스화하는 것에 익숙하다.

정보 관리는 사고의 시스템을 바꿔준다

데이터베이스 사용은 단지 안정적인 독일 생활에 도움이 된 것만이 아니다. 더 근본적인 변화는 데이터베이스 관리 경험을 통해 내 사고의 틀 자체가 바뀌었다는 사실이다. 우선 책을 읽으면 저자의 논리에 따라가기 급급하던 내 독서 방식에서 데이터베이스 관리를 통해 질적인 변화가 일어났다.

내가 정하는 키워드에 따라 다양한 방식으로 분류된 한 권의 책은 이후 내가 내 필요에 따라 꺼냈을 때는 전혀 다른 내용이 되어 있었다. 그 후에 축적된 비슷한 다양한 개념들이 연결되어 올라오기 때문이었다. 지식 생산의 과정이 눈에 보였다. 지식은 정보와 정보들의 관계였다. 그 정보 관계를 새롭게 구성할 수 있는 이가 새로운 지식을 구성해 낼 수 있는 것이다.

독일어로 학문을 'Wissenschaft'라고 한다. 이는 '지식' 혹은 '앎'을 뜻하는 'Wissen'과 '만들다' '창조하다'는 의미의 'schaffen'이 합쳐져 만들어진 용어다. 학문이란 지식이 만들어진 결과라는 것이다. 지식의 본질은 발견되는 것이 아니라 정보의 조합으로 만들어지는 것이다. 새로운 지식이란 지구의 아무도 모르는 어느 구석에서 생전 듣도보도 못한 것을 찾아낸 결과가 절대 아니다. 새로운 지식은 이미 있던 정보들이 지금까지와는 다르게 조합되어 만들어진 결과이다.

이것이 내가 13년간의 독일 유학생활에서 얻은 결론이다. 지식은 외국의 석학만 만드는 것이 아니다. 나도 만들 수 있다. 내가 만든 이론의 타당성, 적합성은 내 이론이 남들을 얼마나 설득해내고 현실에 응용될 수 있느냐에 달려 있을 뿐이다. 이 때문에 나는 독일에서 배운 어떠한 심리학, 철학 이론보다도 데이터베이스 관리의 경험이 값지게 느껴진다. 학문과 이론의 생성 과정에 대한 통찰을 얻었기 때문이다. 내가 감히 우리나라 최초의 여가학자를 자처하는 이유도 바로 이런 경험이 있었기 때문이다.

창의성이 없다고 한탄할 일이 아니다

국내 학계 특히 인문사회 학계에서는 우리 학문의 위기에 대한 걱정이 많다. 자생적 학문 이론은 찾아볼 수 없고 모두 외국 학문에서 수입

된 이론으로 한국의 현실을 설명하다 보니 제대로 현실을 진단하고 미래를 예측할 수 있는 이론이 부재하다는 비판이다. 맞는 이야기다. 모두들 엄청난 '학문의 식민지성'에 억눌려 어쩔 줄 모르고 있다.

학문의 식민지성이란, 이론은 유럽의 저명한 대가만 만들 수 있고 우리는 그 이론을 해석하기에도 능력이 부족하다는 식의 태도를 의미한다. 그러나 어설픈 민족주의적 자존심을 내세운 학문의 자주성을 주장할 일은 절대 아니다. 오히려 학문의 생산 과정에 대한 통찰을 통해 우리의 현실에 맞는 학문의 성립근거를 마련하는 것이 먼저이다.

창의성이 없다고 머리를 쥐어박으며 한탄만 할 일이 아니다. 데이터베이스를 통해 정보를 조직화해내고 다양한 방식으로 이론을 구성해내는 연습이 반복되면 누구나 얼마든지 창의적이 될 수 있다. 21세기형 천재는 엄청난 통찰력으로 하루아침에 세상을 놀라게 하는 이론을 만들어내지 않는다. 그런 천재는 세상이 아주 단순할 때나 가능했다. 미래의 천재는 데이터베이스의 정보를 재미있게 만지작거리다가 황당한 이론을 만들어내는 사람이다.

이후로 나는 후배들에게 논문을 잘 쓰고 싶으면 데이터베이스 프로그램을 배우라고 권했다. 지금도 나는 학생들에게 강의 첫 시간에 데이터베이스 관리의 중요성을 설명한다. 그러나 내 이야기를 들은 수천 명의 사람들 중에서 정보 관리를 실제 자기 생활로 옮긴 사람은 단 세 명에 불과하다.

물론 이 세 사람은 지금 매우 잘 나가고 있다.

창밖을 멍하게 보는 시간이
가장 창의적인 두뇌

요즘 하도 TV 채널이 많아져 TV를 켜면 채널을 돌리는 게 습관이 되어버렸다. 재미있는 프로를 보면서도 뭐 좀 더 재미있는 게 없나 싶어 채널을 돌리게 된다. 그런데 몇 해 전부터 아주 이상한 프로그램이 자꾸 눈에 들어오기 시작했다. 온게임넷이라는 요상한 케이블 TV에서 젊은 아이들의 게임을 중계해주는 것이었다.

낯설기는 하지만 뭔가 특이해 보였다. 스타크래프트와 같은 게임을 가지고 마치 정식 스포츠 게임을 중계하듯이 방송하는 모습이 참 그럴 듯해 보였다. 정식 캐스터도 있고 해설자도 있었다. 흥분하며 서로 주고받는 이야기도 거의 공중파 스포츠 프로그램 못지않게 흥미진진했다. 그러는 사이에 'e스포츠'라는 용어가 귀에 들리기 시작했다. 그 이상한 게임 중계와 e스포츠가 한통속이었던 것이다. 관심을 가지고 있던 중에 'e스포츠 포럼'에 여가 전문가로 초청을 받았다. 2004년 말에는 게임과 스포츠 마케팅이 결합된 형태의 e스포츠 관련 게임 산업의 발전 가능성에 공감하고 명지대학교 내 게임연구센터GRC를 내가 앞장서서 만들기도 했다.

e스포츠 _ 뭔 스포츠?

e스포츠란 영역을 들여다보니 보면 볼수록 요상한 느낌이 든다. 2004년 7월 17일 스카이 프로리그라는 게임대회가 열렸다. 부산 광안리 해변가의 특설 무대에서 열린 1라운드 결승전에는 무려 10만 명이 넘는 관중이 몰려들었다. 자리를 미처 차지하지 못한 사람들은 인근 빌딩이나 거리에 모여 이 게임 대회를 구경했다. 주최 측은 최소한 30만 명은 봤다고 주장했다. 10만이든 30만이든 이 많은 인원들이 모여 질러대는 함성은 상상을 초월했다.

생각해보라. 월드컵경기장에 기껏해야 6만 명이 모여서 질러대는 응원에도 정신이 하나 없는데…… 정말 이해할 수 없었다. 대형 스크린에 컴퓨터 게임 장면이 보이는데 한쪽으로 우주선 같은 것들이 몰려가면서 다른 쪽을 파괴하면 엄청난 함성이 터지고 그 반대 장면이 보이면 다른 쪽에서 함성이 터지는 모습은 월드컵경기장의 열기를 뛰어넘는 것이었다.

우리 학교의 연구소에서도 프로게이머를 초청해서 학생들 중의 고수와 실력을 겨루는 프로게이머 초청대회를 실시했다. 그 결과도 비슷했다. 수많은 학생들이 몰려와 화면을 보며 흥분했다.

게임 중계가 국가 핵심동력산업이라니

e스포츠에 참여하는 프로게이머들에 대한 인기도 상상을 초월한다. 젊은이들은 이 프로게이머들의 경기를 보기 위해 몰려든다. 실세도 이 프로게이머들이 경기하는 e스포츠를 보기 위해 몰려드는 관중의 수가 프로야구 코리안 시리즈의 관중 수를 능가한다.

프로야구에 '바람의 아들'이라는 닉네임으로 불리는 이종범 선수가 있다면 e스포츠에는 '테란의 황제' '폭풍 저그'와 같은 닉네임으로 팬들의 사랑을 독차지 하는 인기 프로게이머가 있다. 실제로 최고의 인기를 누리고 있는 임요환 선수는 약 50만 명이 참여하는 인터넷상의 팬 카페를 운영하고 있다.

우리나라만 이런 것이 아니다. 월드 사이버 게임즈WCG도 열린다. 2000년에 창설되어 매해 열리는데 2004년 예선에는 60여 개국에서 100만 명이 넘게 왔다고 한다. 문화관광부에서는 e스포츠를 앞으로 국가 전략 산업으로 키우겠다고 한다. 시장 규모의 성장 속도가 장난이 아니기 때문이다.

2004년에 국내 게임 시장의 규모가 4조 5천억 원이었다고 한다. 이는 국내 영화(1조 1천억 원), 음반(3천 4백억 원), 애니메이션(3천 7백억 원) 시장을 훨씬 능가하는 규모다. 이 큰 미래 시장을 문화관광부가 손 놓고 있어서는 안 됨은 당연한 일이다. 그런데 이 요상한 현상은 도대체 어떻게 시작된 것일까?

축구게임을 진짜 축구경기처럼 TV로 중계할 생각

게임전문 케이블 TV 온게임넷은 케이블 TV 시장에서 공중파 부럽지 않은 최상위권의 시청률을 자랑한다. 모두 다 e스포츠 때문이다. 이곳이 앞서 설명한 요상한 현상의 진원지였다. 그중에서도 황형준 국장은 수많은 젊은이들을 게임에 더 효과적으로 미치게 만든 원흉(?)이다. e스포츠 관련 모임에서 만난 후, 대학 후배임을 확인하고 협박을 동원해 보다 자세한 내막을 캐물었다. 우연이란다. 자신도 황당하게 생각하는 우연이라며 황 국장은 무겁게 그러나 약간은 교만하게(?) 말을 꺼냈다.

황 국장은 처음에 투니버스라는 방송에 입사해서 어린이용 애니메이션을 담당하는 PD로 일했다. 그럭저럭 방송 일에 재미를 느껴가던 중, 1998년 IMF 위기가 닥쳤다. 회사 환경이 급속히 나빠졌다. 주위에서 자진 퇴직이 이어지고 황 PD에게도 비슷한 압력이 가해졌다. 어느 날부터인가 자신에게는 특별한 일도 주어지지 않았다. 나름대로 버텨보려고 회사에서 시간 보낼 일을 찾다 보니 컴퓨터 게임이 제격이었다. 시간도 잘 가고 자신의 비참한 현실을 잊기에 좋은 대안이었다. 그런 식으로 버티는 와중에 어느 정도 게임에 흥미가 붙었다.

1998년 프랑스 월드컵을 앞두고는 같은 처지의 선배 PD와 비어 있는 스튜디오 한 구석에서 FIFA 시뮬레이션 축구 게임을 하고 있었다. FIFA 게임은 실제 각국의 축구 선수들의 기량과 특징을 거의 동일하게 구현한 게임이다. 담배를 물고 하릴없이 컴퓨터 모니터를 들여다보던 황 PD에게 문득 이 게임의 결과와 실제 월드컵 게임의 결과를 비교하는 것이 참 재미있을 것이라는 생각이 들었다. 그래서 월드컵의 승자를 맞출 수만 있다면 그것도 사람들의 이목을 끌 수 있으리란 감이 왔다.

황 PD는 불과 몇 쪽짜리 어설픈 기획안을 만들어 상사에게 보고했다. 상사는 그리 나쁘지 않은 아이디어라며 해보라고 했다. 아는 선배 회사를 찾아다니며 어렵게 제작비를 마련했다. 그래도 비용이 그리 많이 들지 않은 게 다행이었다.

게임을 보며 중계할 캐스터와 해설자를 급하게 구했다. 그때는 방구석에 처박혀 게임이나 하던 사람들이 아주 많던 때다. 아무리 컴퓨터 모니터 보고 미친 척을 해야 하는 방송 캐스터와 해설자지만 돈 주면 하겠다고 나서는 이는 많았다. 방송 준비는 아주 쉽게 이뤄졌다. '예측 사이버 프랑스 월드컵'이란 프로그램을 시작한 것이다. 실제 경기가 이뤄지기 하루 전 날 FIFA 게임으로 그다음 날의 경기를 예측하는 방식이었다. 진행자들도 자기 역할을 아주 그럴 듯하게 해냈다. 반응은 폭발적이었다. 별 쓸모없어 보였던 황 PD에 대한 회사의 태도가 180도 바뀌었음은 물론이다.

전문적인 게임중계 채널을 만들어라

월드컵이 끝나자 황 PD는 비슷한 내용의 프로그램을 다시 구상했다. FIFA 게임 대신 당시 젊은이들에게 폭발적인 인기를 얻고 있던 스타크래프트를 중계하는 기획안을 회사에 올렸다. 이번에는 회사에서 보다 적극적으로 '해보라'고 나왔다. 뛰어다니며 후원자를 구하니 당시 잘 나가던 하이텔이 나섰다. 그래서 탄생한 것이 '하이텔 KPGL 스타크래프트 대회'였다. 이 대회가 국내 e스포츠의 시작이다.

대회가 성공하자 세계 최초의 게임리그인 '99 프로게이머 코리아 오픈'을 기획하여 출범시켰다. 게임을 TV로 중계한다는 황당한 아이디어가 폭발적인 반응을 얻자 황 PD가 속해 있던 온미디어는 국내 최초의 게임 채널인 온게임넷을 신설했다. 그때부터 황 PD는 후원사를 구하느라 고생할 필요가 없었다. 후원하겠다는 업체가 줄을 이었기 때문이다.

'온게임넷 스타리그'로 인해 대기업에서는 줄줄이 프로게임단을 창단했고 세계 각국에서 이러한 한국의 게임 산업을 벤치마킹하고 있다. 한국의 미래를 이끌고 나갈 핵심 산업으로서의 e스포츠와 게임 산업이라는 새로운 분야가 이렇게 만들어진 것이다. 현재 황 PD는 국장으로 승진하여 온게임넷을 이끌고 있다. 그러면서도 그는 말한다. 우연이라고…….

창의력은 정보의 '크로스오버'를 통해 얻어진다

물론 우연이다. 그러나 우연은 아무에게나 찾아오지 않는다. 정보와 정보의 관계를 낯설게 연결하여 새롭게 만드는 일을 할 수 있어야 그런 우연이 찾아온다. 남이 시키는 일을 그대로 따라하는 방식으로는 그런 우연이 절대 찾아오지 않는다. 방바닥에 죽치고 앉아 게임만 해서는 그런 우연이 절대 찾아오지 않는다. TV로 축구 중계를 보며 헛발질하는 축구선수 욕만 하고 있어서는 그런 우연이 절대 찾아오지 않는다.

황 PD가 한 일은 컴퓨터 게임과 월드컵 축구 그리고 TV 중계에서 이뤄지는 정보 전달의 메커니즘을 절묘하게 연결하여 e스포츠라는 황당한 분야를 만들어낸 것이다. 이런 정보의 '크로스오버crossover'를 할 줄 알아야 창의적 결과를 만들어낼 수 있는 것이다.

정보의 크로스오버를 통한 '낯설게 하기'를 아인슈타인은 '조합놀이'라고 불렀다. 그가 만든 'E=mc²'이라는 공식은 이미 있어왔던 에너지, 질량, 빛이라는 개념들의 새로운 조합일 따름이라는 것이다. 구텐베르그의 활자는 와인을 짜내는 원리와 동전을 찍어내는 원리를 조합해서 만든 것이다. 멘델의 유전법칙은 수학과 생물학의 조합의 결과이다. 에디슨의 전구는 평행 회로판의 전선과 전구의 필라멘트를 조합해서 만든 것이다. 이러한 조합들은 이전에는 누구도 가능하다고 생각하지 못했던 것들이다.

'조합놀이'를 통한 창의적 아이디어의 생성은 생각의 시각화라는 수단을 통해 이뤄졌다. 창의적 아이디어를 가진 사람들의 습작 노트에는 한결같이 자신의 아이디어를 다이어그램으로 그려놓은 것을 볼 수 있다. 아인슈타인은 물론이고 다윈이나 다빈치의 습작 노트에서도 이처럼 생각을 시각화한 흔적이 아주 쉽게 발견된다. 이러한 생각의 시각화가 가능한 것은 바로 심상心象이라고 하는 사고 작용이 있기 때문이다.

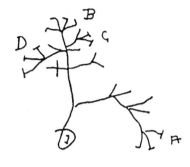

다윈의 진화론에 관한 다이어그램
다윈은 많은 문제들을 해결하기 위해 다이어그램을 사용했다. 다윈은 첫 번째 나무 다이어그램을 그린 후 15개월 이내에 진화론의 주요 문제를 해결했다.

창의적 사고는 그림으로 만들어진다

우리는 '개념'과 '심상'을 통해 생각을 한다. 우리는 개념을 통해 논리적 추론을 한다. 논리적 추론은 주로 문장의 형태로 이뤄진다. 심상은 우리의 경험이 그림이나 사진과 같은 형태로 머릿속에 나타나는 것을 뜻한다. 예를 들어 '첫사랑이 기억나세요?' 하면 우린 처음에 첫사랑의 얼굴을 떠올린다. 그리고 점차 첫사랑과 함께했던 온갖 장면들이 따라온다. 이는 심상의 작용이다. 그러나 '첫사랑이 지적이었나요?'라고 물으면, 곧 바로 '지적?'이라는 의문과 함께 '지적인 사람의 특징'에 대해 고민하기 시작한다. '그 친구가 책을 많이 읽었나?' '생각이 깊었나?' 등. 이는 개념의 작용이다. 어떤 상황에서 개념을 이용한 문장의 형태로 생각하고 어떤 맥락에서 사진이나 그림과 같은 심상을 이용해서 생각하는가는 심리학의 오래된 주제이다.

심상과 개념은 서로 보완적이라는 것이 심리학의 결론이다. 논리적인 추론을 통해 상황에 대한 정확한 판단을 내리고 시행착오와 같은 행동의 오류를 줄여나갈 수 있다. 하지만 논리적 추론을 통해서는 결코 창의적인 작업을 할 수 없다. 창의적 작업은 기존의 맥락에서 보면 오류나 실수로 여겨질 수밖에 없기 때문이다.

창의성은 심상을 이용한 감각적 사고를 통해 이뤄진다. 그러니 논리적 사고와 심상을 이용한 감각적 사고가 항상 대립하는 것은 아니다. 이 둘은 원칙적으로 서로 보완적이다. 논리적이기만 한 사람은 절대 창의적일 수 없다. 또 감각적이기만 한 사람은 항상 실수투성이일 따름이다. 심상을 이용해 촉발된 감각적 사고는 논리적 사유를 통해 보완되고 개념으로 정리되어야 한다. 정보의 크로스오버가 바로 이러한 과정인 것이다. 기존의 개념들, 즉 정보를 다른 방식으로 엮어보는 것은 심상을 이용한 감각적 사고가 있어야만 가능해지는 것이다.

멍하고 있을 때가 가장 창의적이다

다양한 심상을 촉발시키는 것은 창의성을 극대화하기 위한 아주 효과적인 수단이다. 그런 맥락에서 TV와 같은 영상 매체보다 책이 창의성에 보다 도움이 된다.

책과 TV가 가지는 심상의 촉발 메커니즘이 다르기 때문이다. TV와 같은 사실적 영상매체는 기본적으로 심상을 제한한다. 왜냐하면 TV는 심상을 스스로 만들어내지 않고 만들어진 영상을 수동적으로 수용하는 방식이기 때문이다. 반면 책을 통해 형성되는 심상은 독자의 상상력에 크게 좌우된다.

작가가 상황에 대해 자세히 묘사하기는 하지만 인간이 지각할 수 있는 모든 상황을 일일이 다 설명할 수는 없는 일이다.

작가가 생략한 부분은 독자의 창의적 상상력에 의해 채워진다. 의식의 긴장을 풀고 멍하게 있는 시간이 오히려 창의력이 도움이 될 수도 있다. 최근의 창의성 연구 결과들에 따르면 일상생활 중에 창의성이 가장 높아지는 때는 아무 생각 없이 걷거나, 운전을 하며 노래를 흥얼거리거나, 수영을 할 때라고 한다. 어떤 문제에 골몰해 있는 상태에서는 절대 창의적인 아이디어가 나올 수 없다는 것이다.

우리가 운전을 할 때 평소와는 다른 곳을 가야 하는데 자기도 모르게 매번 다니던 길로 가고 있을 때가 있다. 바로 그런 순간이 창의적인 아이디어가 촉발될 수 있는 최적의 상황이라는 것이다. 즉 약간의 주의력이 동반되어 있는 반자동적으로 이뤄지는 활동을 할 때 우리의 의식에서 심상을 통한 상상력이 극대화된다는 이론이다.

산책을 할 때 우리의 눈은 산과 나무를 바라보지만 뇌는 눈으로 들어오는 자극을 통해 촉발된 심상을 쫓아가게 된다. 이 심상이 도대체 어디로 튈지는 아무도 예측할 수 없다. 가끔 재미있는 생각이 끝을 모르고 이어지다가 갑자기 '도대체 어디서부터 이런 생각이 시작된 거야?' 할 때가 있다. 바로 그때 상상력과 창의력이 가장 활발해지는 것이다.

가장 열심히 일할 때가 가장 창의적이지 못하다

우리가 자주 산책을 하고 편안히 잘 쉬어야 하는 이유도 바로 이 때문이다. 단지 스트레스를 해소하기 위해서만이 아니다. 아이들이 재미있게 놀아야 하는 이유도 바로 놀이를 통해 심상 작용이 극대화되기 때문이다. 아무것도 아닌 돌멩이가 로봇으로 둔갑하고 나무 조각이 우주선으로 둔갑할 수 있기 때문이다.

황 PD가 스튜디오 한 구석에 숨어서 컴퓨터 게임에 몰두할 때도 바로 이 심상 작용이 극대화되었던 시간이다. 반자동적으로 컴퓨터 키보드를 두드리면서 게임을 하다가 어느 한순간 컴퓨터 게임을 중계하는 모습을 떠올리게 된 것이다.

정보의 크로스 오버가 가능한 편안한 공상과 몽상의 상황을 자주 가질수록 우리는 더욱 창의적이 된다. 그래서 우리는 정말 잘 쉬고 잘 놀아야 한다. 제발 멍하니 창밖을 쳐다보는 시간을 많이 가져라.

아마도……와 혹시? _ 창의적 사고의 방법

새로운 사고는 논리적 추론으로는 절대 생겨나지 않는다. 위대한 과학자일수록 '낯설게 하기'와 같은 미학적 경험이 가능한 다양한 취미 생활에 몰두했다. 논리 자체는 새로운 어떤 것을 만들어내는 것과 거리가 멀기 때문이다. 물론 우리의 일상생활에서 논리적 추론이 없다면 합리적 대화가 불가능할 것이다. 그러나 기존에 이미 존재하는 경험을 바탕으로 이뤄지는 논리적 사고로는 새로운 변화를 만들기 어렵다. 여기서 논리적 사고의 특징을 좀 더 자세히 살펴볼 필요가 있다.

연역적 사고로는 절대 창의적일 수 없다

논리적 사고는 '연역법deduction'과 '귀납법induction'이라는 추리 방식에 기초하고 있다. 연역법의 가장 대표적인 것이 삼단논법이다. 예를 들어보자.

법칙 _ 모든 심리학자는 또라이다

사례 _ 김정운은 심리학자다

결과 _ 따라서 김정운은 또라이다

이 삼단논법에서 논리 자체는 아무런 문제가 없다. 그러나 나는 몹시 기분이 나쁘다. 왜냐하면 이 삼단논법의 논리를 그대로 따라가자면 나는 어쩔 수 없이 '또라이'가 되기 때문이다. 그러나 나는 절대 '또라이'가 아니다. 도대체 뭐가 잘못된 것일까?

삼단논법과 같은 연역법에서는 논리의 전제에 대해서는 문제를 삼지 않는다. 모든 심리학자가 또라이인지 아닌지에 관해서는 연역법에서는 별로 관심이 없다. 또 김정운이 심리학자인지 아닌지에 관해서도 아무런 관심이 없다. 각각의 전제들이 진짜인지 가짜인지를 확인하는 것은 삼단논법이 할 일이 아니기 때문이다.

현실과는 관계없는 추상적인 논리의 옳고 그름만을 따지는 연역법은 이미 있는 현실을 긍정할 수밖에 없다. 현실을 뛰어넘는 새로운 아이디어는 이러한 연역법에서는 불가능하다. 연역법은 이미 결정되고 정해진 현실 또는 이를 바탕으로 일어나야만 하는 일에 관해서만 이야기할 뿐이다. 새로운 가능성에 대해 상상하지 못하는 것, 이는 논리적인 사람들이 가장 빠지기 쉬운 함정이다.

새로운 것의 발견에는 전혀 관심 없는 귀납적 사고

귀납법은 개별적인 경험을 바탕으로 일반적인 법칙을 만들어가는 것을 의미한다. 귀납법을 주머니에서 콩을 꺼내는 예를 들어 설명하면 다음과 같다.

개별 사례들 _ 이 콩들은 이 주머니에서 나온 것들이다.

개별 사례의 결과들 _ 이 콩들은 하얀 색이다.

추론된 법칙 _ 이 주머니에서 나온 콩들은 모두 하얀 색이다.

이 귀납적 추리의 과정에서도 연역법과 마찬가지로 새로운 것을 발견할 가능성은 없다. 귀납법은 이미 경험한 사례와 이 사례들의 결과에 대해서만 이야기할 뿐, 새로운 사실을 발견하는 것과는 아무런 관계가 없다.

우리는 유난히 자신의 경험에만 기초해서 모든 사물을 평가하고 판단하는 사람들을 경험주의자라고 한다. 이러한 경험주의자들의 사고는 귀납적 사유에 기초하고 있다고 볼 수 있다. 그러나 경험주의자들이 새로운 세계를 만들어나갈 창의력을 갖춘 경우는 보기 힘들다.

창의성은 '아마도……'에서 시작된다

미국의 논리철학자 퍼어스Peirce는 법칙이 존재하고 주어진 사례를 통해 결과를 만들어내는 연역법을 '설명적 추론explicative inference'이라고 정의한다. 주어진 사례와 결과를 통해 결론을 이끌어 내는 귀납법은 '평가적 추론evaluative inference'이라고 설명한다. 그러나 연역법은 어떤 것이 '반드시must be' 어떠하다는 것을 보여줄 뿐이고 귀납법은 무엇이 '실제로actually' 어떻게 작용하고 있는지만을 보여줄 뿐이라고 비판한다. 그래서 퍼어스는 연역법, 귀납법을 넘어서는 창의적 사유를 가능케 하는 제3의 추론 방식이 존재한다고 주장한다. 이를 그는 '유추법abduction'이라 부른다. 유추법은 '아마도may be'라는 추측에 기초하는 '창의적 추론innovative inference'이다. 유추법은 연역법을 뒤집음으로써 가능해진다.

연역법은 다음과 같은 '법칙+사례=결과'의 과정으로 이뤄진다.

법칙 _ 모든 심리학자는 또라이다
사례 _ 김정운은 심리학자다
결과 _ 따라서 김정운은 또라이다

그러나 퍼어스가 주장하는 유추법은 '법칙+결과=사례'의 과정으로 구성된다.

법칙 _ 모든 심리학자는 또라이다
결과 _ 김정운은 또라이다
사례 _ 아마도 김정운은 심리학자일 것이다

다시 말해 유추법은 '모든 심리학자는 또라이다'라는 가설적 법칙과 '김정운은 또라이다'라는 결과를 통해 '아마도 김정운은 심리학자일 것이다'라는 개별적 사례에 대한 새로운 추측을 가능케 한다는 것이다. 과학주의는 연역과 귀납의 순환 틀을 벗어날 수 없기에 새로운 인식이 불가능하다. 새로운 지식을 창조했던 모든 과학자들은 이 '아마도'의 예술가였다. 세상의 모든 창의적 사유는 이 '아마도'로부터 시작한다.

산만한 마음의 지도를 그려라

'아마도'로 시작하는 창의적 사고는 역동적이고 바꾸기 쉽고 축약적이고 암시적이다. 그런데 이 창의적 사유를 문장으로 풀어서 논리적으로 설명하게 될 때는 이미 더 이상 창의적일 수 없다. 우리가 일상에서 순간 번뜩이던 생각이 남을 설득하는 과정에서 사라져가는 경험을 하는 이유도 창의적 사고의 바로 이와 같은 특징 때문이다. 역동적, 변형적, 축약적, 암시적 특징을 가진 창의적 사유를 구체화하는 방법으로 '마인드 맵mind-map'이 있다.

1970년대 초, 영국의 선생이었던 토니 부잔Tony Buzan은 '아마도'의 창의적 사유를 가능케 하는 '마인드 맵'이란 기법을 개발한다. 부잔은 더 이상의 교육이 불가능하다고 판명 난 아이들을 모아 기존의 학습법과는 다른 방법을 사용했다. 부잔은 이 아이들이 더 이상의 교육학적인 희망이 없다고 하는 이유가 기존의 학습법이 잘못되었기 때문이라고 생각했다.

그는 논리와 체계적 사고를 강조하는 텍스트 중심의 학습법은 감각적이고 이미지 중심의 사고를 하는 창의적인 아이들에게 적합하지 않아 오히려 이들을 부적응아로 만들 수 있다고 주장하였다. 실제로 이미지 중심의 압축적 사고를 표현할 수 있는 부잔의 마인드 맵을 통해 그 아이들은 엄청난 학습 성과를 보여줬다.

부잔이 주장하는 마인드 맵이란 핵심적인 단어가 파생되는 과정을 포착함으로써 두뇌의 잠재적인 힘에 보다 쉽게 접근하게 해주는 방법이다. 또 기존의 문장을 통해 나타낼 수 없는 압축적이고 은유적인 사고의 과정을 간단한 도형을 통해 표현하는 것이기도 하다.

마인드 맵이란 말 그대로 마음의 지도를 그린다는 뜻이다. 논리적사유란 일반적으로 직선적인 특징을 갖는다. 차근차근 논리의 위계를

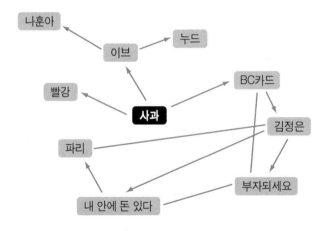

'사과'를 테마로 한 마인드 맵의 예
'사과'에서 '내 안에 돈 있다?'까지 ― 나도 내 안에 숨어 있는 상상력의 연결고리에 놀란다.

만들어 옳고 그름을 따져나가는 과정이라 할 수 있다.

마인드 맵은 사고의 직선적 구조를 방사형 구조의 다이어그램으로 만드는 방법이다. 예를 들어 '사과'라는 테마를 종이 위에 적는다. 그 다음 연상되는 단어들을 '사과' 주위에 적어나간다.

그런 다음 각각의 단어들의 연관 관계를 선과 화살표를 통해 연결해 보는 것이다. 시작은 '사과'로 했지만 각각의 단어들은 독자적으로 연관 관계의 중심이 될 수 있다.

내 연상 작용을 예로 들자면 사과로부터 BC카드로 연결된 것은 광고로 인한 것이고 이로부터 '김정은'이란 탤런트의 TV드라마 대사, 광고 대사 등이 서로 연관되어 지도상에 나타나게 된다. 그러면 처음의 사과와는 전혀 상관없는 내용들이 지속되기도 하고 서로 상관없었던 것들이 내용적으로 연결되는 경우도 나타난다. 이런 방식으로 무한한 연상의 고리가 꼬리에 꼬리를 물고 나타나게 된다.

마인드 맵을 그리는 몇 가지 요령

생각을 종이 위에 적는 데 익숙하지 않은 사람들을 위해 마인드 맵을 작성하는 몇 가지 요령을 정리해볼 수 있다.

1. 우선 종이를 긴 가로로 놓는다. 물론 종이는 크면 클수록 좋다. 단순히 마인드 맵을 그릴 때 편리하기 때문이다. 우리는 세로 종이보다 가로 종이에서 한눈에 더 많은 정보를 획득한다. 이는 두 눈이 가로로 놓여져

있기 때문이다. 일반적으로 책이 세로로 세워져 있는 이유는 단순히 넘기기 편하고 보관하기 용이하기 때문이다.

2. 지금 생각하고자 하는 핵심 단어나 구절을 적고 그 주위에 동그라미를 치거나 간단한 그림을 그린다. 그림을 그리는 것은 우리의 심상 작용을 촉진시켜 연상 능력을 더욱 촉진시킨다.

3. 핵심 단어 주위에 순간적으로 떠오르는 모든 단어를 기록한다. 이때 가능한 한 단어들 간의 논리에 집착하지 말고 핵심 단어와 관련되어 연상되는 내용들을 적는 데 집중해야 한다.

4. 어느 정도 진행되면 종이 위에 적힌 단어들을 서로 선으로 연결한다. 각 단어들 간의 관계는 굵은 선, 점선, 화살표 등의 방법을 이용해 연결할 수 있다. 이때 선을 사용하는 원칙은 스스로 정해야 한다. 아무리 서로 무의미해 보이는 단어들도 어떻게든 연결되게 되어 있다. 이것이 우리 인간의 의식 작용의 특징이다.

5. 단어들 간의 관계를 만들 때 가능하면 다양한 그래픽을 사용하는 것이 좋다. 단어들을 적어 나가다 보면 가장 중요하게 여겨지는 단어와 2순위, 3순위 등으로 단어들의 중요도에 있어 위계가 자연스럽게 정해진다. 이러한 위계를 표현하는 데는 색깔, 선의 굵기, 하트나 별표와 같은 기호 등을 사용하면 매우 편리하다. 아울러 이러한 기호들의 사용은 앞서 설명한 대로 두뇌의 심상 기능을 활성화시킨다.

6. 서로 선으로 연결되어 종이 위에 펼쳐져 있는 단어들을 몇 개의 집단으로 분류한다. 이는 일종의 추상화 과정이다. 이때부터 우리의 사고는 심상 작용에서 개념과 논리 중심의 사고로 전환하게 된다. 우리는 단어를

집단화함으로써 불필요한 정보, 유용한 정보, 보다 깊이 연구해야 할 영역, 누락된 영역 등을 잡아낼 수 있다.

7. 마인드 맵은 항상 잘 보관해야 한다. 그리고 주어진 과제가 끝날 때까지 끊임없이 수정해나가야 한다. 그리고 언제든지 처음의 마인드 맵으로 돌아와 자신의 사고 진화 과정을 재구성할 수 있도록 해야 한다.

세상은 모두 우연이다

게슈탈트Gestalt 심리학에서는 인간이 모든 사물을 근접성, 유사성, 완결성, 연속성의 원리를 이용해 서로 연결짓게 되어 있다고 설명한다. 근접성이란 서로 가까이 있는 것들끼리 연결해서 본다는 이야기다. 유사성은 말 그대로 유사한 것들끼리 서로 잘 연결된다는 의미이다. 완결성이란 불완전한 정보를 완전한 정보로 인식하려는 경향을 이야기한다. 연속성이란 연속적인 운동의 경향을 나타낼 때 더 잘 인식한다는 뜻이다.

한마디로 인간은 우연적인 세상의 정보들을 한데 엮어서 이해하려는 시도를 끊임없이 한다는 것이다. 마인드 맵은 이러한 인간 의식의 기본적 원리를 이용하여 우리의 무의식에서 일어나는 연상 작용을 의식의 차원으로 끌어올리는 방법이라고 할 수 있다. 이러한 시도의 결과로 나타나는 것이 '정보의 크로스오버'이며 아인슈타인의 '조합놀이'이다.

마인드 맵은 글쓰기를 두려워하는 사람들에게도 매우 효과적인 도움이 된다. 써야 하는 원고의 주제가 있다면 일단 핵심 단어를 몇 가지 적는다. 그리고 이와 관련한 단어들을 연결해나간다. 꼭 앉은 자리에서 보는 것을 한 번에 저리할 필요는 없다. 운전하다가 TV를 보다가 혹은 운동을 하다가 떠오르는 단어들이 있으면 일단 적는다. 그리고 이 단어들을 한데 모아 마인드 맵을 작성한다. 그리고 그 단어들을 집단으로 분류해내면 작성해야 하는 원고에 들어갈 내용들이 아주 잘 정리된다. 물론 꼭 들어가야 하는데 준비가 안 돼 있는 부분도 분명해진다.

놀이는 '아마도'와 '혹시'에서 시작된다

마인드 맵은 회사나 연구소에서 '브레인스토밍brainstorming' 수단으로 아주 효과적으로 사용된다. 그런데 개인도 이 마인드 맵을 습관화하면 일상에서 스쳐 지나가는 창의적 아이디어를 놓치지 않고 포착해낼 수 있다. 하지만 마인드 맵의 가장 원초적인 형태는 낙서나 그림과 같은 놀이라고 할 수 있다. 자유로운 생각의 흐름은 마인드 맵의 원리에 따라 움직인다. 문제는 우리가 생활하면서 이 자유로운 생각을 시도할 용기를 잃어버리는 것이다.

놀이와 재미의 적극적인 추구는 '아마도' 또는 '혹시' 하는 엉뚱한 상상을 할 수 있는 용기를 되찾아준다. 엉뚱한 상상이 불가능한 근면성실한 삶에서는 정보의 어떠한 크로스오버도 일어날 수 없다. 재미가 생략된 노동에서는 어떠한 창의성도 기대할 수 없다. 그래서 21세기의 노동과 놀이는 동전의 양면처럼 함께 있어야 하는 동의어다.

4장

놀이는 최고의
의사소통 훈련

'무슨 배트맨이 이래?' _가상 놀이 as if

멀쩡한 사람이 말귀를 못 알아들으면 정말 답답하다. 그러나 이런 답답한 사람이 세상에는 정말 많다. 사소한 말다툼에도 끝까지 자기주장을 굽히지 않는 짜증나는 사람이 있다. 자존심이 상해서 우기는 경우는 이해가 된다. 그러나 정말 이해가 안 되는 사람은 아무리 설명해도 못 알아듣고 조금 지나면 했던 이야기를 처음부터 다시 시작해야 하는 사람이다.

더 열 받는 것은 이런 사람과 대화하고 나면 나만 상처받는다는 사실이다. 나는 열 받아 죽겠는데 그 사람은 오히려 이해 못하겠다고 황당한 표정을 짓는다. 세상에는 그런 사람들이 참 많다. 피하고 싶어도 피할 수 없는 사람들이다. 더 황당한 것은 교수들 중에 그런 사람들이 의외로 많다는 사실이다. 우리가 좋은 말로 융통성이 부족한 사람이라고 이해하고 넘어가지만 엄밀하게 따져보면 자기 스스로도 사는 재미를 전혀 느끼지 못하는 사람들이다.

남의 관점에서 바라보기

인간의 가장 기본적인 의사소통 능력은 타인의 관점에서 사물을 보는 능력에서 시작된다. 이를 심리학에서는 '관점획득perspective taking'이라고 한다. 공부하면 할수록 위대하게 느껴지는 발달심리학자 피아제는 공간적 차원에서 이 관점획득 능력이 어떻게 획득되는지에 관한 자세한 이론을 제시했다. 피아제는 사진을 놓고 상하좌우에서 그림이 어떻게 보일지를 움직이지 않고 머릿속으로 상상해서 판단하는 실험 등의 다양한 방법을 동원해 아동의 공간적 관점획득 능력의 자세한 발달과정을 연구했다.

사실 사물이 보는 관점에 따라 어떻게 달라지는지가 문화적으로 구체화된 것은 원근법이다. 서양미술사에서 이 원근법은 15세기 르네상스 시대에 이르러서야 처음 나타난다. 그 후 사진 기술이 발달하면서부터 원근법과 관련된 기술은 다양하게 응용되기 시작된다. 하지만 그러한 능력이 어떻게 획득되고 발달하는가에 대한 설명은 피아제의 발달심리학 이론에서부터 자세히 제시되기 시작했다.

피아제가 이야기하는 '관점획득' 능력은 시각에 따라 사물이 어떻게 달라지는지에 관한 것으로 원칙적으로 공간적 관점획득 능력이다. 이 공간적 관점획득 능력과 다른 사람의 관점으로 사물을 바라보는 사회적 관점획득 능력은 엄밀한 의미에서 많은 차이가 있다. 피아제는 이 부분을 조금 헷갈려 했다.

세상에는 세 종류의 교수가 있다

나는 매일 아침 거울 앞에서 또 하나의 거울을 머리 위에 들고 머리가 빠진 부분을 확인하며 발모제를 바른다. 그런데 좌우가 헷갈려 무척 힘이 든다. 그 이유는 바로 이 공간적 관점획득 능력이 부족하기 때문이다. 그러나 공간적 관점획득 능력이 부족하다고 해서 반드시 사회적 관점획득 능력이 부족한 것은 아니다. 내가 지금과 같이 어려운 심리학 이야기를 그래도 쉽게 풀어 쓸 수 있는 것은 다른 사람이 이 글을 읽을 때의 상황을 판단할 수 있는 사회적 관점획득 능력이 있기 때문이다.

세상에는 세 종류의 교수가 있다고 한다. 첫 번째 부류의 교수는 어려운 이야기를 무척 어렵게 하는 교수다. 대부분의 교수가 그렇다. 남이 어떻게 이해할지는 별로 안중에 없기 때문이다. 그렇기 때문에 교수들 중에 남의 말귀를 못 알아듣는 사람이 그렇게 많은 것이다. 두 번째 부류의 교수는 아주 어려운 이야기를 알기 쉽게 설명해주는 사람이다. 참 드물다. 나는 나름대로 이 부류에 속한다고 자부한다(내 아내는 가족관계에서 내 관점획득 능력은 어림 반 푼어치도 없다고 핀잔을 주지만).

정말 황당한 교수는 정말 쉬운 이야기를 아무도 못 알아듣게 설명하는 사람이다. 이들이 세 번째 부류의 교수다. 가끔 있다. 그러나 그리 희귀한 현상은 아니다. 남을 가르치는 교수라고 해서 대인관계에서 나타나는 타인의 관점획득 능력을 다 갖추고 있을 수는 없다.

우리는 남의 마음을 어떻게 알까?

최근 '마음 이론theory of mind'이라는 심리학 이론이 많은 사람의 주목을 받고 있다. 타인의 관점획득 능력에 관해 피아세의 이론보다 더 실득력 있게 설명하고 있기 때문이다. 이 이론은 아주 간단한 실험에서 시작되었다.

심리학자가 필통에서 연필을 빼고 초콜릿 사탕을 넣었다. 그리고 두 아이를 불렀다. 일단 한 아이를 문 밖에서 기다리게 하고 다른 한 아이에게 뚜껑이 닫힌 필통을 흔들며 물었다.

"이 안에 뭐가 들었겠니?"

아이는 당연하다는 듯 대답했다.

"연필이요."

심리학자는 웃으며 필통 뚜껑을 열었다. 그리고 필통 안의 초콜릿 사탕을 꺼내 아이에게 주었다. 그리고 다시 물었다.

"그런데 지금 저 밖에 있는 네 친구에게 이 필통에 뭐가 들어 있는지 물어보면 뭐라고 대답할까?"

어떤 아이는 당연하다는 듯 "연필이요." 하고 대답했다. 그러나

"초콜릿 사탕이요." 하고 대답하는 아이들도 있었다.

물론 정답은 "연필이요." 하고 대답하는 것이다. 정답을 맞힌 아이는 밖에 있는 친구가 필통 안에 초콜릿 사탕이 든 것을 보지 못했기 때문에 자신이 그랬던 것처럼 필통 안에는 당연히 연필이 들어 있다고 생각해야 함을 아는 것이다. 자신이 지금 경험한 것과 타인이 경험한

것이 질적으로 다르고 그 결과 타인이 생각하는 것이 나와 질적으로 다를 수밖에 없다는 것을 파악하는 것이 사회적 의사소통의 기본 능력이다. 이 능력을 심리학자들은 '마음 이론', 즉 타인의 마음에 대한 이론을 가지고 있다고 설명한다.

흥미로운 것은 이러한 능력이 이미 네 살 때 형성된다는 사실이다. 앞의 실험에서 네 살짜리 아이들은 대부분 '연필이요'라고 대답했다. 그러니까 일반적으로 네 살만 되면 남의 마음을 읽을 수 있고 그 사람의 관점에서 세상을 바라보는 능력이 생긴다는 것이다. 그런데 희한하게도 우리 주위에는 멀쩡한 사람들이 남의 말귀를 못 알아듣는 경우가 너무 많다. 사회적 관점획득 능력이 네 살짜리 아이만큼도 못하다는 이야기다. 도대체 왜 그럴까?

놀 줄 모르면 남의 마음을 읽을 줄도 모른다

결론부터 이야기하자면 '놀 줄 몰라서' 그렇다. 문화인류학적 관점에서 보자면 사회적 관점획득 능력은 '놀이'로부터 길러진다. 이 놀이와 사회적 관점획득과의 관계는 원숭이에 대한 관찰 결과에서 밝혀졌다. 영장류의 진화를 연구하던 프레막Premack과 우드러프Woodruff는 원숭이에게 '사물의 인과관계를 파악하는 능력'이 있음을 관찰했다.

원숭이가 막대기를 사용해 바나나를 따먹는 능력은 기본적으로 머릿속으로 사물의 인과관계를 파악하는 능력이 있음을 보여주는 것이다. 원숭이는 다른 동물들처럼 시행착오를 통해 우연히 문제를 해결하는 것이 아니라 머릿속에 이미 일어날 일들을 예견하는 능력이 있기에 도구를 사용할 수 있다.

너 새비있는 현상은 원숭이가 도구를 사용할 뿐만 아니라 다른 원숭이를 속이는 행동을 한다는 사실이다. 다른 원숭이에게 먹이를 빼앗기지 않기 위해 먹이를 다른 곳에 숨기고 마치 먹이를 본 적이 없는 듯이 행동을 한다. 그리고는 다른 원숭이가 사라진 후 먹이를 혼자 숨어서 먹는다. 이러한 속임수 행동은 원숭이가 다른 영장류와의 관계에서 그 영장류의 생각과 의도를 읽어내는 능력, 즉 '마음 이론'을 가지고 있다는 것을 간접적으로 나타내는 것이다. 앞서 설명한 용어를 사용하자면 사회적 관점획득 능력이 있다는 이야기다. 하지만 도구를 사용하는 능력과 사회적 관점획득 능력은 질적으로 다른 능력이다.

도구를 사용하는 능력은 자연환경에 적응하는 과정에서 습득되는 기술이지만 사회적 관점획득 능력은 다른 원숭이들과의 공동생활에서 습득된다. 다른 원숭이들의 의도와 생각을 읽어낼 수 있어야 공동생활이 가능하다. 다른 원숭이가 자신의 먹이를 빼앗을 것을 예견할 수 없다면 그 원숭이는 그 집단에서 살아남기 어렵기 때문이다. 이 능력은 원숭이 집단에 속해 살아가는 데 필수적인 사회적 규칙을 습득하기 위한 전제가 된다.

원숭이는 물론 인간 집단에는 항상 그 집단을 유지하기 위한 규칙이 있다. 이 규칙의 전제는 '다른 존재의 생각을 읽어야 한다'는 것이다. 즉 '마음 이론' 또는 '사회적 관점획득' 능력이 있어야 살아남을 수 있다. 문제는 사회적 관점획득 능력이 어떻게 얻어지는가이다. 놀이를 통해서다. 어린 원숭이는 집단 속의 다른 원숭이들과의 놀이를 통해 다른 원숭이의 마음을 예측하는 능력을 길러낸다. 놀이는 가상의 상황을 전제로 한다. '마치 ○○하는 것처럼 행동할 수 있는 능력', 즉 '가상놀이as if'가 가능하려면 가상 상황에 대한 정신적 표상이 가능해야 한다. 즉 가상 상황에서 하는 행동을 머릿속에 떠올릴 수 있어야 '가상놀이'가 가능한 것이다.

"무슨 배트맨이 이래?" 하는 삼촌은 100퍼센트 백수다

대부분의 놀이는 가상 상황을 전제로 한다. 배트맨 놀이를 하려면 배트맨과 악당 역할에 대해 가상 상황이 설정되어야 하고 그 상황에 맞는 행동을 해야 한다. 그러한 가상의 상황에 맞는 행동을 예상하는 능력과 상대방이 그 상황에서 어떠한 행동을 할지를 예상하는 능력은 질적으로 같다. 즉 가상놀이 능력과 다른 존재의 의도를 읽어내는 사회적 관점획득 능력은 동일한 인지 능력이다.

세상에서 가장 인기 없는 삼촌은 배트맨 놀이 하자는데 악당 역할을 안 해주는 사람이다. 역할을 안 맡아주는 수준이 아니라 아예 아이들이 만들어놓은 가상 상황을 망가트리는 못된 삼촌도 있다. 아이들이 베개를 가지고 배트맨 자동차라며 올라타 달리는 시늉을 하는데 "무슨 자동차가 바퀴도 없어?" 하는 식으로 싱겁게 시비를 거는 식이다. 이런 삼촌의 대부분은 백수일 확률이 높다. 사람들 사이에 인기가 없을 뿐만 아니라 사회생활에서도 남의 말귀를 못 알아들을 확률이 극히 높기 때문이다.

"Oh, Shit!"

우리가 갈등 상황에서 항상 동원하는 것이 바로 이 가상 상황이다. '예를 들어서' 혹은 '만약 당신이 이 상황에서' 등이다. 그러나 말귀를 못 알아듣는 사람들은 이런 가상 상황에서 이런 방식으로 행동해야 옳은 것 아니냐는 식으로 설명하는 상대방의 시도를 전제부터 박살낸다.

"세상에 그런 상황이 어디 있어요?" 하는 식이다. 이런 사람에게 아무리 '그러니까, 만약에' 하며 목소리를 높여봐도 상황은 절대 달라지지 않는다. 남의 생각과 의도를 이해하는 능력과 '만약'의 상황을 전제하는 놀이능력은 동일한 인지적 능력을 전제로 한다.

유머가 뛰어난 사람도 남의 마음을 잘 읽어내는 사람이다. 상대방 생각의 흐름을 잘 읽어내고 행동을 예상할 수 있어야 상대방의 예상을 뛰어넘는 뜻밖의 유머를 던질 수 있다. 유머는 항상 마지막 순간에 상대방의 예상을 뒤엎는 반전이 있어야 한다.

어떤 깊은 산골에 신비의 절벽이 있었다. 이 절벽에서 뛰어내리며 소원을 외치면 소원대로 되었다. 그러나 이 절벽은 너무 높아서 웬만한 용기가 없으면 감히 뛰어내릴 수 없었다. 자신의 형편없는 모습에 좌절하고 살던 세 친구가 자신의 모습을 바꾸기 위해 이 절벽을 찾았다. 한 친구는 '독수리'라 외치며 절벽에서 뛰어내렸다. 그러자 독수리가 되었다.

또 다른 한 명은 '호랑이'라고 하며 뛰어내리자 호랑이가 되었다. 마지막 한 명도 심호흡을 하고 힘차게 달려나가던 중 돌부리에 걸려 발을 헛디뎠다. 순간 그는 이렇게 외쳤다.

"Oh, Shit(똥)!"

유머는 단순한 웃기기가 아니다

타인의 관점에서 사물을 볼 줄 알아야 남의 마음을 이해할 수 있다. 타인의 마음을 읽어낼 수 있어야 타인을 설득할 수 있다. 역사상 뛰어난 정치가일수록 유머에 능숙했다. 영국의 처칠이 그랬고 미국의 링컨이 그랬다.

유머는 단순히 다른 사람을 웃겨 분위기를 부드럽게 만드는 기능만 하는 것이 아니다. 유머가 있다는 것은 근본적으로 다른 사람의 마음을 읽어낼 수 있는 능력이 있음을 의미한다. 뿐만 아니다. 타인의 관점에서 바라볼 수 있는 능력은 나를 제대로 바라볼 수 있는 능력과 동일한 메커니즘을 가지고 있다. 나를 타인의 관점에서 바라볼 수 있어야 나를 제대로 파악할 수 있기 때문이다. 아무리 이야기해도 말귀를 못 알아듣는 사람은 자기 자신을 파악하는 능력도 떨어지는 사람이다.

정리해보자. 잘 노는 사람은 타인의 마음을 잘 헤아려 읽는다. 따라서 말귀를 잘 알아듣는다. 그리고 잘 노는 사람은 가상 상황에 익숙하다. 놀이는 항상 가상 상황에 대한 상상력을 필요로 하기 때문이다. 잘 노는 사람은 자신을 돌이켜보는 데도 매우 능숙하다. 나를 객관화시켜 바라보는 능력은 또 하나의 가상 상황에 나를 세워놓는 일이기 때문이다. 결국 잘 노는 사람이 행복하고 잘살게 되어 있다. 그래서 우린 잘 놀아야 한다. 놀이의 본질은 상상력이기 때문이다.

전 세계 엄마들의 말투가 똑같은 이유

조련사가 큰 칠판을 들고 있다. 그 칠판에 사진과 그림이 수십 장 붙어 있다. 원숭이가 손가락으로 사진을 가리킨다. 바나나, 부엌, 문, 자물 쇠, 열쇠, 사진의 순서다. 그러자 조련사는 열쇠 사진, 파란색 서랍 그 림을 손가락으로 가리킨다. 원숭이는 낑낑거리며 파란색 서랍으로 가 더니 서랍을 열고 열쇠를 꺼낸다. 그리고는 부엌의 문을 열고 안으로 들어가 바나나를 꺼내온다.

말하는 원숭이를 본 적이 있는가? 나는 봤다. 앞의 이야기는 내가 목격한 원숭이가 말하는 장면이다. 물론 입으로 인간의 말을 하는 것 은 아니었다. 그러나 조련사와 원숭이 사이에 일어난 일은 분명 서로 상대의 뜻을 읽고 정보가 전달되는 의사소통의 과정이었다. 원숭이가 물어본다.

"부엌에 바나나가 있다. 그런데 문이 잠겼다. 열쇠는 어디에 있는 가?"

조련사가 대답한다.

"열쇠는 파란색 서랍에 있다."

손가락으로 나눈 대화였나. 원숭이는 자신의 의사를 분명히 건달했고 조련사의 대답을 확실하게 이해했다. 그랬으니 부엌문을 열고 바나나를 꺼낼 수 있었던 것이다.

원숭이도 인간이 키우면 말을 한다

앞에서 원숭이가 사용한 의사 전달 방법은 언어장애자가 사용하는 수화와 다를 바가 없다. 이 원숭이는 자신의 기쁨과 슬픔을 사진을 통해 전달할 수 있었다. 뿐만 아니라 현재, 과거, 미래의 시간을 구분할 수도 있었다. 인간만 언어를 사용한다는 상식이 깨지는 순간이다. 조련사에게 어떻게 이 원숭이가 말하는 능력을 갖게 되었냐고 물어보았더니 인간이 키웠기 때문이란다.

원숭이들 사이에서 자란 원숭이를 데려다 아무리 훈련을 시켜도 가장 기본적인 단어 습득도 어렵단다. 말하는 흉내는 낼 수 있어도 의사소통을 하고자 하는 동기 자체가 희박하기 때문이란다. 그러나 인간이 태어난 지 얼마 안 된 원숭이를 데려다 키우면 그 원숭이는 사람처럼 말하고자 하는 동기가 강력해진다. 뿐만 아니라 다양한 단어를 습득하는 능력이 생긴다고 한다. 이런! 원숭이도 인간이 키우면 말을 한다는 것이다. 인간만 말을 하는 것이 아니라……

언어습득을 돕는 시스템

인간과 원숭이의 가장 결정적인 차이는 의사소통 능력, 즉 언어 사용에 있다. 언어는 인간만 사용한다. 원숭이가 사용하는 것은 언어가 아니라 신호다. 기호학적으로 언어와 신호는 아주 큰 차이가 있다. 신호로는 생존에 필요한 정보만 주고받을 수 있다. 일방적인 정보 전달만 가능하다. 그러나 언어는 쌍방향이다. 서로 정보를 주고받을 뿐만 아니라 정보전달을 통해 상대방의 생각을 바꿀 수도 있고 자신의 생각을 바꿀 수도 있다. 이러한 언어를 사용하는 능력은 도대체 어떻게 생겨나는 것일까?

촘스키Chomsky는 이 능력이 모든 인간에게 선천적으로 존재한다고 주장하여 크게 히트 쳤다. 인간의 언어에는 공통적인 체계가 존재한다. 이 체계는 본질적으로 생후 학습을 통해 얻어지는 것이 아니라는 것이다. 인간에게는 타고난 '언어습득기제language acquisition system' 가 있어 언어습득을 가능케 한다는 주장이다. 그러나 브루너Bruner라는 발달심리학자는 이런 종류의 선천적 능력에 대한 논의는 학문적 발전에 그리 큰 도움이 안 된다고 비판한다. 아무리 선천적인 능력을 타고난다 할지라도 이 능력을 발휘할 환경이 조성되지 않으면 이 능력이 정말 있는지 확인할 방법이 없기 때문이다.

태어나자마자 지하실에 고립되어 필요한 최소한의 음식만 먹고 사람들과의 접촉이 전혀 없었던 어린아이가 수년이 지난 후 발견된 사건이 있었다. 이 어린아이의 경우, 아무리 가르쳐도 몇 가지 간단한 단어 이외에는 언어를 습득할 수 없었다. 이 경우를 보면 선천적인 언어

습득 기제에 대한 가설은 확인되지 않는다. 이렇게 아무도 확인할 수 없는 선천적이냐, 후천적이냐의 문제로 씨름하기보다는 인간의 '언어 습득을 돕는 시스템language acquisition support system'이 도대체 뭔가를 확인하는 일이 더 중요하다는 것이 브루너의 주장이다.

놀이를 통해 인간으로 길러진다

도대체 인간이 언어를 습득하도록 돕는 시스템이 뭐냐는 것이다. 1990년대 중반 스위스 레만 호숫가에서 열린 피아제와 비고츠키 탄생 100주년 기념 컨퍼런스에서 만난 브루너는 내 발표논문에 깊은 관심을 보였다. 그가 주장하는 '언어습득을 돕는 기제'에 관한 연구가 내 박사 논문의 주제였기 때문이다. 인간의 언어습득을 돕는 기본적인 기제는 바로 '놀이'다.

인간은 인간으로 태어나는 것이 아니다. 인간으로 길러지는 것이다. 대부분의 포유류는 태어나서 불과 몇 시간이 지나면 스스로 걸을 수 있고 자신의 먹이를 찾아 먹을 수 있다. 그러나 인간만 미숙아로 태어난다. 임신 기간뿐만 아니라 양육 기간이 다른 포유류에 비해 월등하게 길다. 만약 이 기간에 아주 사소한 문제라도 생기게 되면 인간은 평생 크고 작은 장애에 시달리게 된다. 만약 태어나자마자 인간의 아기가 동물에 의해 키워진다면 이 아이는 절대 인간이 될 수 없다. 늑대가 키우면 늑대가 된다. 원숭이가 키우면 원숭이가 된다. 원숭이가 키웠는데 인간의 말을 하는 '타잔'은 절대 불가능하다. '타잔'이 '제인'을 보고 한눈에 사랑에 빠지는 일은 발달심리학자가 보면 정말 웃을 일이다.

인간의 아이가 인간이 되는 것은 인간인 엄마와 아빠에 의해 키워지기 때문이다. 인간의 양육 방법이 인간을 만드는 것이다. 이 양육 방법의 핵심은 의사소통 능력을 길러주는 것, 즉 언어를 습득시키는 것에 있다. 이 양육방법이 얼마나 특별한지 원숭이조차 말할 수 있게 한다. 앞서 말한 이야기하는 원숭이는 태어나자마자 인간이 키웠기 때문에 그러한 능력이 생겼다. 인간이 인간처럼 키웠기 때문에 말하는 능력이 생겼다는 이야기다. 도대체 인간이 아이를 키우는 방법에 무슨 특별한 것이 있기에 원숭이조차 인간의 아이처럼 키우면 말하는 능력이 생기는 것일까?

전 세계 엄마들의 말투는 똑같다!

엄마가 아이를 키우는 것을 2년간 관찰했다. 흑인과 백인 그리고 한국의 엄마가 아이를 키우는 모습을 비디오로 찍었다. 거울을 앞뒤로 두거나 두 대의 카메라를 이용해 엄마의 표정과 아이의 표정을 동시에 찍었다. 타임코드time-code를 장착한 카메라를 컴퓨터와 연결해 1초당 24프레임의 장면을 분석했다. 아주 미세한 아이와 엄마의 표정 변화, 몸짓 변화를 읽어내기 위해서였다. 흑인이나 백인이나 한국인이나 엄마가 아이를 키우는 것은 아이가 어릴수록 거의 동일했다. 아이가 눈을 뜨면 엄마는 놀아주기 시작한다. 관찰자의 입장에서는 너무 심심한 놀이다. 온종일 아이와 눈을 마주치면서 '어이구' '그래서' '으응' 어쩌고 하면서 아이가 마치 무슨 말을 하기라도 하는 것처럼 엄마가 대신 중얼거린다. 그러다가 아이가 움찔하거나 입을 옹알거리기라도 하면 엄마는 난리가 난다. "어머나, 얘 봐, 얘 봐." 하면서.

아이와 엄마의 처음 놀이는 '눈 맞추기eye-contact'부터 시작한다. 그러나 아이는 눈 맞추기 이외에도 엄마의 목소리, 냄새, 그리고 움직임에 계속 반응한다. 엄마는 아이가 경험하는 세계의 전부이기 때문이다. 엄마는 특유의 말투로 아이를 자극한다. 인종과 문화에 관계없이 모든 엄마들은 말꼬리를 올린다. 이 특이한 현상을 발달심리학에서는 아기의 특이한 말투를 흉내 낸다는 의미로 '아기 말투baby talk' 또는 엄마만이 사용하는 특별한 말투라고 '엄마 말투motherese'라고 정의한다. 이 모든 인종의 엄마들이 사용하는 특이한 말투의 기능은 도대체 무엇일까?

'정서조율affect attunement'이다. 서로 유사한 방식의 말투를 이용해 서로의 정서를 맞춰나가는 것이다. 서로가 서로에게 집중하고 있다는 느낌은 서로가 사용하는 몸짓과 소리를 통해 전달된다. 엄마의 길게 늘어지며 꼬리가 올라가는 소리는 아이 자신이 내는 소리와 아주 유사하다. 아이는 자신의 소리와 유사한 소리를 들으며 누군가 자신과 꼭 같은 느낌을 가지고 있음을 본능적으로 확인한다. 누군가 나와 동일한 정서를 갖고 있음을 확인하는 것은 인간의 의사소통이 발달하는 가장 기초적인 단계이다.

무슨 근거로 서로를 이해한다고 믿는 걸까?

우리는 단어가 같으면 내가 사용하는 의미와 다른 사람이 사용하는 의미가 당연히 같은 것으로 생각한다. 이는 그리 간단한 과정이 아니다. 예를 들어 내가 '정서'라고 말하고 당신이 이 단어를 이해한다고 하자. 그러나 내가 사용하는 '정서'라는 단어의 의미와 당신이 이해하는 '정서'라는 단어의 의미가 같다고 누가 보장해줄 수 있는가? 만약 모르는 단어라면 사전을 찾아 그 의미를 보면 된다. 하지만 그 사전에 들어 있는 단어에 대한 설명이 똑같은 것으로 이해된다고 누가 보장해줄 수 있는가? 아무도 없다. 우리가 이해한다고 당연시하는 것을 자세히 살펴보면 너무나 많은 전제조건들이 채워져야 한다.

만약 자연과학에서 주장하는 것처럼 객관적인 의미를 규정할 수 있다면 이 문제는 너무나 쉽게 해결된다. 아이는 세계에 존재하는 단 하나의 객관적 의미의 세계를 습득하기만 하면 된다. 많은 사람들이 이처럼 모든 주관적인 관점을 초월하는 하나의 객관적인 관점이 있으리라 당연시한다. 그러나 자연과학에서조차 '객관성objectivity'의 관점은 이미 오래 전부터 의심받고 있다.

하이젠베르그Heisenberg는 양자역학에서 입자의 운동량과 위치를 판단할 수 있는 객관적인 관점은 존재할 수 없고 관찰자의 관점에 따라 달라진다는 '불확정성 원리uncertainty principle'를 주장했다. 이 세계는 객관적인 관점에 의해 예측하고 측정할 수 없다는 의미다.

자연과학에서조차 객관성을 확신할 수 없다. 하물며 다양한 문화적 의미가 매개되는 의사소통 과정에서 모든 사람들이 동일하게 이해하는 객관적인 의미 체계가 있다고 주장할 수는 없다. 그런데도 우리는 서로 이해한다고 당연하게 생각한다. 나 역시 이 책에서 내가 사용하는 단어의 의미들을 독자들이 아무 어려움 없이 이해할 것이라 믿기에 거리낌 없이 이 글을 쓰고 있다. 실제로 특별한 상황을 제외하고는 서로 이해하는 것에는 아무런 문제가 없어 보인다. 대화할 때 매 순간마다 일일이 서로 이해하는가를 확인하지 않아도 그리 큰 문제가 일어나지 않기 때문이다. 이 모순되는 사실을 어떻게 받아들여야 할까?

엄마와 아기의 정서조율을 배워라

객관적인 관점을 전제하기는 어렵지만 서로의 주관적 관점이 공유되고 있음을 확인할 수 있기 때문이다. 이를 '상호주관성intersubjectivity'이라고 한다. 다른 사람이 사용하는 단어의 의미와 내가 이해하는 단어의 의미가 서로 공유되고 있음을 뜻한다. 객관적인 관점에 의해 의미가 규정되는 것이 아니라 서로의 의미 체계가 공유되는 것이다.

우리가 같은 의미 체계를 공유할 수 있는 능력은 같은 언어를 사용해서가 아니다. 언어습득은 상호주관성의 확장에 불과하다. 인간의 의사소통의 전제가 되는 상호주관성은 엄마와 아기 사이에 일어나는 '정서조율'에서 출발한다.

아기의 표정, 몸짓, 소리와 엄마의 표정, 몸짓, 소리는 질적으로 같은 내용이다. 아이가 배고프거나 아픈 소리를 내면 엄마의 표정과 소리도 같은 정서적 내용을 포함한다. 이 과정에서 아이는 처음으로 자신의 정서와 질적으로 같은 정서를 경험하는 또 다른 존재가 있음을 원초적으로 경험하게 된다. 타인이 자신과 질적으로 같은 경험을 한다는 것은 이후 타인이 나와 같은 의미체계를 공유한다는 상호주관적 의식으로 발전한다. 바로 이러한 의식이 언어 습득을 가능케 하는 토대가 된다.

놀이하는 인간(호모 루덴스)의 심리학적 기초

아이와 엄마의 초기 정서적 놀이의 특징은 눈 맞추기와 정서 조율 과정이다. 본격적인 의사소통 놀이 과정은 '공동주의집중joint-attention'이다. 예를 들면 아이가 손가락으로 물건을 가리키고 엄마가 아이의 눈길과 손가락을 번갈아 바라보며 "이것 줄까, 이거?" 하는 상호작용이 그 예이다. 아이가 원하는 대상을 아이의 눈길과 엄마의 눈길이 공유하는 형태이다. 공동주의집중은 아이의 의도적인 의사표현의 시작이다. 대부분 생후 9개월에 나타난다.

눈 맞추기와 공동주의집중은 눈을 사용한다는 점 이외에는 질적으로 다른 의사소통 과정이다. 눈 맞추기의 핵심은 정서의 공유에 있다. 그러나 공동주의집중은 아기가 처음으로 자신의 의도를 남에게 정확하게 전달하려는 과정이다. 물론 이 과정의 주인은 아기가 아니다. 아기와 엄마 모두다. 그렇기 때문에 공동주의집중이라고 이야기하는 것이다. 눈 맞추기가 정서의 상호주관성 단계라면 공동주의집중은 의도의 상호주관성을 뜻한다. 즉 의도가 공유된다는 이야기다. 아이는 의도가 공유될 때 엄마의 이야기를 통해 자신이 원하는 것에 대한 이름을 알게 된다. 엄마는 아기의 손가락이 가리키는 것의 이름을 대며 묻는다.

"이거? 곰인형?"

"아니면 이거? 이거는 토끼."

그리고 엄마는 아이에게 말한다.

"토끼 해봐! 토끼."

생후 약 9개월부터 이뤄지는 엄마와 아기 사이의 놀이는 대부분 이런 이름 붙이기 놀이다. 이렇게 아기는 세상의 이름을 익혀가며 말하는 인간이 된다.

인간의 본질은 '호모 루덴스Homo Ludens', 즉 '놀이하는 인간'이다. '눈 맞추기' '정서조율' '공동주의집중'과 같은 놀이를 통해 세상을 이해하고 세상을 바꿔가는 능력을 배우기 때문이다. 우리는 놀이를 통해 인간이 되고 놀이를 통해 또 다른 인간들을 키워낸다.

잘 노는 사람의 특별한 능력
_ 정서공유의 리추얼

유난히 사랑받는 이들에겐 뭔가 특별한 것이 있다. 잘 논다. 잘 논다고 해서 노래방 가서 넥타이 머리에 묶고 탁자 위에 뛰어 올라가는 사람을 이야기하는 것이 아니다. 그들은 아주 조용한 놀이를 통해서도 남의 마음을 사로잡는 아주 특별한 능력을 가지고 있다. 그들의 놀이란 다름없는 정서교류를 통한 의사소통이다. 잘 노는 사람은 남의 마음을 사로잡을 수밖에 없다. 놀이란 정서공유를 뜻하기 때문이다.

정서공유가 의사소통의 핵심이다

아이들과 잘 놀아주는 아빠는 아이들과 정서공유를 잘한다. 아이들의 즐거움을 공유하는 능력이 있다는 이야기다. 예를 들어 아이들과 공차기를 하는 아빠가 있다. 아이들이 공을 차며 즐거워하며 '슛 골인!'을 외친다. 그런데 만약 아빠가 아무런 표정 변화 없이 아주 심드렁하게 '그래, 골인이다'라고 중얼거린다면 어느 아이들이 이 아빠와 노는 것을 즐거워하겠는가? 잘 노는 아빠들은 아이들의 고함소리에 맞춰 '슛, 골인!'와 '야'를 연발한다. 가끔 아이들보다 더 소버를 해서 썰렁하게 만들기도 하지만, 그래도 아이들은 그런 아빠를 사랑한다. 아빠와 노는 것을 저녁마다 기다린다. 노는 것은 정서를 공유하는 것이기 때문이다. 놀이를 통해 얻어지는 정서공유의 기술은 인간 의사소통의 핵심이다.

모처럼의 가을 여행에서 아내는 흥분해서 이야기한다.

"여보, 너무 좋다. 우리 내년에도 또 오자."

감탄사를 연발하는 아내에게 썰렁한 남편은 담배 끝을 씹으며 한마디 한다.

"참나……. 단풍 처음 보냐?"

이런 남편을 X-레이 찍어보면 대부분 간이 부어 있다.

아내가 기뻐하고 즐거워하면 같이 기뻐하며 흥분해야 그 기쁨은 두 배가 된다. 그래야 모처럼 함께한 여행이 의미가 있다. 아내의 감탄을 공유할 때 아내는 사랑을 느낀다. 사랑한다는 것은 정서를 공유하는 것이기 때문이다. 정서공유는 인간을 인간답게 하는 가장 기본적인 의사소통 단위이다.

어쨌든 웃는 여자는 다 예쁘다

나는 지금도 예쁜 여자를 좋아한다. 몇 년 전부터 고정출연하고 있는 MBC 아침방송에 가면 정말 예쁜 아나운서와 리포터들이 바로 옆에서 이런저런 이야기를 한다. 바로 옆에 앉은 최윤영 아나운서가 환하게 웃으며 이야기를 하면 아침부터 정신이 혼미해질 정도다.

사실 나는 새벽에 일어나는 것을 정말 싫어한다. 얼마 전 '아침형 인간'이 사회적인 화두가 될 때 나는 이것은 순전히 신자유주의의 새로운 착취 전략이라고 비난을 퍼부었던 사람이다. 그런 내가 요즘 새벽 5시에 벌떡벌떡 일어나는 이유는 순전히 이 아름다운 여성들 때문이다. 아침 일찍부터 환하게 웃는 여성들 옆에서 한 시간이나 앉아 있는 그 가슴 설레는 즐거움을 어떻게 설명해야 할까. 배가 나올 만큼 나온 지금도 이 정돈데 총각 때는 어떠했겠는가?

대학 시절 이야기다. 미팅에 나가면 나는 항상 가장 예쁜 여자 앞에 자리를 잡는다. 그리고는 그동안 닦은 온갖 레퍼토리와 제스처를 동원해 앞의 여자를 사로잡으려고 정말 처절한 노력을 기울인다. 그런데 예나 지금이나 대부분의 예쁜 여자는 꼭 예쁜 척을 한다. 아무리 애를 써도 어떤 동요도 없다. 그 정도의 구애 행동은 익숙하다는 오만함이 얼굴에 가득하다. 제아무리 뛰어난 플레이보이라 할지라도 이런 차가운 여자 앞에서 30분을 견뎌내기가 쉽지 않다.

내가 지쳐갈 무렵, 이 '얼굴만' 예쁜 여자 옆에서 계속 주목하며 웃어주는 여자가 있다. 처음에는 그 여자의 존재 자체도 몰랐다. 그런데 나도 모르는 사이에 내 어설픈 농담에 계속 웃어주며 흥미롭다는 반응을 보이는 그 여자에게로 몸이 향해 있다. 나는 그 여자를 향해 계속 어설픈 농담으로 '수작'을 걸며 속으로 자존심이 무척 상한다. '아니 왜 내가 지금 이 여자를 보고 노력을 기울이지?' 하지만 나는 어쩐지 별로 안 예쁜 여자를 계속 보며 이야기하고 있다.

내 정서를 공유해주기 때문이다. 아무리 얼굴이 예뻐도 남과 정서를 공유하지 않는 여자는 30분이 지나면 전혀 예뻐 보이지 않는다. 그러나 처음에 전혀 눈에 띄지 않았더라도 내 이야기를 귀 기울여 듣고 아주 적당하게 웃어주고 '어머' '어쩜' '그래서요?'와 같은 추임새를 넣을 줄 아는 여자는 30분이 지나면 무척 예뻐 보인다. 그래서 나는 지금 그때 그 여자와 함께 산다. 지금도 내 아내는 잘 웃는다. 웃는 여자는 다 예쁘다.

나를 기쁘게 만드는 사람과
괴롭게 만드는 사람의 차이

사람들에게 유난히 사랑받는 사람들은 정서공유를 잘한다. 남의 기쁨, 슬픔, 우울함, 흥분과 같은 정서를 아주 잘 공유해준다. 우리는 상대방의 표정, 눈짓, 몸짓, 목소리를 통해 그 사람이 내 정서를 공유하는지 아닌지를 동물적인 감각으로 느낀다. 우리는 아주 어릴 때 엄마와 놀면서 이 정서공유의 방식을 몸으로 익혔기 때문이다.

반면 우리 주위에는 단지 몇 분을 마주했다는 이유만으로도 온종일 우울하게 하는 사람이 있다. '우울하게 하는 사람'이란 표현은 너무 점

잖다. 보다 적나라한 표현을 쓰자면 온종일 '재수 없게 만드는 사람'이다. 나에게 아무런 피해를 입히지도 않았다. 어떤 기분 나쁜 이야기를 한 적도 없다. 그저 단지 내 앞에 있었다는 이유만으로 괴롭게 만드는 사람이다.

물론 이런 사람은 대부분 알고 보면 무척 좋은 사람이다. 그러나 이유 없이 남에게 기피대상이 되는 사람이다. 무척 불행한 사람이다. 정서공유의 기술이 없는 까닭이다. 상대가 가볍게 웃는 표정을 지으면 함께 웃으며 받아 넘길 수 있는 정서공유의 능력이 없다. 앞에 있는 사람의 슬픔을 공유한다는 몸짓을 어떻게 해야 하는지 모르는 사람이다. 우리 주위에는 이런 정서공유의 방식에 무지한 사람들이 너무 많다. 특히 사회적으로 성공했다는 사람들에게서 이러한 정서공유의 문제가 많이 발견된다.

문화는 리추얼이다

우리는 외국에 가면 대개 문화적 충격을 느낀다. 외국인들은 문화가 다르다고 한다. 도대체 어떤 현상을 보고 문화가 다르다고 하는 것일까? 문화 차이는 정서를 표현하는 방식의 차이에서 비롯된다. 기쁜 일이나 슬픈 일이 있을 때 서양인들은 껴안는다. 이 행동은 그들 나름의 특별한 정서공유의 방식이다. 이를 문화라고 한다. 정서는 사람들 사이에서만 느껴지는 것이 아니다.

다른 나라의 건물을 보면 참 문화가 다르다고 느낀다. 그 건물이 주는 정서적 색깔과 우리 건물이 주는 정서적 색깔이 다르기 때문이다. 세상의 모든 대상은 우리의 정서적 변화를 유발한다. 색깔, 크기, 모양에 따라 우리의 느낌은 변화된다. 그러니까 문화는 정서를 공유하는 방식이라고 정의해도 큰 무리가 없다. 아니 이보다 더 문화를 잘 설명할 수 있는 개념은 없는 것 같다.

다른 나라의 언어를 습득하는 가장 손쉬운 방법은 그 나라 사람들의 정서를 표현하는 몸짓과 표정을 먼저 익히는 일이다. 그래서 영어를 빨리 배우는 사람은 영어를 배우면서 어깨를 으쓱거리는 것과 같은 미국인들의 몸짓을 함께 배운다. 이러한 정서공유의 리추얼ritual이 문화의 가장 본질적인 모습이다.

사소한 리추얼만 어겨도 쉽게 죽일 놈이 된다

우리의 일상적인 삶에서도 아주 사소한 리추얼들이 의외로 중요한 기능을 한다. 대학 후배 중에 상당히 큰 기업의 사장이 된 친구가 있다. 대학 시절, 장난으로 뒤통수를 때려가며 지내던 후배다. 약 20년이 지난 후, 우연히 호텔 조찬 모임에서 마주친 적이 있다. 아무리 허물없이 지내던 대학 후배지만 너무 오랜만에 만났고 또 주위의 눈도 있고 해서 예의를 갖춰 고개 숙여 인사를 했다. 그러나 그 친구는 내 정중한 인사와는 전혀 다른 방식으로 아는 체를 했다. 고개를 숙이기는커녕 바삐 악수만 건네고 사라졌다. 나는 무척 당황했다.

그 이후로 나는 동문회에서 그 친구 이야기만 나오면 사장이 되더니 아주 건방져졌다고 이야기한다. 지금도 그 친구 욕을 하고 있다. 우리 일상에서 이런 식의 일들은 그리 드문 일이 아니다. 그런데 가만히 생각해보자. 그 친구가 무슨 그리 큰 잘못을 한 것일까? 인사 한 번 잘못한 것이다. 아마도 사장이라고 건방을 떨었다기보다는 무척 바빠서 그랬을 것이다. 그러나 정중한 인사를 무시당한 나는 그를 그저 건방진 녀석으로 규정해버렸다. 왜? 인사의 리추얼이 어긋난 것이다. 그 사소한 인사의 리추얼을 소홀히 했다는 이유로 그 후배는 속 좁은 나에게 죽일 놈이 된 것이다.

조직 생활을 오래 한 사람은 아주 사소한 대인관계의 리추얼에 예민하다. 인사할 때 허리를 숙이는 각도는 물론 명함을 내놓는 태도와 결재서류를 드는 자세에 이르기까지 각 조직마다 사소한 리추얼들이 아주 강력하게 일상의 삶을 지배하고 있다.

한국을 대표하는 두 기업으로 삼성과 현대를 이야기한다. 이 두 기업은 참 여러모로 다르다. 현대에서 지은 건물과 삼성에서 지은 건물은 아주 멀리서도 확인할 수 있다. 심지어는 현대 앞의 술집과 삼성 앞의 술집 분위기도 다르다고 한다. 노는 방식이 달라도 한참 다르다는 이야기다. 기업 문화가 다르기 때문이라고 한다.

그러나 도대체 기업 문화가 어떻게 다르기에 건물의 디자인, 색깔, 직원들의 노는 문화까지 달라지는가? 리추얼이다. 기업 문화라는 추상적 개념은 구체적인 일상의 사소한 리추얼들을 통해 조직원들의 행동까지 지배한다.

조직문화의 핵심은 정서공유의 리추얼이다

일상의 리추얼 중에서도 가장 중요한 것은 정서공유의 리추얼이다. 정서공유의 리추얼이 발달한 회사는 흥한다. 정서공유의 리추얼이 없는 회사는 망한다. 정서공유는 직원들이 기업의 가치와 성장 목표를 공유하기 위한 전제조건이기 때문이다. 요즘 나는 기업 강연을 많이 한다. 한 주에 적어도 서너 번은 한다.

수백 번의 기업 강연 경험이 쌓이면서 나는 이 회사가 잘 돌아가는 회사인지, 곧 망할 회사인지 강의를 시작한 후 30분 정도 지나면 판단할 수 있는 능력이 생겼다. 내 강연을 듣는 구성원들의 태도가 다르기 때문이다. 똑같은 강연 내용인데 회사마다 그 반응이 다르다. 그 반응에 따라 내 강연 태도도 달라진다. 어느 회사에서는 강연이 끝난 후 너무나 만족스럽고 행복한 반면, 어느 회사는 뒤도 돌아보지 않고 나와 버린다. 강연에 대한 반응이 이토록 차이가 나는 것은 강사와 그 회사원들이 서로 얼마나 정서를 공유하는가에 달려 있다.

잘 돌아가는 회사의 사원들은 강사가 유도하는 정서적 자극에 민감하게 반응을 보인다. 흥미로운 부분에는 관심을 집중시키는 반면, 상투적인 이야기에는 긴장을 풀어버리고 지겨워하는 반응을 그대로 보인다. 이러한 청중들을 상대로 하는 강연을 하다 보면 강사가 긴장하게 되어 있다. 아무리 같은 내용의 강연이라 할지라도 질적인 차원이 달라진다.

강연은 강사와 청중이 함께 만들어가는 것이다. 가장 어려운 청중은 어떠한 자극에도 아무런 반응이 없는 경우다. 제아무리 다양한 내용과 강의 테크닉을 동원해도 아무런 반응이 없다. 이런 경우 2시간 강연이 10시간처럼 느껴진다. 강연 반응이 너무 안 좋았던 회사의 경우, 강연이 끝난 후 나는 인사나 교육 담당자에게 꼭 물어본다.

"혹시 회사의 노사관계에 문제가 있거나 재정적인 어려움이 있습니까?"

열이면 열 모두 회사에 문제가 있단다. 문제가 있는 회사의 청중은 집단적인 무관심과 무반응으로 일관한다. 회사 조직원끼리의 정서공유가 전혀 안 되기 때문이다. 조직 구성원끼리 정서공유가 안 되는데 어찌 낯선 강사의 '구라'에 감동할 수 있겠는가? 이런 정서공유의 어려움은 낯선 집단이 섞여 있는 강연에서도 똑같이 나타난다. 정서공유의 리추얼을 통해 이뤄지는 청중의 심리적 일체감이 없기 때문이다. 정서공유는 모든 조직문화의 기본 원리이다. 정서공유의 리추얼은 이런 조직의 일체감과 아이덴티티를 유지하는 힘이다.

눈과 눈이 마주칠 때 _웃음과 '왜 째려봐!'의 차이

정서를 공유하는 리추얼의 기초는 눈을 맞추는 일이다. 나는 독일에 유학 가서 처음으로 파란 눈을 봤다. 그런데 파란 눈에도 다양한 종류가 있다는 사실이 참 신기했다. 우리의 눈은 대부분 까맣게 보이고 가끔 갈색 눈이 있다. 하지만 유럽인들의 눈은 참 다양한 파란색을 하고 있다. 물론 갈색도 있고 까만 눈도 있지만 내가 가장 황홀해 했던 눈은 호수같이 파란 눈이다. 정말 코발트 빛 파란색의 눈이다. 심지어는 그

눈에 빠져서 헤엄치고 싶다는 생각까지 했다.

나는 독일에 도착한 지 얼마 안 되어 지하철에서 처음 본 파란 호수 같은 눈을 보고 정말 정신 못 차리고 있었다. 넋 놓고 보고 있는데 그 아가씨가 어찌하다 나와 눈이 마주쳤다. 그 순간 그 아가씨가 날 보고 씽긋 웃는 것이었다. 그 순간 정말 푸른 호수로 다이빙하는 느낌이었다. 비록 말이 안 통해 더 이상의 작업은 불가능했지만 나는 황홀한 그 느낌에 온종일 떠 다녔다.

"내 얼굴이 독일서도 통하는구나!"

물론 착각이었다. 그네들은 할머니도 나와 눈을 마주치면 웃었다. 아저씨도 웃었다. 물론 친절한 사람들에 한해서. 눈을 마주치면 웃는 것이 그네들에게 문화적으로 굳어진 정서공유의 가장 기본적인 리추얼이란 사실을 깨달은 것은 한참 뒤였다.

외국인들이 한국에 와서 가장 당황하는 것은 바로 이 정서공유의 리추얼을 발견하기 어렵다는 사실이다. 우리는 눈이 마주치면 피한다. 그런데도 누가 계속 보고 있으면 슬그머니 고개를 돌려 노려본다. 그런데도 상대편이 계속 바라보면 적개심에 가득 찬 눈싸움이 시작된다. 그러다가 성질 급한 사람이 먼저 내뱉는다.

"왜 째려봐!"

우리나라의 길거리에서 일어나는 싸움의 첫 단어는 대부분 '왜 째려봐!'다.

서로 바라보는 눈길이 무서운 사회는 살 만한 사회가 아니다. 우리는 운전하다 옆 창문으로 눈길이 마주칠 때 적개심이 가득 찬 표정을 적나라하게 드러낸다. 마치 동네 어귀의 개가 낯선 사람에게 이빨을 드러내며 으르렁거리는 모습이다. 우리도 이런 우리가 너무 싫다. 그런데도 우리는 남에게 여전히 그러고 산다. 사는 게 재미가 없는 까닭이다. 사는 게 하나도 행복하지 않기 때문이다.

놀이가 곧 의사소통이다

지금은 한물간 이야기지만 한때 포스트모더니즘에 관한 논의로 전 세계 지식인 사회가 들끓던 때가 있었다. 당시 나는 베를린 자유대학의 전임강사로 일하고 있었다. 심리학과에 속한 내가 유난히 관심을 가졌던 이유는 포스트모더니즘 논쟁의 한 축이었던 하버마스Habermas의 아들이 같은 대학의 심리학과에 동료로 있었기 때문이다. 그러나 그 친구는 아버지와는 전혀 다른 영역의 수줍고 착실한 생리심리학자였다.

　오히려 당시 베를린 자유대학의 철학과 교수이며 하버마스의 사위였던 악셀 호네쓰Axel Honneth가 포스트모더니즘 논쟁에 많은 관심을 보였다. 그는 내 연구 주제였던 정서적 의사소통 과정에 대해 깊은 관심을 보이기도 했다.

의사소통이 불가능해진 합리적 사회

좀 희미해진 당시의 포스트모더니즘에 관한 기억을 간단히 정리해보면 이렇다. 라캉Lacan, 데리다Derrida, 푸코Foucault 등의 일련의 사상가들은 근대의 이념, 즉 인간 역사의 발전을 가능케 한 인간의 합리적 사유 능력에 대해 근본적인 의문을 제기한다.

이성적 사유, 합리적 사유에 대한 끝없는 신뢰를 가능케 했던 근대 계몽주의가 인간을 무지와 몽매에서 해방시키기는커녕 새로운 억압 구조를 은밀히 진행시켜왔다는 것이다. 그들은 이성이 감성을, 남성이 여성을, 백인이 흑인을 어떠한 방식으로 억압해왔고 합리성이라는 새로운 이름의 야만이 어떤 모습으로 그 배후에 숨어 있는가를 구체적 사례를 열거하며 근대성을 해체시킨다.

인간을 해방시킨다는 모든 이념들은 근대성의 허구에 불과하다는 포스트모더니즘의 철학은 20세기 말의 탈이념 조류를 강하게 몰고 온다. 포스트모더니즘의 강력한 흐름의 맞은편에는 하버마스가 있었다. 하버마스는 포스트모더니즘의 근대성 비판을 받아들인다. 그러나 그렇다고 해서 이성의 합리성을 포기해서는 안 된다고 주장한다. 이성의 합리성이 포기되는 그 순간, 이 세계는 더 큰 혼란과 억압으로 빠져들기 때문이다. 대안으로 하버마스는 도구적 이성과 의사소통적 이성을 구분할 것을 요구한다.

포스트모더니즘 진영에서 비판하는 근대적 합리성은 도구적 이성과 관련되어 있다. 그러나 그것이 전부가 아니다. 근대사회에서 잊혀졌던 인간 합리성의 또 다른 측면이 있다. 그것이 바로 의사소통적 이성이라는 것이다.

도구적 이성이란 목적의 정당성과는 상관없이 주어진 목적에 얼마나 효율적으로 도달하는가에만 관심을 가지고 가장 효율적인 수단을 구한다. 그 과정에서 인간은 또 다른 인간을 수단으로 삼는 모순을 범하게 된다. 바로 그 점이 포스트모더니즘 진영에서 비판하는 근대성의 모순에 해당한다. 그러나 그 때문에 포스트모더니즘 진영에서 주장하듯 모더니즘이 끝나고 포스트모더니즘의 시대가 되었다고 주장하는 것은 말이 안 된다고 하버마스는 이야기한다.

모더니즘은 아직은 미완성의 프로젝트라는 것이다. 의사소통적 이성이 구현되지 못했기 때문이다. 의사소통적 합리성 혹은 의사소통적 이성이란 타인을 수단이 아니라 목적으로 삼는 능력을 말한다. 타인이 목적이 된다는 이야기는 타인과의 의사소통을 통해 주관적 이해의 한계를 극복하는 상호주관성을 획득한다는 뜻이다.

나름대로 쉽게 풀어보려 했지만 어쩔 수 없이 무척 어려운 이야기가 되고 말았다. 그러나 이런 식의 이야기는 철학자들의 '구라'다. 심리학자들은 조금 더 쉽게 이야기할 수 있다. 제아무리 어려운 철학적 개념이라 할지라도 구체적인 심리적 과정으로 설명될 수 있어야 하기 때문이다. 한 개인의 심리적 차원에서 나타나지 않는 철학적 개념은 누구도 이해할 수 없다. 그래서 나는 내가 아무리 노력해도 이해할 수 없는 개념을 설명하는 철학자는 가짜라고 생각한다.

의사소통이 목적이어야 한다 _ 하버마스의 경우

하버마스가 말하는 의사소통적 합리성의 기원에 대해 심리학적으로 이해하기 위해서는 발달심리학적 과정을 살펴보면 된다. 아기가 언제 엄마를 의사소통의 대상으로 삼는가를 분석해보면 기원은 아주 분명해진다. 우선 아기가 엄마를 의사소통의 목적이 아닌 수단으로 삼는 행동은 '손가락으로 가리키기'에서 시작된다.

아이는 엄마를 보며 손가락으로 어딘가를 가리킨다. 그곳에는 분명 아기가 갖고 싶어 하는 물건이 있다. 엄마는 아기의 손가락 방향과 아기의 눈길을 쫓아가며 그 물건을 찾아 아이의 손에 쥐어준다. 이 행동을 나는 '전前-지시적 의사소통proto-imperative communication'으로 정의했다. 하버마스식 정의를 따르자면 아기가 갖고 싶어 하는 물건이 목적이 되고 엄마는 수단이 되는 이 '손가락으로 가리키기'는 도구적 합리성의 기원이 된다. 그러나 아기에게 엄마는 수단만 되는 것이 아니다.

아기가 낯선 물건을 봤다. 약간은 겁이 난 표정이기도 하고 호기심 어린 표정이기도 하다. 이 아기는 좀 전과 꼭 같은 '손가락으로 가리키기'를 한다. 그러나 그때의 행동은 이전의 행동과는 사뭇 다르다. 아기는 그 물건을 갖고 싶은 것이 아니다. 그 물건이 도대체 어떤 것인지 알고 싶은 것이다. 적어도 내가 만져도 되는지, 혹시 무섭거나 아픈 것은 아닌지 알고 싶은 것이다.

아기가 손가락으로 가리키는 행동의 목적은 엄마의 설명이다. 즉 물건이 수단이고 엄마가 목적이 되는 것이다. 나는 아까의 '전-지시적 의사소통' 행동과 대비시켜 이 '손가락으로 가리키기'를 '전前-서술적 의사소통proto-declarative communication'으로 정의했다.

하버마스가 주장하는 의사소통적 합리성의 기원은 바로 이 '전 서술적 의사소통' 행위다. 사람이 수단이 아니고 의사소통의 목적이 되는 행동의 기원이다. 이렇게 의사소통적 합리성이란 철학적 개념은 아주 구체적으로 인간 발달 과정에서 경험해야 한다는 것이 내 문화심리학적 접근법이다.

엄마의 정서적 반응이 문화를 만든다

아기의 '손가락으로 가리키기'의 목적은 엄마의 설명이지만 또 다른 측면에서 보자면 엄마의 정서이기도 하다. 아기는 엄마의 설명을 논리적으로 이해하기 어렵다. 하지만 아기는 엄마의 표정과 몸짓을 참조해 자신의 정서적 반응을 결정한다. 만약 낯선 물건에 대한 엄마의 표정이 어둡거나 불안하면 아기 또한 불안해하며 엄마 뒤로 숨거나 울음을 터뜨린다. 그러나 엄마가 '괜찮아' 하면서 안정시키며 그 낯선 물건에 접근하면 아이는 경계를 풀고 그 물건을 만지게 된다. 이를 발달심리학에서는 '사회참조social referencing'란 개념으로 정리한다.

타인의 정서를 참조하여 자신의 반응을 결정한다는 뜻이다. 사회참조의 과정에서 엄마의 설명 혹은 정서적 반응은 아이의 사회화 과정에 결정적인 문화적 준거 틀로 작용한다. 예를 들어 옛날 엄마들은 외국인에 대해 두려움을 가졌다. 아이와 함께 가다 외국인을 만나면 엄마가 먼저 움찔하게 된다. 아이는 낯선 외국인에 대해 이런 엄마의 정서적 반응을 참조하여 자신도 외국인에 대한 막연한 두려움을 갖게 된다.

장애인에 대한 사회적 태도도 마찬가지다. 우리가 어릴 적만 하더라도 길거리에서 장애인을 만나면 두려움을 가졌다. 장애인을 낯설어 했던 엄마의 정서적 반응을 참조한 결과이다. 그러나 요즘 아이들은 다르다. 요즘 젊은 엄마들의 장애인에 대한 정서적 반응이 이전의 엄마들과는 사뭇 다르게 아주 자연스럽기 때문이다.

엄마의 정서적 반응을 사회적 행동의 준거 틀로 삼는 행동은 아기와 엄마 사이에 이뤄지는 놀이에서 형성된다. 엄마와 아기가 하는 놀이 중에 가장 대표적인 놀이는 숨바꼭질이다. 엄마가 인형을 등 뒤로 숨겼다가 앞으로 보여주며 "여기 있네, 까꿍!" 하는 그런 종류의 놀이다. 아기는 갑자기 나타난 인형을 신기해하며 "까르르" 웃는다. 이 놀이는 엄마와 아기 사이에 몇 시간이고 지속된다. 신기하게도 인종에 관계없이 거의 모든 문화에서 이 놀이는 엄마와 아기가 가장 즐겨 하는 놀이로 나타난다.

아기가 숨바꼭질 놀이에서 배우는 것은 타인이 나와 같은 종류의 정서를 공유하고 있다는 사실이다. 타인과 내가 같은 종류의 정서를 공유한다는 것을 인식하는 것은 하버마스의 의사소통적 이성이 전제하고 있는 상호주관성의 심리학적 기초가 되는 것이다. 인간이 목적이 되고 물건이 수단이 되는 의사소통적 이성의 기초는 이렇게 엄마와 아기 사이의 깔깔거리는 놀이를 통해 형성된다. 놀이가 없다면 의

사소통적 이성도 없다.

놀이를 통해 '인정투쟁'은 사라진다

하버마스의 사위였던 호네쓰는 이러한 아동의 정서적 발달 과정을 통해 자신의 '인정투쟁kampf um anerkennung'의 경험적 토대를 제공하고자 했다. 호네쓰는 인간의 주체성 혹은 자기 정체성은 사회관계 속에서 상호인정의 과정을 통해 형성되는 것이라는 주장을 펼친다.

호네쓰의 인정 투쟁에 관한 이론은 헤겔 철학의 '주인과 노예의 변증법'의 연속선상에 서 있다. 헤겔 철학에서 노예는 노동을 통해 자아실현의 기회를 얻는다. 노예는 주인의 인정을 얻고자 하는 동기로 인해 끊임없이 사물과의 관계 맺기, 즉 노동을 하고 그 과정에서 자신의 자기의식을 고양시키는 계기를 얻게 된다. 반면, 주인은 사물과의 직접적인 관계를 맺지 못하고 자신과 사물 사이에 노예를 끼워 넣음으로써 자신의 존재를 확인할 기회를 잃고 만다.

노예의 노력은 자신이 자유로운 존재이며 자기 존재의 주인임을 인정받고자 하는 주인에 대한 투쟁으로 전환된다. 결국 노예는 주인이 되고 나태한 주인은 노예로 전락하는 변증법적 과정이 일어난다. 헤겔은 이러한 변증법적 전환의 마지막은 서로가 주인임을 인정하는 상호인정이라고 주장한다.

호네쓰는 이러한 헤겔의 인정 욕구와 인정 투쟁의 철학을 사회심리학적 맥락과 정신분석학적 이론을 통해 설명하려 한다. 인정 욕구의 출발을 엄마와 아기의 정서적 상호작용에서 발견하고자 한 것이다. 호네쓰의 주장에 따르자면 엄마와 아기의 정서적 상호작용에서 발견되는 상호인정의 이상적 상태는 하버마스의 의사소통적 이성이 형성되는 것과 같은 맥락이다.

인정 투쟁이 종식되는 가장 이상적인 상태의 원형은 아기와 엄마 사이에 일어나는 정서공유의 놀이라는 이야기다. 인간이 수단이 되고 도구적 이성만이 활개를 치는 이유는 놀이가 사라졌기 때문이다. 상업주의의 소외된 재미만 판을 치고 정작 사람과 사람 사이의 정서적 교류를 통한 놀이가 사라진 까닭이다.

도올 김용옥은 왜 인기가 있을까

제대로 된 강의나 강연은 하나의 정서적 놀이다. 비록 강사 혼자 떠들지만 강의 자체가 강사 혼자만의 힘으로 진행되는 것은 절대 아니다. 청중들은 끊임없이 강사에게 신호를 보낸다.

"그 말은 좀 이상한데……."

"그 주장은 그럴듯한데……."

청중은 이런 의미를 담은 정서적 표정과 몸짓을 통해 끊임없이 강연의 과정에 참여한다. 능력 있는 강사는 이러한 청중의 정서를 아주 잘 반영한다. 뿐만 아니라 자신의 몸짓과 목소리의 강약을 통해 청중의 정서와 상호 교감한다. 이 능력에 관한 한 타의추종을 불허하는 이가 도올 김용옥이다.

끊임없이 쉿소리를 내며 몸을 흔들고 분필로 땀을 닦는 것은 단순한 자아도취의 행동이 아니다. 청중들의 정서적 반응을 이끌어내고 상호교감의 모티브를 세공하려는 아주 정교하게 계산된 행동이다. 도올은 강연장의 아주 세세한 것까지 신경 쓴다. 그가 강의 탁자 바로 밑에까지 학생들을 앉게 하는 것은 단지 자리가 없어서가 아니다. 효과적인 정서교류를 위한 장치인 것이다. 앞자리 청중의 정서적 반응은 전체 청중의 반응을 결정한다. 그의 강연에서 주인공은 절대 도올이 아니다. 그와 청중이 함께 이뤄내는 정서적 상호작용이 전 국민을 열광케 했던 것이다.

도올 김용옥이 하는 내용 정도의 동양학 강의를 할 수 있는 사람은 많다. 그러나 청중을 주인으로 만드는 상호교감의 능력, 헤겔의 표현을 빌리자면 상호인정의 능력은 도올만이 갖고 있는 능력이다. 도올의 강의에 대한 내 분석은 정확하다. 대학시절 그의 강의의 비밀을 나름대로 분석하고 내 가설을 확인하고자 그의 정서적 상호작용을 의도적으로 방해하다 쫓겨난 적이 있기 때문이다.

상호인정의 틀 안에서 사람은 목적이 된다

청중이 주도적으로 강의의 정서적 상호작용을 이끌어내는 경우도 있다. 이러한 현상이 가장 잘 발견되는 곳이 아줌마를 대상으로 하는 TV 강연이다. 도올의 대중 강연과는 달리 대부분의 TV 강연에는 아주 비싼 아줌마들이 청중으로 앉아 있다. 이 아줌마들은 오직 한 가지만 잘

한다. 어떤 내용이든 상관없이 "와!" "아!"와 같은 감탄사를 연발한다.

강연이 시작되기 전, 조연출들이 가장 신경 쓰는 것도 바로 아줌마 청중들이 얼마나 일체감을 가지고 감탄하는가이다. 그리 감동할 내용이 아닌데도 이 아줌마들은 오버하며 감동해댄다. 처음에는 당황하던 강사도 이내 익숙해지며 흥분하기 시작한다. 아줌마들이 정말 자신의 강의에 감동하는 것으로 착각하기 시작한다. 물론 서로를 속이고 있다는 것을 알면서도 강사는 흥분한다. 마치 엄마와 숨바꼭질 놀이하는 아이처럼 강사는 아줌마들의 감탄의 소리와 표정에 자신이 가진 능력의 120퍼센트를 발휘한다.

헤겔의 표현을 빌리자면, 발전과 발달은 정서적 상호교류를 통한 상호인정의 틀 안에서만 이루어진다. 상호인정의 틀 안에서만 상대방은 수단이 아니라 목적이 된다. 현대 사회에서 인간은 서로를 경계한다. 서로 속고 속일 것을 두려워하는 까닭이다. 타인을 불안해하는 까닭은 놀이가 사라졌기 때문이다.

놀이는 상호인정의 틀이 유지되는 마지막 공간이다.

휴테크 _ 사소한 재미에 목숨 걸자

신문에 '아내에게도 휴가를 주자'라는 칼럼을 썼다. 휴가 기간 동안 가족과 함께하는 아빠는 무척 생색나지만 항상 가족을 위해 자신을 희생하는 아내는 별로 생색나는 일이 없다. 생색나지 않는 일을 하는 것처럼 재미없는 일은 없다. 남편은 아내가 항상 가족을 위해 희생할 준비가 되어 있다는 환상을 버려야 한다. 그런 의미에서 아내에게 가족의 뒷바라지로부터 자유로운 휴가를 주는 것도 시도해볼 만한 일이라는 내용의 칼럼이었다. 그 칼럼을 본 아내가 대뜸 물었다.

"나 휴가가도 돼?"

순간 당황한 나는 떠듬거리며 대답했다.

"그래. 가도 돼. 그런데 어딜 가려고? 애들은?"

결국 아내는 일주일간 독일로 여행을 떠났다. 음악을 공부한 아내는 혼자서 독일의 여러 도시를 돌아다니며 행복하게 자료를 수집하고 있단다. 이 글을 쓰는 지금은 아내 없이 초등학교 5학년인 큰아들과 여섯 살 된 둘째 아들과 티격태격하며 지낸 지 이틀째다. 여자 없이 남자 셋이 뒹굴다 보니 집안 꼴은 그야말로 형편없이 망가져 있다. 집안 청소나 먹는 문제야 대충이라도 어떻게 해결할 수 있지만, 세 남자 모두 뭔가 허전해한다. 특히 밤만 되면 세 남자 모두 한 침대에 누워 뒹굴며 여행 떠난 한 여자가 보고 싶다고 투덜댄다. 이제 불과 이틀이 지났을 뿐인데.

노는 놈들의 휴休테크를 이야기하기 시작하면서 신문이나 방송에서 내가 한 이야기는 그날 저녁 꼭 식탁의 반찬이 된다. 심지어는 시집간 지 오래 된 여동생조차 전화로 항의한다.

"어쩜, 그렇게 잘 알면서."

휴테크는 행복의 기술이다

휴테크는 나처럼 억지로라도 실천해야 한다. 휴테크란 단순히 쉬는 기술, 노는 기술이 아니라 행복해지기 위한 기술이기 때문이다. 우리는 행복에 대해 다양한 생각을 가지고 있다. 좋은 집을 사고 폼 나는 자동차를 굴리면 행복해질 것이라고 생각한다. 나는 이런 행복론을 '결과로서의 행복론'이라고 정의한다.

조건이 채워진 결과로서의 행복을 이야기하기 때문이다. 그러나 결과로서의 행복론이 가진 문제는 그 조건을 채우기가 갈수록 어려워진다는 사실에 있다. 내 이름으로 된 30평 아파트만 생겨도 온 세상을 가질 것처럼 행복했지만, 곧 40평대 아파트가 눈에 들어오면서 못마땅해지기 시작한다. 자동차도 마찬가지다. 굴러만 다녀도 행복했던 시절이 어제 같은데 풀 옵션의 세단이 눈에 자주 띈다. 결국 결과로서의 행복론은 사람을 영원히 불행하게 만든다. 항상 새로운 조건이 나타나기 때문이다. 하나의 조건을 충족시키면 또 다른 행복이 조건으로 나타나고.

또 다른 행복론이 있다. '과정으로서의 행복론'이다. 어떤 조건이 이뤄져서 행복한 것이 아니라 어떤 일에 몰두할 때 행복하다는 주장이다. 사람은 심리학적으로 자기가 좋아하는 일에 몰두할 때 가장 행복한 느낌을(행복하게) 느낀다고 한다. 무아지경을 느끼며 시간가는 줄 모르는 이러한 심리적 차원을 전문 용어로 플로우flow라고 한다. 마치 어렸을 때 저녁 먹는 것조차 잊어버리고 해질 때까지 놀았던 그러한 느낌과 같다고 할 수 있다.

'과정으로서의 행복론'을 가진 사람은 '결과로서의 행복론'을 가진 사람에 비해 훨씬 쉽게 행복해질 수 있다. 행복해지고 싶으면 내가 좋아하는 일에 바로 몰두하면 되기 때문이다. 그러나 대부분의 사람들은 과정으로서의 행복론을 가진다고 할지라도 그리 쉽게 행복해질 수 없다. 자기가 재미있어 하는 일이 무엇인지 모르기 때문이다.

재미있어 하는 일이 분명해야 한다

아이들은 항상 행복하다. 아이들은 항상 재미있는 일만 찾기 때문이다. 아무리 슬픈 일이 있어도 금방 잊어버린다. 우리 둘째 녀석은 자기형이 여섯 살이나 위인데도 자주 싸운다. 물론 형에게 얻어맞고 온 집 안이 시끄럽게 울지만, 엄마는 두 녀석 모두 눈물이 쏙 빠지도록 혼내 고 벌세운다. 그런데 잠시 후 가만히 들여다보면 두 녀석이 히히거리 며 장난치고 있다. 노느라고 자신들이 혼나고 있다는 사실조차 잊어 버린 것이다.

이렇게 자라던 우리의 아이들이 어느 순간부터 재미를 박탈당한다. 재미가 없다는 사실은 행복하지 않다는 것이다. 문제는 부모가 아이 들을 불행하게 만든다는 사실이다. 공부하라는 잔소리와 더불어 갖가 지 학원으로 아이들을 보내면서부터 아이들은 불행해지기 시작한다. 아이들을 불행하게 만드는 부모들은 스스로도 불행한 사람들이다. 자 신들도 자라면서 재미를 박탈당하고 살았기 때문이다. 그래서 자녀들 이 '노는 꼴'을 못 본다. 아이들로부터 재미를 박탈하는 것이 불행하게 만드는 것이라는 사실을 모른다.

여가정보학과 교수라니까 사람들은 내게 물어본다.

"어디 가면 재미있어요?"

그럼 나는 되묻는다.

"무엇을 재미있어 하세요?"

도대체 자신이 무엇을 하면 재미있어 하는지 알아야 어딜 가면 재 미있는지 알려줄 것 아닌가?

교육문제의 근원은 '사는 게 재미없는 엄마들'

아이들을 괴롭히기 전에 부모들부터 자신이 무슨 일을 좋아하는지 찾아내야 한다. 나는 우리나라 교육 문제의 본질은 사는 게 재미없는 엄마들이 너무 많기 때문이라고 생각한다. 사는 게 재미없는 자신의 문제를 아이를 괴롭히는 방식으로 풀기 때문이다. 그런 행동이 다 자식을 위한 것이라고 착각한다.

가끔 아내가 아이들 학교의 학부모 모임에 참석하고 오면 얼굴이 노랗게 변한다. 왜냐고 물으면 우리가 애 키우는 것이 잘못되어 있단다. 다른 부모들의 이야기를 들으니 이렇게 해서는 정말 안 될 것 같단다. 그 내용을 잘 들어보니 나도 겁난다. 이런 세상에. 나는 심리학을 전공한 교수다. 그런 나도 겁이 날 정도니 다른 부모들은 어느 정도일까.

이런 이야기가 있다. 인디언 마을에서 있었던 일이다. 가을이 되자 인디언 추장에게 부족들이 몰려와 올 겨울은 얼마나 춥겠느냐고 물었다. 추장은 잠깐만 기다리라고 하고 자기 텐트에 들어와 기상대에 전화를 걸어 문의했다. 기상대에서는 겨울이니 물론 춥겠지만 얼마나 추울지 아직 잘 모르겠다고 대답했다. 추장은 밖으로 나와 말했다. 좀 추울 듯하니 겨울을 잘 준비해라. 부족들은 돌아가 땔감을 모으기 시작했다. 얼마만큼의 땔감이 모이자 부족들이 추장에게 달려가 다시 물었다. 올 겨울에는 얼마나 춥겠느냐? 얼마만큼의 땔감을 모아야 하느냐? 질문이 이어지자 추장이 기다리라고 하고는 다시 기상대에 전화를 걸었다. 올겨울에는 얼마나 춥겠느냐고 묻자, 기상대의 대답이 지난번과는 달라졌다. 추위도 엄청나게 춥겠다는 것이다. 추장이 왜 냐고 묻자, 기상대 왈. 요즘 인근의 인디안 부족들이 땔감을 모으느라 고 난리인 것을 보니 올 겨울은 사상 초유의 한파가 밀려올 것이라 나…….

우리나라 교육 문제가 꼭 이 모양이다. 엄마들끼리 모여 교육위기 를 걱정하고, 그 이야기를 들은 교육 전문가들은 교육 위기의 실체가 무엇인가를 고민하고, 그러다 엄마들이 한 이야기를 전문가의 의견이 라고 용어만 바꿔서 내놓고, 그 발표를 본 엄마들은 다시 교육의 위기 를 더 심각한 표정으로 고민하고. 그리고 그 엄마들은 쉰 살이 되면 바 다를 보겠다고 집을 뛰쳐나간다. 자식들을 위해 모든 걸 희생했는데, 내 인생은 어디 갔느냐고 바다를 보며 통곡한다.

부모가 재미있어야 아이들도 행복해진다

부모들부터 재미있게 살아야 한다. 부모가 재미있고 행복하게 살아야 아이들도 행복하게 사는 법을 배운다. 자녀를 결혼시킬 때 가장 먼저 살펴보는 것이 무엇인가? 사윗감이나 며느릿감의 학벌이나 직업이 아 니다. 물론 좋은 학교 나와서 돈 많이 벌면 좋다. 그러나 아무리 돈 많 이 벌고 학벌이 좋아도 매일 저녁 우리 딸을 팬다면 누가 그 녀석에게 시집을 보낼 것인가?

우리가 가장 먼저 보는 기준은 그 녀석이 얼마나 행복한 집안에서 자랐는가이다. 행복한 집에서 자란 놈이 행복하게 사는 법을 알기 때문이다. 소위 불행을 딛고 자수성가한 사람들을 만나게 되면 돈이나 명예를 얻었는지는 몰라도 대부분 그리 행복해 보이지 않는다. 행복하게 사는 법을 배운 적이 없기 때문이다. 그런 의미에서 어렵고 불행한 집안에서 자수성가한 사람일수록 특별히 행복하게 살려고 노력해야 한다. 행복하게 사는 것을 배우는 것은 돈 버는 것보다 훨씬 힘들다.

행복하게 살려면 재미있어 하는 것이 분명해야 한다. 재미있어 하는 것이 무엇이냐고 물으면 대부분 멍해진다. 그리고는 한참을 망설이다가 대답한다. 그러나 그 내용이 모두들 비슷하다. 여행 가는 것, 영화 보는 것 정도가 대부분이다. 그러나 정말로 좋아하는 것은 보다 구체적이어야 한다. 여행을 가더라도 어떤 방식의 여행인가가 분명해야 한다. 영화를 보더라도 어떤 종류의 영화가 좋은가가 분명해야 한다. 자기가 좋아하는 것이 분명하지 않기에 부모들은 사는 재미가 없고 사는 재미가 없기에 행복하지 않다. 몰두할 것이 없기 때문이다.

재미 공동체를 찾아라

재미있어 하는 일을 찾지 못하는 이들을 위한 방법 한 가지. 인터넷의 발달은 분명 삶을 풍요롭게 해준다. 세상에 얼마나 재미있는 일들이 많은가를 아주 간단한 노력만으로도 알 수 있다. 내가 좋아하는 것이 분명치 않은 이들은 먼저 컴퓨터의 검색 사이트를 찾아 들어가라. 그리고 검색창에 지금 내 머리에 떠오르는 좋아하는 단어를 쳐본다.

머릿속에 지금 '노란 장미'가 떠오르면 '노란색'과 '장미'를 쳐보는 것이다. 그러면 노란색과 장미와 관련된 수많은 이야기가 올라올 것이다. 거기에는 장미를 좋아하는 사람들의 모임부터 노란색 우산을 파는 사람들까지 정말 다양한 사람들의 이야기가 있다. 그중 마음에 드는 이야기가 오가는 온라인상의 모임에 적극 참여하면 된다.

21세기에 들어서면서 인류가 그동안 가꿔왔던 대부분의 공동체가 해체되고 있다. 하지만 새롭게 형성되는 공동체도 있다. 재미공동체다. 사람들은 이 재미공동체에 자신의 운명을 걸 정도다. 낚시만 하더라도 이전에 단순히 낚시동호회에서 지금은 중층 낚시동호회, 베스 낚시동호회, 견지 낚시동호회 등 수없이 많다. 낚시 종류가 그렇게 많은 줄 몰랐다. 이러한 재미공동체에서는 나이, 외모, 성별 따위가 전혀 중요하지 않다. 같은 재미를 느낀다는 사실만으로도 가족보다 가까운 사이가 된다. 낚시꾼이 놓친 고기에 대해 이야기하는 것을 보면 안다. 놓친 고기는 모두 팔뚝만하다. 침을 튀겨가면서 어떻게 놓쳤는가를 이야기하면 모두들 넋을 잃고 듣는다. 모두들 안다. 놓친 고기는 사실 손바닥만 했다는 것을. 그러나 모두들 팔뚝만한 고기를 놓친 것으로 생각하며 한숨을 함께 쉬어가며 아쉬워한다. 재미공동체는 21세기 신인류의 새로운 가능태이다.

사는 게 재미없어서 한국영화가 잘 나간다

할리우드 영화가 이길 수 없는 나라가 우리나라뿐이라고 한다. 그 자존심 높은 프랑스 사람들도 할리우드 영화에 손을 들었다고 한다. 오직 한국 영화만이 지구상에서 할리우드 영화에 맞서 안 밀리고 버티고 있다. 자랑스럽다. 그러나 심리학적으로 보면 그리 자랑스러운 일이 아니다. 비정상적으로 영화에만 몰두하기 때문이다. 세상에는 영화 말고도 재미있는 일들이 너무나 많다. 그러나 한국사람은 대부분 재미있는 일이라면 먼저 영화부터 떠올린다.

한국에서 영화가 유난히 잘되는 이유는 이 땅에 자기가 정말 재미있어 하는 것이 무엇인지 모르는 사람이 너무 많기 때문이다. 영화는 2시간의 짧은 순간에 모든 재미를 압축해서 보여준다. 나는 영화를 보는 동안 주어지는 정보만 성실하게 수용하면 된다. 내가 앞서서 고민하거나 문제를 해결하려고 노력할 필요가 없다. 아주 수동적인 편안함만 유지하면 된다. 내가 재미있는 것이 무엇인지 판단할 능력이 없는 이들에게 영화처럼 마음 편한 오락거리는 없다.

한국 영화가 잘되는 것은 한국 연속극이 잘되는 것과 마찬가지다. 합창계의 원로 지휘자인 윤학원 선생이 한국에서 음악회가 안 되는 이유는 다 TV 연속극 때문이라고 한탄하는 것을 들은 적이 있다. 정말이다. 독일의 TV 프로그램과 비교하면 우리나라의 TV 프로그램은 너무 재미있다. 귀국해서 정말 온종일 TV만 봤다.

자장면 시켜먹는 것과 일일 연속극을 보는 것은 한국인들이 마지막까지 포기하지 못할 재미인 것 같다. 자장면을 시켜먹는 재미를 포기 못하는 것은 이해한다. 그러나 일일 연속극에 인생을 거는 것은 아무리 생각해도 너무 허무한 것 같다. 거기에는 아무리 눈을 비비고 찾아봐도 내가 없기 때문이다. 가짜 재미란 이야기다.

사소한 재미가 진짜 재미다

아무리 사소하더라도 내 재미를 찾아야 한다. 사소한 재미가 진짜 재미다. 세상이 뒤집어지는 것 같은 통쾌함을 주는 영화의 재미는 길어야 두 시간이다. 그러나 사소한 재미는 평생 간다. 진짜 사소하게 잘 즐기는 친구가 있다. 그 친구는 새소리 듣는 것이 재미다. 나랑 이야기하다가도 새가 울면 "잠깐만" 하고 귀 기울인다. 그리고는 그 새가 어떤 새인지 설명이 길어진다.

"원래 봄에만 우리나라를 찾는 새인데 거참 희한하네."

어쩌고 하면서 지금까지 했던 이야기는 까맣게 잊어버리고 새 이야기로 한참을 보낸다. 이 친구는 소리만 듣고 50종류의 새를 구별할 수 있다고 한다. 자기가 미국에서 공부할 때 자신의 지도교수는 150종류의 새를 구별할 수 있었다고 한다. 시간만 나면 이 친구는 새소릴 들으러 다닌다. 새소리만 들으면 이 친구의 표정은 아주 행복해진다.

아주 사소하게 즐기는 사람은 찾아보면 참 많다. 어떤 사람은 목요일만 되면 산에 올라간다. 목요일木曜日에는 나무木를 봐야 한단다. 나무에 관한 한 이 사람은 모르는 것이 없다. 이런 사람들로 인해 나무에 대해 설명하는 '숲해설가'라는 새로운 직종까지 만들어졌다. 실제로 광릉 수목원 같은 곳에서 나무와 풀에 대해 설명해주는 숲해설가를 따라 숲을 돌아보면 세상에 나무와 풀을 구경하는 것도 그렇게 재미 있을 수가 없다. 어떤 나뭇잎은 왜 위로 향하는지, 어떤 나무의 가지는 왜 아래로 쳐지는지, 풀의 모양은 왜 그런지 등. 듣다 보면 연속극보다 훨씬 더 재미있다.

새소리만 들어도 재미있고 나무만 봐도 재미있다면 세상에는 정말 재미있는 것투성이다. 놀이 공원도 없었고 골프도 없었던 시대의 우리 조상들은 이렇게 사소한 재미로 인생의 즐거움을 심었다. 이느 동네에 매화가 예쁘게 폈다 하면 며칠을 걸어 찾아가 그 꽃을 바라보는 재미로 살았다. 글씨 쓰는 재미로도 살았다. 참 사소하게 즐겼던 것이다.

사소하게 즐겨야 한다. 저녁 식사 후 아이들과 손잡고 나서는 산책 길이 행복하고 아내와 밤늦은 시간에 함께 마시는 포도주 한 잔이 즐거워야 한다. 아파트 입구에 핀 촌스런 색깔의 들꽃에 기뻐할 줄 알아야 한다. 방바닥을 뒹굴며 듣는 낡은 LP 음악에 감격해야 한다.

재미로 자아를 확인하라

여행을 가더라도 남들과 구별되는 특별한 여행을 하자. 선사 시대의 유적을 찾아다니는 여행, 특별한 식물과 곤충을 찾아다니는 여행, 역사적 사건을 뒤쫓아 다니는 테마 여행과 같이 스토리가 있는 여행을 즐겨야 한다. 영화 또한 마찬가지다. 특별한 장르나 특별한 감독의 영화를 즐겨야 한다. 적어도 내가 즐기는 것에서만큼은 내가 최고가 되어야 한다.

나이가 들수록 내 존재는 직장에서의 지위, 가족 안에서의 관계로 확인된다. 그러나 이러한 지위나 관계는 항상 변한다. 심지어는 가족 관계에서 주어지는 엄마, 아내로서의 존재마저 그 의미가 항상 상쾌하고 기쁜 것만은 아니다. 나를 둘러싼 모든 환경에 지쳐 있을 때 나를 구원해줄 수 있는 것은 바로 나만이 할 수 있는 사소한 재미뿐이다. 나이가 들수록 내 존재는 내가 즐기는 취미를 통해 확인된다. 이런 사람들은 가족이 다 떠난 후 '빈둥지증후군'을 느끼거나 다 늙어 '바다를 찾겠다'고 떠나는 한심한 시도를 할 필요가 없다.

살다 보면 안타까운 사람들이 많다. 그중에서 가장 안타까운 사람은 불과 몇 개월 몇 년에 불과한 사장, 은행장, 장관의 지위로 평생을 사는 사람이다.

"저 분은 전에 무슨 은행장이었어.""저 분은 전에 장관이었어."

그런 소리를 듣는 사람들에게 장관, 사장, 은행장 이후의 삶은 없다. 불과 몇 개월 몇 년의 지위로 수십 년을 살아가야 하는 이들이 자신의 노후에 만족할 리 만무하다. 잘못된 것이다.

"저 분은 중국 고전 전문가야""저 분은 민물낚시광이야.""저 분은 난초에 미친 분이야."

그렇게 소개되는 이들은 전에 장관이나 사장을 한 사람들보다 훨씬 행복하다. 진짜 성공한 사람은 노후의 아이덴티티가 분명한 사람이다. 이 아이덴티티는 자신만의 재미로 얻어지는 것이다.

재미가 전공인 사람이 21세기 주인이다

우리 아이들도 마찬가지다. 공부 잘하는 아이들은 많다. 아무리 공부를 잘하더라도 우리 아이들보다 공부 잘하는 아이는 항상 나타난다. 특히 전국의 같은 학년 아이들을 1등부터 60만 등까지 줄 세우는 이 땅의 교육 현실에서 내 아이가 전국 1등이 되기를 바라며 아이를 다그치는 부모만큼 어리석은 사람은 없다.

공부 잘하는 사람이 출세하는 시대는 갔다. 학창 시절 공부 잘하던 사람들은 사회에서도 대부분 모범생이다. 시키는 일은 성실하게 잘한다는 뜻이다. 그러나 그뿐이다. 그들은 창의적인 작업을 하기가 어렵다. 이제까지 시키는 일만 잘했지 시키지 않은 일은 해본 적이 없기 때문이다.

20세기는 성실한 사람이 성공하는 사회였다. 열심히 시키는 일만 해도 앞서 나갈 수 있었다. 그러나 21세기는 창의적인 사람이 앞서가는 세상이다. 시키지 않은 일을 스스로 만들어내는 사람이 성공하는 세상이다. 시키는 공부만 잘하는 아이들은 이러한 새로운 사회에서 적응하기 어렵다.

나만의 재미있는 일을 가진 아이들은 창의적이다. 재미를 느끼려면 항상 새로운 시도를 해야 한다. 매일 똑같은 놀이만 하면 재미없다. 이제까지와는 다른 무언가가 있어야 재미를 느낀다. 즉 항상 새로운 것을 찾아내야만 재미있어지는 것이다. 나만이 할 수 있는 영역에서 새로운 재미를 지속적으로 찾아 나서는 아이들이 창의적일 수밖에 없다. 이렇게 자란 아이들이 21세기를 앞서나가며 성공할 수 있다.

재미에 대한 환상을 버려라

현대를 사는 우리가 이런 사소한 재미를 찾지 못하는 이유는 재미에 대한 환상 때문이다. 아무리 사소한 것이라도 자기가 진정으로 좋아하는 것을 찾기 위해서는 무엇보다도 먼저 재미에 대한 환상을 버려야 한다. 대부분의 사람들은 재미는 엄청나고 세상이 뒤집어지는 것과 같은 환희를 느껴야 한다는 환상을 갖고 있다. 정말 못 노는 사람들의 특징이다. 그러다 보니 휴가를 가서도 무슨 엄청난 재미가 없는가 하고 거리를 헤매다가 결국은 폭탄주로 밤을 지새우는 경우가 대부분이다. 세상 뒤집어지는 재미가 없으니 차라리 폭탄주나 마시고 자기 위장을 뒤집어 버리는 것이다.

놀이공원식의 재미에 길들여진 아이들은 웬만해선 재미를 느끼지 못한다. 요즘 놀이공원의 놀이기구는 사람을 죽기 직전까지 보낸다. 그런데 그 재미에도 적응이 되면 더 이상 재미를 느끼지 못한다. 그런데 문제가 생겼다. 죽기 직전까지 보내주는 놀이기구에 재미를 느끼지 못하면 이젠 죽어야 하는 것이다. 그렇다고 죽을 수는 없고. 그들이 마지막으로 선택하는 것은 마약과 같은 약물이다. 놀이기구에서 느끼는 재미란 말초 신경을 자극해서 억지로 흥분시키는 호르몬을 분비시키는 방식이다. 그러나 아무리 말초 신경을 자극해도 더 이상 흥분시키는 호르몬이 분비되지 않으면 남은 것은 이 호르몬을 직접 주사하는 것뿐이다. 재미에 대한 환상을 버리지 못하는 이들의 종착역은 마약이다. 재미에 대한 환상은 할리우드식 상업주의가 만들어낸 집단적인 마약 중독이다. 그래서 사람들은 갈수록 자극적인 재미를 찾는 것이다.

따지고 보면 사랑도 마찬가지다. 독신주의가 아니면서도 결혼하지 못하는 노총각 노처녀의 일관된 특징은 사랑에 대한 환상을 가지고 있다는 사실이나. 사랑을 하면 가슴이 뛰고 어쩔 줄 몰라 하다가 눈이 멀고 마지막에는 "실땅님" 하다가 죽는 것이 사랑이라고 생각한다. 다 연속극이 만들어낸 가짜 사랑이다. 이성을 보고 가슴이 뛰고 어쩔 줄 모르는 현상은 생물학적 전문 용어로 표현하자면 '발정기'적 현상이다. 인간도 동물인 이상 종족 번식의 본능이 있다. 가장 건강할 때 가장 건강한 배우자를 만나 가장 건강한 2세를 낳아 자신의 종족이 지속되길 바라는 본능인 것이다. 이 발정기적 본능이 온갖 문화적 기호로 치장된 결과가 사랑이다. 그러나 이런 식의 가슴이 뛰고 호르몬의 변화가 유발되는 사랑은 길어야 3년이다. 이 3년이 지나면 그저 오래된 친구처럼 정情으로 사는 것이다.

엄청난 사랑에 대한 환상을 버려야 행복할 수 있는 것처럼 엄청난 재미에 대한 환상을 버려야 한다. 그런 재미는 지금까지도 없었고 앞으로도 없다. 우리가 그런 재미가 있었다고 착각할 뿐이다. 그래서 월드컵에 온 국민이 빨간 옷 입고 뛰쳐나와 흥분했지만 그 재미의 결과는 너무 허전했다. 지금도 혹시나 하며 온갖 축구시합을 잠 설치며 지켜보지만 허무할 따름이다.

재미에 대한 환상을 버려야 사소한 재미가 눈에 들어온다. 재미에 대한 환상을 버려야 이 사소한 재미가 얼마나 소중한 것인지 느끼게 되는 것이다.

사소한 재미의 힘!

사소하게 즐기는 사람이 많은 사회는 건강한 사회다. 다양하게 즐길 것이 많기 때문이다. 즐길 것이 많다는 이야기는 문화적 다양성이 담보된다는 이야기다. 획일적인 사회는 더 이상 경쟁력이 없다. 21세기 국가 경쟁력은 얼마나 다양한 문화 콘텐츠를 확보하는가에 달려 있기 때문이다. 20세기까지 세계의 문화 엔터테인먼트 시장을 지배한 것은 디즈니랜드와 할리우드로 대표되는 미국의 상업 문화다.

200년이 좀 넘는 역사에 불과한 미국이 전 세계의 문화를 지배할 수 있었던 것은 세계 각국의 인종이 섞여 있었기 때문이다. 민족 국가를 수립하면서 근대적 국가의 틀을 이뤄나갔던 유럽국가들과는 달리 미국은 민족국가 수립 자체가 불가능했다. 결국 다양한 인종의 이민자들이 문화적 차이를 인정하면서 하나의 국가로서 정체성을 확립하기 위해 집요하게 노력한 결과가 디즈니랜드와 할리우드인 것이다. 그러나 21세기의 할리우드와 디즈니랜드는 이제 끝이 난 느낌이다. 할리우드의 유명 감독들이 일본의 애니메이션을 베끼기 시작했다. 일본의 애니메이션은 할리우드를 위협하는 가장 강력한 문화시장이다.

한때 우리가 일본의 젊은이들을 한심하다고 비웃은 일이 있다. 일본의 젊은이들이 전철에서 보는 대부분의 책이 만화책이었기 때문이다. 심지어는 직장에서도 만화책에 몰두하는 사무직 노동자들도 아주 자주 목격되었다. 우리는 일본의 미래를 걱정했다. 그러나 몇 년 후 그 한심해 보였던 일본의 젊은이들이 디즈니를 능가하는 문화 상품을 만들어냈다.

포켓몬과 디지몬이 바로 그것이다. 할리우드의 만화 영화는 이미 존재하는 동화나 신화를 바탕으로 하는 내용이 대부분이다. 익숙한 스토리에 새로운 디지털 기술의 변화를 덧칠한 것에 지나지 않는다. 그러나 포켓몬과 디지몬은 스토리 자체가 전혀 들어보지도 못한 것들이다. 순전히 상상력의 산물이다. 한 몬스터 캐릭터가 지겨워질 만하면 새로운 캐릭터가 나타난다. 이 캐릭터들은 변신을 거듭하여 진화까지 한다.

수십 년 동안 같은 모양 같은 이야기인 디즈니의 미키마우스가 도저히 쫓아갈 수 없는 상상력의 산물이다. 그러니 전 세계의 어린이가 열광할 수밖에. 세계 어느 곳에 가도 아이가 있는 집에 포켓몬과 디지몬 장난감이 없는 집은 없다. 일본 만화광들은 특유의 상상력으로 게임의 법칙도 독점하고 있다. 전 세계 게임시장의 대부분은 일본 만화광들의 차지다.

일본의 엄청난 문화산업을 가능케 한 것은 '오타쿠'라고 불리는 일본의 마니아들이다. 그들은 별 얼토당토않은 것들을 가지고 재미있다고 몰려다닌다. 그것도 만화의 주인공 흉내를 내면서 몰려다닌다. 오토바이로 산길의 진흙탕 길을 다니며 재미있다고 한다. 심지어는 욘사마의 고향이라고 중년의 아줌마들이 춘천까지 날아와 몰려다닌다.

일본이 무서운 것은 바로 이러한 문화적 다양성이 담보되는 사회이기 때문이다. 독도가 자신들의 땅이라고 우기는 일본 우익은 하나도 두려운 존재가 아니다. 그러나 정말 무서운 일본인은 욘사마를 쫓아다니는 일본 아줌마들이다. 생각해보자. 우리의 아내들이 일본의 한 영화배우에 미쳐 일본으로 날아가 며칠씩 흥분해서 몰려다니면 이를 참고 바라볼 수 있는 한국 남편이 과연 몇 명이나 될까? 일본에서는 이 한심한 재미마저 인정된다. 남편들도 인정하고 일본 사회도 하나의 문화 현상으로 인정한다. 한국사회에서는 상상도 못할 일이다.

우리의 문화 상품이 팔린다고 철없이 좋아할 일이 전혀 아니다. 솔직히 나는 두렵다. 욘사마에 미쳐 돌아가는 일본의 아줌마들의 한류 열풍이 인정되는 일본의 문화적 잠재력이 어떠한 방식으로 우리를 다시 점령할지.

다양한 재미의 가치!

다양성이 담보되는 사회는 건강할 수밖에 없다. 아이를 키우는 엄마들의 태도를 비교해보면 재미있는 현상이 나타난다. 아이를 하나 키우는 엄마는 자신의 아이에게서 한 가지밖에 못 본다. 수학을 잘한다. 영어를 잘한다 정도가 대부분이다. 아이를 둘 키우는 엄마는 두 아이를 항상 비교해서 설명한다. "우리 큰 애는 공부를 잘하는데 둘째는 영 엉터리에요." 아니면 "우리 큰 애는 성격이 참 좋은데 둘째는 막내라서 그런지 영 말을 안 들어요."

옵션이 두 개밖에 없으면 사람은 항상 흑백논리로 판단하게 되어 있다. 하나는 좋고 하나는 나쁘다. 혹은 하나는 옳고 하나는 그르다는 식으로 세상을 정리한다. 그러나 아이를 셋 이상을 키우는 엄마는 사뭇 다르다. "우리 큰 애는 영어를 잘하고, 둘째는 노래를 잘해요, 셋째는 아주 장난꾸러기에요." 아이가 많을수록 아이들의 다양한 측면이 눈에 들어오는 법이다.

대학 신입생 환영회에 가면 흔히 경험하는 현상이 있다. 획일적인 고등학교의 틀을 벗어나려고 아이들이 몸부림치는 모습들이다. 가장 눈에 띄는 것이 머리를 노랗게 물들이는 일이다. 솔직히 나는 대학생들이 머리를 물들이는 것이 부럽다. 나도 머리가 빠지지만 않는다면 머리를 물들이고 싶다. 그러나 정말 맘에 안 드는 것은 이 아이들이 모두 노란색으로 머리를 물들인다는 사실이다.

세상에 색깔이 어디 노란색뿐인가? 빨간 머리, 파란 머리, 찢어진 머리(?)……. 정말 다양한 머리가 가능하다. 그런데 우리 아이들은 십중팔구 노란색으로 물들인다. 어른들의 획일화된 문화를 비판하면서도 자신들이 그 획일화된 문화를 다른 방식으로 재생산하는 것이다. 춤도 모두 똑같은 춤만 춘다. 유머도 모두 개그맨 흉내뿐이다. 이래서는 www시대를 살아갈 수 없다.

www의 철학적 의미

우리가 매일같이 아무 생각 없이 자판으로 쳐대는 'www'은 'world wide web'의 약자다. 세계가 엄청나게 넓은 거미줄로 엮여진다는 뜻이다. 거미줄에는 중요하고 사소한 것이 분명하지 않다. 파리나 모기가 걸리는 곳이 중요한 곳이다. 제아무리 가운데 있어도 파리가 한 마리도 걸리지 않는다면 아무런 의미가 없다.

21세기에는 중요한 것과 사소한 것의 구분이 없다는 이야기다. 그 야말로 그때그때 중요한 것이 달라진다. 1등과 꼴찌가 분명한 세상이 아니다. www 세상은 사소하지만 다양하게 즐기는 아이들의 세상이 다. 우리는 우리의 아이들이 이러한 세상을 살 수 있도록 배려해야 할 의무가 있다. 그러기 위해서는 부모인 우리부터 사소하지만 다양하게 즐길 수 있어야 한다.

달력은 일요일부터 시작된다

독일의 내 지도교수는 사람이 하는 일에 'can not(할 수 없다)'은 없다고 주장한다. 할 수 없다고 이야기하는 것은 거짓말이라는 이야기다. 'can not'이 아니고 'will not(하고 싶지 않다)'이라는 것이다. 할 수 없다 고 이야기하는 것을 잘 들여다보면 다른 일에 비해 우선순위가 밀려 내가 하고 싶지 않다는 의미라는 것이다.

맞는 이야기다. 우리가 쉴 수 없다, 바빠서 도무지 시간을 낼 수 없 다고 하는 것은 다른 일에 비해 노는 일, 쉬는 일이 뒤로 밀린다는 뜻 이다. 즉 놀고 싶지 않고 쉬고 싶지 않다는 이야기다. 그러면서도 우리 는 계속 쉬지 못해 놀지 못하고 힘들다고 이야기한다.

내가 선택한 것이다. 쉬는 것, 노는 것, 일하는 것, 바빠서 정신 없는 것. 이 모든 것은 내 선택의 결과다. 여기서 재미있게 노는 것, 쉬는 것 이 뒤로 밀릴 이유가 전혀 없다. 우리가 사는 목적은 재미있고 행복하 게 지내는 것이다. 그러나 우리는 이 삶의 목적을 항상 뒤로 미룬다.

바쁘게 살다 보면 언젠가는 행복해지겠지. 그러나 이런 사람들에게 행복한 시간은 절대 오지 않는다. 그저 죽을 때까지 바쁠 뿐이다.

노는 것부터 계획해야 한다. 한 해가 시작되면 휴가 갈 계획부터 세워야 한다. 한 달이 시작되면 놀러 갈 곳부터 물색해야 한다. 한 주가 시작되면 언제 마음 편하게 쉴 것인가부터 시간을 정해야 한다.

달력을 보면 대부분 일요일부터 시작한다. 쉬는 것부터 분명히 하라는 뜻이다. 노는 것부터 계획하는 사람은 행복하다. 그들은 일하는 것도 행복하다. 행복할진저, 놀 생각부터 하는 사람들.

제1계명
아이를 위해 놀아주지 말아라

주말만이라도 아이들을 위해 희생하겠다는 생각은 잘못된 것이다. 아이들은 의무로 함께 놀아주는 아빠를 원하지 않는다. 아이들은 안다. 책임감과 의무감으로 놀아준 아빠는 반드시 아이들에게 또 다른 의무를 부과한다는 사실을. 함께 재미있어야 정말 재미있는 휴가가 된다. 아빠도 재미있고 아이들도 재미있는 놀이거리를 찾아야 한다.

제2계명
운전기사의 역할에서 벗어나라

가족과 함께하는 휴가 기간에 아빠가 할 수 있는 가장 쉬운 역할은 운전기사다. 여행 목적지까지 쉬지 않고 운전하는 아빠의 뒷모습은 무척이나 멋있어 보인다. 그러나 그걸로 끝이라면 너무 허망하다. 여행지까지 데려다주는 운전기사는 아빠 말고도 많다. 휴가기간만이라도 아이들과 관심을 공유하는 친구로서 지내보자.

제3계명
일상과는 다른 방식으로 살아라

휴가의 진정한 의미는 '일상 낯설게 하기'다. 너무 익숙하게 반복되는 일상을 낯설게 하여 도대체 뭐가 어떻게 잘못되어 있는지 깨달을 수 있는 시간을 주말 동안 가져야 한다. 주말이나 휴가 기간 동안 일상과 다른 방식으로 살아볼 필요가 있다. 매일 차를 타고 다녔으면 기차를 타고 여행을 떠나보자. 자전거나 도보로 여행하는 것도 좋다. 편안한 침대의 콘도나 호텔보다는 야영장의 텐트에서 자보자. 아이들은 정말 재미있어 할 것이다. 일상과 똑같은 휴가는 휴가가 아니다.

제4계명
시계의 지배에서 벗어나라

시계가 우리의 삶을 지배해왔다. 배고파서 밥 먹는 것이 아니라 점심시간이 되어서 밥을 먹는다. 졸려서 잠을 자는 것이 아니라 잠잘 시간이 되어서 잠을 잔다. 비만과 불면증은 시계가 삶을 지배하기 때문에 생긴 것이다. 휴가 때만이라도 배고프면 먹고 졸리면 자는 인간 본래의 삶의 방식을 아이들에게 알려주자.

제5계명
아내 없는 시간을 가져라

아내는 언제나 가족과 함께하는 휴가를 즐거워할 것이라는 환상을 버려야 한다. 가족을 위해 휴가를 계획하는 아빠는 생색이라도 내지만 엄마의 역할은 웬만해선 잘 생색이 나질 않는다. 생색나지 않는 일을 하는 것처럼 속 터지는 경우는 없다. 휴가기간 동안만이라도 아내가 생색나게 해줘야 한다. 아내에게 며칠만이라도 휴가(!)를 주고 아이들과 아내 없는 며칠을 지내보자. 아내가 정말 사랑스러울 것이다.

제6계명
모든 역할에서 벗어나라

아버지, 아들, 남편, 선배, 과장……. 몸은 하난데 역할은 수도 없다. 스트레스의 대부분은 이러한 역할간의 갈등에서 만들어진다. 하루라도 자신의 이름을 찾아라. 풍광이 좋은 근교의 카페에서 여백이 많은 책을 읽다 오는 것도 좋다. 생각나는 단어들을 두서없이 긁적이다 돌아오는 길은 분명 이전과는 많이 다를 것이다.

제7계명
총각 시절의 재미를 되찾아라

재미있는 일에 몰입하면 또 다른 나를 발견하게 한다. 기타 치기, 그림 그리기, 글쓰기, 프라모델 조립, 농구, 족구……. 그동안 잊고 살았던 취미를 되살려라. 창조력에 창의력, 그리고 자신감까지 '두 배가' 될 수 있다. '재미'의 재발견은 휴테크인 동시에 노老테크이기도 하다.

2부

| 삶을 축제로 만들자 |

5장

즐겁지 않으면
성공이 아니다

성공했는데 왜 외로워질까?

"참새가 새입니까?" "예."

모두 쉽게 대답한다.

반면에 "오리가 새입니까?" 하고 물으면 한 박자 주춤하게 된다.

"타조가 새입니까?" 하고 물으면 좀 더 시간이 걸린다.

참새는 사람들이 생각하는 새의 일반적인 특징, 즉 날개를 가지고 하늘을 나는 모습이 곧 바로 연상된다. 그러나 하늘을 날지 못하는 오리나 타조를 새라고 대답하기에는 뭔가 어색한 느낌이 든다. 퇴화된 날개에 관한 논리적 추론 과정이 필요하기 때문이다. 이를 심리학에서는 '전형성typicality' 효과라고 한다. 성공한 사람들에 관해서도 사회적으로 합의된 전형성이 존재한다. 직접 한번 실험해보면 보다 분명해진다.

뻔한 질문과 의외의 답

다음과 같은 외국 정치가에 대한 설명이 각각 누구에 대한 이야기인지 추측해 보자.

(가) 부패한 정치인과 결탁한 적이 있으며 점성술로 결정을 내리고, 두 명의 부인이 있으며 매일 줄담배를 피우고, 하루에 9~10병의 마티니를 마신다.

(나) 회사에서 두 번 쫓겨난 적이 있으며 정오까지 잠을 자고, 대학 때 마약을 복용했고, 매일 한 번씩 위스키 4분의 1병을 마신다.

(다) 전쟁 영웅으로 채식만 하고 담배도 안 피고 필요할 때만 맥주를 조금 마실 뿐이다. 불륜은 한 적도 없고 죽을 때까지 단 한 명의 애인만 사귀었다.

조금 받아들이기 껄끄럽겠지만 (가)는 루즈벨트, (나)는 처칠, (다)는 히틀러다. 모두 사실이다. 루즈벨트나 처칠의 음주 습관이나 상식에 어긋나는 생활 태도는 아는 사람은 다 아는 이야기다. 반면 히틀러 개인의 생활 습관은 거의 청교도에 가까웠다.

그러나 사람들은 루즈벨트와 처칠에 대한 부정적인 서술은 받아들이기 힘들어한다. 반면 왠지 훌륭한 사람일 것 같았던 (다)의 주인공이 히틀러라고 할 때는 밥을 잘 먹다가 돌 씹은 느낌이다. 위대한 정치가에 대한 사회적 전형성에 그야말로 '느닷없이' 히틀러가 연결되었기 때문이다. 우리가 아는 훌륭한 정치가는 술, 담배, 마약에 가까워서는 안 된다. 성실과 근면은 기본이며 여자 문제 또한 알려진 바 없어야 한다. 알려졌어도 가능한 한 쉬쉬해야 한다. 사람들이 가지고 있는 '훌륭함'의 전형성에 어긋나면 많은 사람들이 상처 받기 때문이다.

우리 사회의 성공 내러티브

마찬가지다. 성공한 사람들에 대한 전형적인 서술 방식이 있다. 마치 대학 입학시험에서 수석한 학생이 '과외는 한 적이 없고 잠은 충분히 잤으며 학교 공부에 충실했다'고 하는 것처럼. 한국사회에서의 '성공 내러티브' 또한 지극히 단순한 패턴을 가지고 있다. 한동안 TV '성공시대'에 매주 소개되었던 주인공들이 대표적이다.

우선, 그 사람들은 젊은 시절 엄청나게 고생한다. 대개는 부모가 일찍 죽거나 찢어지게 가난하여 혈혈단신으로 무작정 상경한다. 처음에는 의욕만 가지고 무모하게 달려들다가 몇 번의 처절한 실패를 맛본다. 설상가상으로 믿었던 사람이 배신을 하거나 돈을 떼먹고 도망간다. 좌절한 주인공은 자살을 생각하며 한강다리 주변을 기웃거린다. 그러다 죽을 용기로 한 번만 더 노력해보자는 생각으로 다시 한 번 시도한다.

이제 남은 것은 몸뚱이뿐이다. 그저 남 잠잘 때 안 자고 근면과 성실로 일관한다. 어찌된 일인지 이번에는 일이 잘 풀려나가 걷잡을 수 없을 정도가 된다. 결국 '일취월장' '승승장구' '동분서주'하여 그 분야의 최고가 된다. 드라마의 맨 마지막에서 주인공이 어눌한 말투로 힘주어 말하는 성공의 비결 또한 항상 비슷하다. 포기하지 않고 노력하면 성공한다. 가끔 한마디를 더 붙이는 사람이 있다. 그동안 참아준 아내와 가족들에게 참 미안하게 생각한다고.

'여유' '행복'이 부재하는 한국형 성공 내러티브

이러한 한국사회의 전형적인 '성공 내러티브'에서 벗어나 있는 재벌 2세는 절대 성공한 사람으로 여겨지지 않는다. 부동산 투자로 부자가 된 사람들 또한 성공한 사람의 부류에 포함되지 않는다. 성공한 사람들은 역경을 딛고 일어서야 하며 근면과 성실로 오직 일에만 매달려야 하기 때문이다. '여유' '한가함'과 같은 단어는 '성공 내러티브'에 절대 포함되어서는 안 된다. 그들에겐 일이 인생의 전부이며 한가하게 가족을 돌아볼 여유는 없다. 그들 대부분은 언제 가족과 함께 휴가를 보냈는지 기억하지 못한다. 성공의 길은 하루하루 전쟁이기 때문이다.

입지전적인 그들의 자수성가를 비하할 생각은 추호도 없다. 그러나 내가 궁금하게 생각하는 것은 왜 모두들 이러한 성공 시대형 '성공 내러티브'를 당연하게 받아들이는가의 문제이다. 왜 성공한 사람은 한결같이 새벽에 일찍 일어나야 하고, 하루에 4시간 이상 잠자지 않고, 재미라고는 전혀 없는 성직자와 같은 삶을 살아야 하는가? 왜 아내와 아이들은 아빠의 성공을 위해 꼭 희생해야 하는가? 왜 한국형 '성공 내러티브'에서는 우연히 얻어진 성공도 우연한 것으로 여기지 않고 꼭 실패와 역경을 견뎌냈기에 얻어진 결과로 이야기해야만 하는 걸까?

아침형 인간은 대부분 '물만 먹고 가지요'

포기하지 않고 열심히 노력해야만 성공할 수 있다면 '성공 시대'의 주인공이 아닌 사람들은 모두 포기하거나 나태한 사람들인가?

아니다. 그렇지 않다. 자세히 들여다보면 '성공 시대'형 성공의 대부분은 아주 우연적이다. 아주 적당한 시기에 더욱 적당한 기회가 우연히 주어졌을 뿐이다. 하루 4시간밖에 안 자는 '아침형 인간'이 반드시 성공하는 것은 아니다. 그렇다면 남산 약수터에 새벽에 모이는 사람들이 모두 성공했어야 한다.

요즘 지푸라기라도 잡는 심정으로 새벽에 눈 비비고 일어나는 사람들이 많지만, 그들 대부분은 그저 '새벽에 일찍 일어난 토끼'처럼 '물만 먹고 가지요'다. 그래도 좌절하지 않고 불굴의 투지로 노력하는 사람들이 세상에는 너무도 많다. 안타깝게도 그들의 대부분은 '성공시대'형 성공에는 얼씬도 못 한다. 그렇다고 그들이 게을러서 성공하지 못했다고 가슴에 못 박는다면 정말 '두 번 죽이는' 잔인한 짓이다. 그들에겐 그 우연한 성공의 기회가 주어지지 않았을 뿐이다. 기회는 평등하지 않기 때문이다.

5년 전 경제신문을 들춰보라, 성공은 우연이다

한국형 '성공 내러티브'는 모든 사람들을 '성공 중독'으로 몰아간다. 마치 자신의 모든 것을 희생하여 목표를 향해 달려가면 모두 성공할 것 같은 환상을 심어준다. 서점의 경제, 경영, 처세와 관련된 모든 책들은 성공하는 방법에 대한 자기만의 노하우를 요약하여 설명하고 있다. 성공했다는 사람들의 자서전도 크게 다를 바 없다. 우연히, 아주 우연히 성공한 사람도 모두에게 익숙한 '성공 내러티브'의 정형화된 모범답안을 흉내 낼 따름이다. 그러나 다른 사람이 그 방법을 아무리 똑같이 흉내 낸다고 해도 성공할 확률은 항상 우연의 확률을 넘어서지 못한다. 대부분의 성공이 우연이라는 사실은 불과 5년 전 경제신문을 들춰보는 것으로도 아주 간단히 확인할 수 있다.

보다 중요한 것은 한국형 '성공 내러티브'가 추구하는 성공의 내용에 대한 검토이다. 아내를 희생하고 아이들에게 미안할 일을 하면서 얻어지는 성공이 과연 진정한 성공일까? 평생 한 번도 쉬어보지 못하고 성공을 얻었다면, 과연 성공 이후에는 쉴 수 있을까? 성공한 이후에도 제대로 쉴 수 없어 여전히 아내와 아이들에게 미안하다면 도대체 무엇을 위한 성공인가? 즐겁지 않은 성공이 무슨 성공인가? 얼마 전 우리를 멍하게 했던 '성공한 사람들(?)'의 자살사건들은 진짜 성공에 대해 다시 한 번 생각하게 한다.

성공중독의 5가지 'D'

'성공 내러티브'는 모두를 '성공 중독'으로 몰아간다. '성공 중독'은 '죽음에 이르는 병'이다. '성공 중독'은 모든 사람을 불행하게 만든다. 서로가 서로에 대해 적개심을 품게 한다. 뿐만 아니라 국민 모두가 열등감에서 벗어나지 못하게 한다. '성공 중독'은 다음과 같은 다섯 가지 'D'를 포함하고 있다고 퍼살Pearsall이라는 심리학자는 이야기한다.

결핍deficiency 월드컵 당시 우리의 목표였던 16강에 오른 뒤 히딩크 감독은 '나는 아직도 배고프다'라고 말했다. 우리는 감동했지만, 따지고 보면 목표를 이룬 뒤에도 만족하지 못하는 '성공 중독'의 가장 대표적인 증상이다. 성공 중독은 우리를 영원히 만족하지 못하게 한다. 영원히 만족하지 못하고 행복할 수 없는 성공이 무슨 의미가 있을까.

의심doubt 아무리 주위 사람들이 자신의 성공을 축하하고 부러워해도 정작 자신은 자신이 성공한 줄 모른다. 오직 자신보다 앞에 서 있는 사람들만 눈에 띌 뿐이다. 자신의 성공에 대해 의심할 뿐만 아니라 자신의 부하직원들에 대한 의심도 갈수록 늘어간다. '세상에 정말 믿을 놈' 없다고 생각한다. 매일 돈을 도둑맞는 기분이 든다.

분리detachment 이제까지 맺어왔던 관계들로부터 이탈되어가는 과정을 뜻한다. 집에 와서도 온통 일 생각뿐이다. 가족들과 함께한 정말 오랜만의 휴가 동안에도 핸드폰의 배터리는 아침저녁으로 충전시켜야 하고 이메일과 인터넷 접속이 가능해야 마음이 놓인다. 몸은 가족과 함께 있지만 마음은 분리되어 있는 것이다.

실망disappointment 아무리 많이 가져도 자신이 소유한 것이 실망스럽다. 자신이 이미 소유한 것에 감사하기보다는 더 많이 가진 사람들 때문에 괴롭다. 남들의 강점과 자신의 장점을 비교하기보다는 남들이 장점과 자신의 단점을 비교하며 항상 열등감에 젖어 있다.

우울depression 결국 우울증에 걸리고 만다. 아무리 신체적으로 건강한 사람도 우울증의 덫에 걸리면 어지간해선 헤어 나오기 힘들다. 그 잘생기고 돈 많은 홍콩배우 장국영도 호텔방에서 뛰어내렸다. 나는 장국영에 비하면 돈도 그리 많은 것 같지 않고 배는 갈수록 나오고 머리는 샤워할 때마다 한 움큼씩 빠진다. 게다가 다리까지 짧지 않던가. 그래도 호텔방에서 뛰어내리고 싶은 생각은 전혀 없다.

항상 자신이 이루지 못한 것, 부족한 것만 보게 하는 성공 중독은 아주 사소한 일에도 공허함과 절망감에 빠지게 한다. 그들에게 죽음은 아주 가까운 곳에 있다.

미국사회에 불행한 사람이 가장 많은 이유

역사상 가장 성공한 사람들이 많은 미국 사회에는 1960년 이후 이혼이 2배로 늘었고 청소년 자살이 3배로 늘었다. 폭력 범죄가 4배로 늘었고 감옥에 있는 사람이 5배 늘었다. 제2차 세계대전 이후에 우울증 환자는 10배로 늘었다고 한다. 사회 전체가 '성공 중독'에 걸려 있기 때문이다.

우리라고 예외가 아니다. 이혼은 이미 세계 최고 수준이며 출산율은 세계에서 뒤에서 1등이다. 가족이 해체되고 청소년 범죄, 청소년 자살률, 40대 사망률 등에서 세계 최고의 수준이다. 월드컵 4등 한 번 하더니 무서운 것이 없다. 모두 성공 중독에 걸려 있는 사회가 갖고 있는 문제이다.

진정한 성공에 포함된 3가지 'C'

진짜 성공은 세 가지 C를 가지고 있다고 한다. 우선 '만족contentment'이다. 자신이 이룬 것에 대해 만족하며 감사할 줄 알면 성공한 것이다. 두 번째는 '평온함calmness'이다. 아무리 성공했다고 여겨져도 마음에 평온함이 없으면 성공이라 할 수 없다. 마지막으로 '관계connection'다. 자신을 둘러싼 사랑하는 사람들과 성공의 기쁨을 공유할 수 있어야 한다. 아무리 성공했다 여겨져도 주위에 그 기쁨을 함께할 사람이 없다면 그 성공은 무의미한 것이다. 이 세 가지 C를 한마디로 요약할 수 있다.

'성공은 자주 웃고 많이 사랑하는 것이다.'

돈 때문에 자주 웃을 수 있다면 가능한 한 많은 돈을 벌어야 한다. 높은 지위가 많이 사랑하는 것의 필수조건이라면 가능한 한 높이 올라가야 한다. 그러나 분에 넘치는 돈과 지위 때문에 웃음이 사라지고 사랑하는 사람들이 곁에서 떠난다면 그 성공에 대해 다시 한 번 생각해봐야 한다.

'성공했지만 불행한 사람들'의 7가지 습관

도대체 어디까지가 성공일까? 우리는 연봉과 지위로 성공을 이야기할 수 없다고 이야기하면서도 여전히 같은 성공을 이야기한다. 그래도 우리 눈에 성공했다고 여겨지는 사람의 공통된 특징이 있다. 바쁘다. 바쁘다고 꼭 성공한 사람은 아니지만, 성공했다고 여겨지는 사람의 대부분은 바쁘다. 정신없이 바쁘다.

성공한 사람의 당연한 권리 _ "바빠서 이만……"

'성공한 사람'과 한 호텔 식당에서 함께 식사한 적이 있다. 물론 그는 '성공한 사람답게' 늦게 나왔다. 그는 미안함이 가득한 표정으로 악수를 나누면서도 상대방에 대해 그리 큰 관심을 보이지 않는다. 용건이 중요할 뿐 상대방이 어떤 종류의 인간인지 별로 중요하지 않은 까닭이다. 앉자마자 그는 물을 따르는 웨이터에게 다급하게 주문한다.

"제일 빨리 나오는 걸로 주세요!"

이 또한 '성공한 사람'의 공통적인 특징이다. 메뉴를 한가하게 고를 시간이 없다. 점심시간도 업무시간에 속하기 때문이다. 이어서 그는 내게 묻는다.

"어떤 걸로 드시겠어요?"

그러나 내가 먹을 음식은 이미 정해졌다. 어찌 그 앞에서 한가롭게 다른 음식을 고를 수가 있을까.

"같은 걸로요!"

그의 식사는 용건과 단답형 대화가 이어지는 동안 서둘러 끝이 났다. 그는 후식이 채 나오기도 전에 일어서며 말한다.

"아이고 죄송합니다. 제가 급한 일이 있어서……."

그러나 그리 미안한 표정은 아니다. 한국사회에서 바쁜 것은 '성공한 사람'의 당연한 권리(?)이기 때문이다.

우리에게 너무 익숙한 이런 종류의 '성공한 사람'은 지금도 시내 호텔 식당에서 언제든 쉽게 만날 수 있다. 하지만 그들의 성공 내용은 바쁜 것 이외에는 그리 쉽게 정의되지 않는다. 마치 자전거를 타고 언덕을 오르는 사람처럼 쓰러지지 않기 위해 발을 구르는 모습이다.

그들은 자신이 이뤄놓은 것을 달콤하게 즐길 여유를 갖지 못하고 오직 바쁘게만 산다. 성공과 행복은 아무런 상관이 없다. 그들에게 성공이란 그저 자신을 어디론가 정신없이 밀어내는 저항하지 못할 힘일 뿐이다.

성공할수록 바빠지는 그런 사람들의 대부분이 갖고 있는 습관 7가지가 있다. 성공했지만 자신을 불행하게 만드는 습관이다.

제1습관 _ 세상은 오직 두 종류의 인간만 있다고 생각한다

'성공했지만 불행한 사람'은 세상을 아주 간단하게 파악한다. 먹느냐 먹히느냐. 따라서 그들에게 세상은 오직 두 종류의 인간만이 있을 뿐이다. 승자와 패자. 한가하게 마음의 평안과 행복을 이야기할 시간이 없다. 세상은 잔인한 생존 경쟁의 연속이기 때문이다. 그들은 이야기한다.

"여유, 즐거움, 휴가와 같은 단어들이 좋은 것을 누가 모르나. 그러나 남들 놀 때 다 놀다가 어떻게 성공할 수 있겠나. 그렇게 세상은 만만한 곳이 아니다."

그들은 승자와 패자 사이에는 어떠한 존재도 성립할 수 없다고 생각한다. 그들에게 패자가 되는 일은 견딜 수 없는 일이 된다. 잠시라도 한눈 팔면 밟히게 되어 있는 세상에서 겪는 스트레스는 당연한 것이다. 그러나 그들은 주장한다. 스트레스도 이겨내야 한다고. 우리 모두의 정신력으로.

제2습관 _ 절대 감정을 드러내지 않는다

'성공했지만 불행한 사람'은 웬만해선 자신의 감정을 드러내지 않는다. 뿐만 아니라 세상을 냉소적이며 적대적으로 대하는 습관이 몸에

배어 있다. 우선 다른 사람을 믿지 못한다. 인간은 근본적으로 배신하게 되어 있다고 생각한다.

그들의 눈에는 부하직원들이 '어떻게 하면 내 돈을 따먹을까'만 생각하는 사람으로 보인다. 따라서 가능한 한 자신의 부하직원들을 효과적으로 통제할 수 있는 수단을 개발하는 데 모든 관심이 집중되어 있다. 그들은 느슨하게 풀어주다가도 결정적인 순간 자신이 칼자루를 쥐고 있음을 확인시켜주는 기술에 아주 능숙하다. 통제력 상실은 배신으로 이어진다고 생각하기 때문이다.

그들은 감정을 드러내지 않는 사이비 카리스마에 몰두하고 사소한 일에 절대 감동하지 않는다. 선의에 감동하기보다는 그 배후의 의도를 읽어내려 애쓰기 때문이다.

제3습관 _ 빈 시간, 빈 공간을 두려워한다

'성공했지만 불행한 사람'은 여백을 두려워한다. 빈 공간에 있거나 약속 시간 사이에 틈이 생기면 매우 곤혹스러워 한다. 비어 있다는 것은 지루하거나 괴로울 따름이다. 가족과 함께하는 시간도 비어 있는 시간으로 여긴다. 그러다 보니 즐거움보다는 지루함이 앞선다.

아내와 함께한 모처럼의 외식에서 음식을 시켜놓고 기다리는 시간조차 부담스럽다. 그 순간도 참지 못하고 외친다.

"아줌마, 여기 빨리 줘요!"

그들은 낯선 사람들과의 만남 또한 기피한다. 그 어색한 침묵의 시간이 두렵기 때문이다.

어느 모임이든지 자신의 자리가 정해져야 편하다. '성공한 사람들'의 모임에는 항상 테이블 위에 이름표가 있는 까닭도 그 때문이다. 자신을 배려해주는 사람이 없는 자리는 나서지 않는다. 남에게 관심을 주기보다는 관심을 받아야 한다고 생각하기 때문이다. 그러나 지나친 관심 또한 성가실 뿐이다. 또 다른 청탁으로 이어질 확률이 높다고 생각하기 때문이다.

제4습관 _ '주의집중 장애'에 시달린다

'성공했지만 불행한 사람'은 '주의집중 장애'라는 이상심리적 장애에 시달린다. 주의집중이란 자신의 다양한 감각 기관을 통해 들어오는 수많은 정보 자극 중에서 중요한 자극을 적절히 선택할 수 있는 능력을 뜻한다. 그러나 성공한 사람들은 모든 일을 성공과 관련시켜 생각할 뿐 정말 중요한 것이 무엇인지 집중하지 못한다.

아내와 대화하면서도 일 생각만 하다가 아내를 무안하게 하는 일이 한두 번이 아니다. 그들은 자신에게 가까운 사람일수록 무관심, 무감각, 부주의로 일관한다. 생각의 일관성도 상실한다.

성공을 지향하는 무서운 에너지를 가졌지만 우울증과 자살 충동에 항상 시달린다. 나는 모든 것을 할 수 있다고 생각하다가도 금세 나는 왜 이럴까 하는 자학적인 생각으로 바뀐다. 일터에서는 과잉으로 각성되어 있지만 집에 오면 만사가 귀찮아진다. 일 이외의 다른 중요한 것들에 주의를 집중하지 못한다. 그런 그들에게 우울증과 같은 정서적 장애는 그리 먼 곳에 있지 않다.

제5습관 _ 현재보다는 과거와 미래에 산다

'성공했지만 불행한 사람'은 현재보다는 과거와 미래에 집착한다. 항상 이루지 못한 것, 실수한 것에 대한 후회로 우울하다. 뿐만 아니라 앞으로 일어날 일들에 대한 걱정으로 어쩔 줄 모른다. 그러다 보니 걱정으로 새벽에 잠을 깬 뒤, 더 이상 잠을 못 이루는 수면장애에 시달리고 낮 시간에는 항상 피곤하다. 몸과 마음이 항상 따로 논다. 일터에서는 집안일 걱정, 집에서는 일 걱정에 시달린다.

남들은 '완벽주의자'라고 좋게 이야기하지만 걱정하는 것의 대부분은 걱정할 필요가 없거나 걱정해도 소용이 없는 것들이다. 어느 곳에도 누구에게도 진정한 관심을 갖지 못하는 심리적 부재 상태가 지속된다. 그러한 정신적 공황 상태가 지속되다 보면, 어느 날 갑자기 끝없는 나락으로 한없이 추락하는 듯한 허전함에 어쩔 줄 모르게 된다. 그들에게 마약이나 알코올중독은 아주 쉽게 다가오는 유혹이 된다.

제6습관 _ 여러 가지 일을 동시에 해야 마음이 편하다

'성공했지만 불행한 사람'은 멀티태스킹multi-tasking을 해야 한다고 강박적으로 생각한다. 시간은 곧 금이기 때문에 같은 시간에 가능한 한 여러 가지 일을 처리해야 남들을 앞서 갈 수 있다고 여기는 까닭이다. 여러 가지 일을 동시에 해야 마음이 편하다. 그들에게 '쉰다는 것', 즉 '아무것도 생산하지 않는다는 것'은 도저히 견딜 수 없는 일이 된다. 그러나 멀티태스킹을 할 수 있는 영역이 있고 할 수 없는 영역이 있다.

인간의 인지 능력은 연습에 의해 분산시킬 수 있다. 그러나 인간의 정서는 멀티태스킹의 영역이 아니다. 정서를 멀티태스킹한다는 것은 마치 장례식과 결혼식이 한 사람의 마음에서 동시에 개최되는 상태와 흡사하다. 이런 상태를 전문가들은 '또라이(?)'라고 부른다. 세상에 인지적인 요소로만 구성되는 일은 없다. 또한 정말 중요한 일들은 정서적인 몰입을 요구한다. 따라서 진정으로 창의적인 사람이 되고자 한다면 '정서의 멀티태스킹'은 절대 시도하지 말아야 할 금기다.

제7습관 _ 자기관리에 비정상적으로 집착한다

'성공했지만 불행한 사람'은 자기 스스로의 관리에 비정상적으로 집착한다. 그들의 관심은 온통 다이어트, 성공을 위한 처세술, 세련된 외모와 매너 관리에 집중되어 있다. 책꽂이에 꽂힌 책들은 '~을 위한 ~가지 기술'과 같은 종류의 것들이 대부분이다.

그들은 스트레스 관리법에 특별히 관심을 갖는다. 스트레스를 관리하지 못해 심리적 육체적으로 무너지는 일은 피해야 할 가장 무서운 적이기 때문이다. 하지만 그들에게 스트레스는 관리의 대상일 뿐이다. 즉 스트레스의 원인을 찾아 해결하는 것이 아니라 최소화하는 것만이 관심의 대상이라는 것이다. 하지만 원인을 알 수 없는 스트레스는 그렇게 간단히 관리되고 통제되는 것이 아니다.

자신의 스트레스까지 통제하려고 시도하는 그런 종류의 사람들은 자신의 환경을 모두 통제하려는 엄청난 권력 충동에 시달린다. 하지만 자신이 가진 권력이 그리 대단치 않으며 통제할 수 없는 일들이 너무 많기 때문에 항상 좌절한다.

당신도 '성공했지만 불행한 사람들의 7가지 습관'에 길들여졌는가

이러한 7가지 습관을 지닌 성공한 사람들에게 성공은 절대 달콤한 것이 아니다. 더 큰 성공을 위해 쫓아가며 더 큰 성공을 이루지 못할 것을 미리 두려워한다. 그러나 사회적으로 성공했다고 여겨지는 사람들만 이런 7가지 습관에 젖어 있는 것이 아니다. 자신이 성공하지 못했다고 생각하는 사람일수록 위의 7가지 습관에 길들여져 있다.

자신이 아직 성공하지 못했고 따라서 앞의 '성공했지만 불행한 사람들'의 7가지 습관과 무관하다고 생각하는 사람들을 위한 설문이 있다. 다음의 6가지 질문에 대답이 그리 편안하게 나오지 않는다면 당신은 성공하기도 어렵고 설사 성공한다고 할지라도 '성공했지만 불행한 사람들'에 속할 확률이 매우 높다. 만약 당신 자녀의 입장에서 다음과 같은 질문을 받는다고 생각해보자.

1. 너는 너희 엄마/아빠처럼 살고 싶니?

2. 너희 엄마/아빠는 지금의 생활에 만족하시는 것 같니?

3. 엄마/아빠는 너희들과 함께 계실 때 정말 즐거워하시는 것 같니? 일하는 것보다 너희들과 함께 있는 것을 더 좋아하시는 것 같아?

4. 엄마/아빠는 너희들의 현재 있는 그대로의 모습에 만족해하시는 것 같니?

5. 너희 엄마/아빠가 공부 말고 너희들에 대해 정말로 관심 가져주시는 것 같니? 어떤 것에 관심을 가져주시지?

6. 너희 엄마/아빠가 서로 사랑하는 것 같니? 엄마/아빠가 서로 사랑하는 것을 어떻게 표현하시는데?

　

사실 이런 종류의 질문은 우리 모두를 당혹스럽게 만든다. 하지만 마음이 불편한 질문일수록 집중해서 들여다봐야 한다. 집중해야 할 것에 제대로 집중하지 못하기 때문에 아무리 성공해도 불행해지는 것이다.

　

우리는 아주 늦게 깨닫는다

관심을 가져야 할 것에 제대로 관심을 가져야 한다. 아무리 복잡하고 시끄러운 회식자리에서도 한 테이블 건너에서 들려오는 자신에 대한 이야기는 귀에 잘 들리는 법이다. 자기 이야기이기 때문이다. 길거리에 온종일 수많은 사람들이 지나갔어도 유난히 기억에 남는 사람이 있는 법이다. 자신이 관심이 있어 하는 특징을 가진 사람이기 때문이다. 심리학에서는 이를 '선택적 주의집중selective attention'이라고 한다. 자기가 필요한 정보만을 선택해서 받아들인다는 것이다.

홍미로운 실험이 있다. 헤드폰으로 양쪽 귀에 두 가지 전혀 다른 소리를 들려주면서 따라하도록 지시했다. 그런데 실험 결과 한쪽 귀에 들리는 소리에 집중하여 따라하다 보면 다른 쪽 귀로 들리는 소리는 전혀 파악하지 못한다는 것이 밝혀졌다. 심지어는 영어로 이야기하다 한국어로 이야기해도 그 변화를 감지할 수 없었다. 그 소리의 주인공이 남자인가 여자인가 정도만 겨우 파악한다고 한다. 우리의 감각 기관은 정보를 선택적으로 받아들인다. 그러나 다른 쪽 귀에서 갑자기 자신의 이름을 부르거나 "불이야!" 같은 아주 긴급한 소리가 들리면 그쪽으로 주의가 집중된다고 한다. 자신에게 정말 중요한 것에 본능적으로 주의를 집중하게 된다.

선택적 주의집중은 생존을 위해 필수적인 본능이다. 그러나 '성공했지만 불행한 사람들'은 성공을 추구하다가 정작 자신에게 절대적으로 필요한 것에 주의집중하는 능력을 상실한 사람들이다. 아내와 자녀의 급한 목소리는커녕 살려달라는 자기 자신의 목소리에조차 집중할 수 없는 상태에 이른 경우가 대부분이다. 결국 그들에게 성공은 죽음에 이르는 병이 된다.

마지막으로 한 가지 더. 자신이 아직 성공하지 못했다고 생각하는 사람들의 대부분은 아주 늦게 깨닫는다.

자신이 '성공했지만 불행한 사람'인 것을.

갑작스러운 우울과 무기력
_ 심리적 에너지의 고갈

심리학자들은 매력적인 여성을 만나면 외나무다리를 찾아 데이트를 하라고 권한다. 그 여성은 외나무다리를 건널 때 불안하여 떨리는 것을 옆의 남자가 너무 멋있어서 떨리는 것이라고 잘못 생각할 수 있기 때문이다.

심리학에서는 이를 '귀인의 오류attribution error'로 설명한다. 자신의 변화나 상황 변화의 원인을 찾아내려는 심리적 경향을 '귀인歸因, attribution'이라고 한다. 귀인은 생존을 위해 꼭 필요한 심리적 과정이다. 이 여성처럼 자신의 변화, 즉 떨림의 원인이 남자 때문이라고 잘못 귀인했을 때 그 대가는 경우에 따라 엄청날 수 있다. 하룻밤의 착각으로 평생 자신을 원망하며 살 그 여성을 생각해보라!

내 자신의 심리적 변화에 민감해야 한다

우리는 매일 아주 사소한 주위의 변화에도 신경을 곤두세우고 산다. 술 한 잔만 마시면 정치 경제 문제의 원인에 관해 목에 핏줄을 세운다. 나이가 들수록 부쩍 피곤해지는 신체의 변화에도 무척 민감하다. 어쩌다 코피만 나도 종합 검진 받은 날짜를 세면서 불안해한다. 이유 없이 피곤하고 무기력한 증세가 지속되면 병원을 찾아 혹시 심각한 내과 질환 때문이 아닌가 확인해본다. 그러나 정작 중요한 자신의 심리적 변화에는 아주 둔감한 경우가 대부분이다.

내가 독일에 처음 유학 갔을 때의 일이다. 온종일 골치가 지끈거리며 속이 메식거리는 증상이 계속되었다. 나는 군복무시 철책 근무를 서느라 제대 말년에 위장병으로 심하게 고생했던 경험이 있던 터라 위장병이 재발한 것으로 생각했다. 그러나 이 병원 저 병원을 찾아다니며 다양한 종류의 위장약을 먹어도 상태는 나아질 기미도 보이지 않았다.

신경안정제가 포함된 위장약의 지속적인 남용은 아주 심각한 결과를 초래하였다. 3평 남짓한 기숙사의 침대에 누우면 천정이 내려오고 벽이 밀려오는 폐쇄공포증에까지 시달려야 했다. 결국 나는 한 학기를 포기하고 귀국하여 반년을 요양한 후 다시 독일로 돌아갔다. 나중에 깨달았다. 내 머리가 지끈거렸던 이유는 위장병 때문이 아니었다.

독일의 날씨 때문이었다. 지독한 저기압을 동반한 독일의 변덕스런 겨울 날씨는 내 혈압을 떨어뜨리고 참기 어려운 두통을 야기했던 것이다. 그러나 두통의 원인을 위장병 때문이라고 생각한 나는 바로 이

'귀인의 오류' 때문에 참으로 심각한 심리적 고통을 겪었다. 뿐만 아니라 반년이라는 귀중한 시간을 허비하는 실수를 범하고 만 것이다.

번아웃 _ 심리적 에너지의 소진

우리는 살면서 여러 번 위기를 겪는다. 그러나 그 위기의 원인을 잘못 진단할 경우 매우 심각한 결과가 초래되기도 한다. 성실하게 살던 한국 남자들이 어느 날 갑자기 우울증과 무기력을 호소하는 경우를 자주 보게 된다. 대부분 그저 "시간이 해결해 주겠지." 하고 지나간다. 그러나 많은 경우 그러한 증상의 원인은 '번아웃burn-out' 때문이다. '번아웃'이란 말 그대로 신체적으로나 정신적으로 모든 에너지가 소진된 상태를 뜻한다.

'번아웃' 상태는 아주 사소하게 시작된다. 그러나 그대로 방치할 경우, 목숨까지 앗아가는 사태로 이어질 수도 있다. 최근 유난히 자주 매스컴에 오르내리는 사회 유명 인사의 자살 소식도 어찌 보면 '번아웃' 때문이라고 할 수 있다. 과로로 인한 돌연사의 원인도 '번아웃'인 경우가 대부분이다. 심리적으로 더 이상 지탱할 힘도 용기도 없기 때문이다. 자신의 무기력과 우울의 원인을 제대로 진단하여 '귀인의 오류'를 범하지 말아야 한다. 한국의 중년 남자들을 벼랑 끝까지 몰아가는 '번아웃'은 다음의 5단계를 거친다.

제1단계 _ 삶의 에너지가 벌겋게 타오른다!

이상주의적 열심 단계다. 새로 경험하는 모든 것들이 신기하고 즐겁다. 자신의 잠재력과 한계가 어디까지인지 확인하고 싶은 욕심에 무모할 정도로 일에 달려든다.

자신이 평소 꿈꿔왔던 삶을 실현할 수 있다는 희망에 하루가 아깝다는 생각이 들 정도다. 아무리 피곤한 하루를 보내도 몇 시간의 수면이면 곧바로 회복된다. 직장 상사, 상대하는 고객, 거래처 사람들의 감탄을 즐긴다. 심지어는 직장 동료의 질투와 시기를 한 몸에 받기도 한다. 그러나 일과 하나가 된 쾌감으로 그 정도의 장애물은 아주 가볍게 극복할 수 있다. 성공에 대한 열망은 자신을 지속적으로 자극한다.

기대가 큰 만큼 실패와 실망이 크다. 하지만 실패 경험은 곧바로 창의력과 도전 정신을 자극하는 기회가 된다. 과도할 정도로 충만한 삶의 에너지는 비현실적인 기대를 낳고 자신을 둘러싼 상황에 대한 객관적 인식을 방해하기도 한다. 또한 자신의 내면을 차분하게 돌아보는 시간조차 아깝게 느껴진다.

제2단계 _ 굵은 참나무 장작이 지속적으로 타고 있다!

현실적인 실용주의 원칙에 따라 일상의 과제를 성실하게 처리하는 단계다. 과도할 정도로 흥분되었던 삶의 에너지가 정상적인(?) 상태로 돌아온다. 새로운 것에 대한 충동 또한 처한 상황을 객관적으로 고려하면서 현실적으로 조절할 수 있게 된다. 자신이 쌓아온 경험을 통해 가능한 것과 불가능한 것의 경계를 구분하게 되는 현실적인 삶의 태도를 취한다.

자신이 소유한 것들을 경제적인 원칙에 따라 관리하게 된다. 즉 달성 가능한 목적에 집중적으로 투자하고 무모하고 불필요한 실패는 가능한 한 줄인다. 일의 재미와 의미를 함께 느끼게 된다. 일과 여가를 균형 있게 분배하여 양쪽이 서로 보완되는 이상적인 삶을 유지하게 된다. 열정과 현실주의가 서로 균형을 이루는 2단계에서는 삶의 목적과 의미에 대한 근본적인 계획이 필수적이다. 지속적으로 삶이 균형을 이뤄가야 하기 때문이다.

제3단계 _ 가늘어진 불길이 바람에 흔들린다!

열정과 현실주의의 균형이 깨지고 권태와 상실감이 찾아오는 단계다. 모든 것을 이룰 수 있을 것 같았던 젊은 날의 패기가 한풀 꺾이면서 현실적인 한계들이 보다 명확히 눈에 들어온다. 앞으로 올라갈 수 있는 성공의 한계가 보다 명확해지면서 열정과 현실주의의 균형은 깨지게 된다.

자신을 더욱 풀 죽게 하는 삶의 권태는 다음과 같은 질문들과 함께 시작된다. 이렇게 사는 게 맞는 거야? 고작 이 정도가 내가 꿈꿔왔던 삶인가? 내 모든 노력이 제대로 인정은 받고 있는 건가? 뭔가 잘못되고 있다는 느낌이 지워지질 않는다.

약간의 허풍과 잘 나가던 한때의 기억을 되살리며 '이대로 포기할 수는 없다'고 다짐한다. 하지만 신체적으로나 정신적으로 만성 고혈압과 같은 징후들이 계속된다. 쉬어도 개운치 않고 잠을 편하게 이루지 못한다. 특히 새벽에 한 번 깬 잠은 아무리 애를 써도 다시 이룰 수 없다. 수면장애로 낮에는 항상 피곤하고 졸리다.

사람들과 만나는 것도 지겹게 느껴진다. 사소한 일에 흥분하지만 곧 의기소침해진다. 마치 산에 다 오른 것 같았는데 눈앞에 다시 산이 나타나 한순간에 맥이 모두 빠져버리는 듯한 느낌이다. 이러한 심리적 육체적 변화는 가족과의 관계, 일터에서의 인간관계 등에 급격한 변화를 초래한다. 외부 상황의 변화가 내 마음의 변화를 초래하는 것이 아니다. 내 마음의 변화가 외부 상황의 변화를 초래하는 것이다. 이렇게 번아웃은 본격적으로 시작된다.

제4단계 _ 바람이 세게 불어야만 불꽃이 일어난다!

삶의 의욕이 거의 꺼져가는 단계이다. 열정의 나날들은 기억에만 남아 있을 뿐이다. 스스로 무언가를 주도적으로 하기에는 이미 너무 지쳐 있다. 주어진 과제만을 해내기에도 하루가 벅차다. 아침에 회사로 향하는 발걸음이 무겁다. 갈수록 회사 분위기가 자신에게 적대적으로 변해가기 때문이다.

동료들은 사사건건 나를 자극한다. 사소한 일에도 피해 의식이 발동하여 갈등과 시비가 계속된다. 상사의 불필요한 성화와 고객들의 항의가 끝없이 이어진다. 내가 이 모든 문제의 원인이 된다고 인정하기엔 너무 불공평하다. 그러나 모두들 그렇게 생각한다는 사실이 나를 못 견디게 만든다. 회사에서뿐만이 아니다.

집에서조차 자신이 모든 갈등의 원인이 된다. 불필요하게 화를 자주 내다보니 아내와 자녀들에게서 느끼는 소외감은 갈수록 깊어진다. 관계를 새롭게 하기엔 이미 너무 늦었다는 생각이 더욱 나를 좌절케 한다. 정서 표현이 갈수록 줄어들고 매우 자주 우울한 생각에 강박적으로 몰입한다. 이제까지 자신을 지탱해주던 자존심도 더 이상 기능하지 않는다.

제5단계 _ 불은 꺼지고 연기조차 가늘어진다!

번아웃의 마지막 단계다. 이젠 더 이상 희망이 없다고 생각한다. 무감각한 삶에서 아무런 의미도 찾지 못한다. 비관적인 생각만 자꾸 들 뿐이다. 주위의 도움도 그리 크게 도움이 되지 않는다.

불면증으로 인해 수면제나 알코올의 도움 없이는 잠을 이룰 수 없다. 결국 죄책감과 절망으로 자포자기 상태에 이르게 된다. 이런 심리적 장애뿐만 아니라 각종 궤양과 종양 등의 신체적 장애 또한 나타난다. 스스로는 더 이상 감당할 수 없는 정도의 부정적인 생각들로 인해 정상적인 생활이 힘들어진다. 자주 자살 충동에 시달린다.

왜 사냐고 묻거든 그냥 웃는가?

'번아웃'은 무엇보다도 예방이 중요하다. '번아웃'을 예방하려면 우선 내가 하는 일의 목적에 대해 분명히 해야 한다. 일하는 것이 재미없다면 뭔가 잘못된 것이다. 내가 원하는 것들의 목록을 만들어 순서를 매겨 보는 것도 좋은 방법이다. 주위의 인간관계를 회복하는 것 또한 '번아웃' 예방을 위해 필수적이다. 가장 중요한 것은 일과 여가의 밸런스를 회복하여 삶의 재미를 다시 찾는 것이다.

우린 너무 오랫동안 굵고 짧게 사는 삶에 세뇌되어 왔다. 그러나 가늘고 길게 사는 것도 그리 나쁜 것이 아니다. 굵고 길게 사는 삶도 있다. 사람 사는 방법은 아주 다양하다. 중요한 것은 얼마나 행복하게 재미있게 살았느냐 하는 것이다. 왜 사냐고 묻거든 그냥 히죽히죽 웃을 일이 아니다. 우리는 행복하기 위해서 산다. 아니가?

번아웃 측정설문

최근 자신의 상태를 돌이켜보고 다음의 질문에 대답하세요. 대답은 7단계로 나누어져 있습니다. 각 질문에 해당되는 번호를 기입하시기 바랍니다.

1(전혀 그렇지 않다), 2(거의 그렇지 않다), 3(드물게 그렇다),
4(때때로 그렇다), 5(자주 그렇다), 6(대부분 그렇다), 7(항상 그렇다)

질 문	점 수
1. 피곤하다	
2. 기가 빠진 느낌이다	
3. 즐겁게 하루를 보낸다	
4. 몸이 녹초가 되었다	
5. 정신적으로 지칠 대로 지쳤다	
6. 행복하다	
7. 피곤해서 죽을 지경이다	
8. 에너지가 다 소진되었다	
9. 스스로가 불행하다는 생각이 든다	
10. 과로했다는 느낌이 든다	
11. 자신이 무가치하다는 생각이 든다	
12. 무언가에 붙잡혀 꼼짝 못하는 느낌이다	
13. 만사에 싫증이 난다	
14. 근심 걱정이 떠나지 않는다	
15. 타인들에 대해 실망하고 화가 난다	
16. 자신이 정신적으로나 육체적으로 약해졌다는 느낌이 든다	
17. 이제는 별다른 희망이 없다는 생각이 든다	
18. 타인들로부터 거부당하는 느낌이 든다	
19. 낙관적으로 생각한다	
20. 정력적으로 일한다	
21. 사는 게 겁이 난다	

A. 3번, 6번, 19번, 20번을 뺀 나머지 질문의 점수들의 합 (   )

B. 3번, 6번, 19번, 20번 점수들의 합 (   )

C. 32에서 B의 점수를 뺀 점수 (   )

D. A점수와 C점수를 합한 점수 (   )

당신의 번아웃 점수 = D 나누기 21

점수의 해석

■ 당신의 번아웃 점수가 3보다 적으면 번아웃에 대해 걱정할 필요가 없습니다. 번아웃 진행 과정에서 1단계나 2단계에 속해 있기 때문입니다. 그러나 번아웃 현상에 대해 관심을 가지고 주위의 사람들을 관찰할 필요가 있습니다. 지금 번아웃에 시달리는 사람들도 처음부터 그런 것은 아닙니다. 한때는 모두들 당신처럼 패기에 넘쳐서 일을 했던 사람들이었습니다.

■ 당신의 점수가 3점~3.6점 사이에 있으면 번아웃의 3단계에 속할 확률이 높습니다. 곧 닥쳐올 번아웃 상태를 미리 예방할 필요가 있습니다. 자신에게 내재된 위험 요소들에 대해 관심을 가져야 합니다. 삶을 재미있게 만들 새로운 것들을 찾거나 자신을 돌아볼 기회를 자주 갖는 것이 중요합니다. 가정이나 직장에서 개선되어야 할 것들이 무엇인지 자세히 살펴봐야 합니다.

■ 3.7점~5점 사이의 점수가 나왔다면 당신은 번아웃의 4단계에 이미 도달했다고 볼 수 있습니다. 곧바로 대책을 세우지 않는다면 삶의 중대한 위기에 처할 확률이 높습니다. 일과 여가의 밸런스를 유지하고 삶의 재미를 되살리기 위한 보다 효과적인 대책을 세워야 합니다.

■ 점수가 5점 이상이면 당신은 매우 심각한 위기에 처해 있다고 할 수 있습니다. 번아웃의 마지막 단계에 해당된다고 보면 됩니다. 과감하고 근본적인 변화를 위해서는 지금까지의 삶의 태도를 기초부터 바꿔야 합니다. 전문적인 상담을 받아보는 것도 좋은 해결책이라고 할 수 있습니다.

감정적으로 경영하라!

감정적이 되라고? 더구나 숫자가 모든 것을 말하는 경영에서? 이 무슨 황당한 소리인가. 지금까지 우리가 학습해온 '감정'의 개념으로는 황당할 수밖에 없다. 성공하는 CEO의 습관 중에 가장 중요한 것 중 하나가 감정적인 판단을 내리지 말라는 것이었다. 그뿐만이 아니다.

"당신은 너무 감정적이야!"

그런 표현은 경멸과 모욕에 가깝게 여겨진다. 합리적이거나 이성적인 사람이 절대 아니라는 뜻이기 때문이다.

문명화 과정 _ 감정의 절제와 온순화

이성 혹은 합리성과 감정이 서로 대립적인 관계로 이해되는 것은 데카르트 이후 서구철학의 유산이다. 그 후로 육체와 정신이 각기 다른 논리로 움직이며 정신에 의한 육체의 완벽한 통제가 최고의 도덕적 가치로 여겨지게 되었다. 그때부터 육체적 특징으로 여겨지는 정서와 감정은 통제와 감시를 벗어나면 위험한 것이 되어버렸다.

엘리아스Ellias라는 문화학자는 서구 문명화 과정을 바로 이러한 감정과 정서의 '온순화' 과정으로 설명한다. 서구 문명을 대표한다고 스스로 생각했던 서구 귀족들은 미개한 천민들과 문명화된 자신들을 차별화하기 위해 감정의 통제와 이성적 행동의 규범을 정했다. 식탁에서의 예절과 각종 궁정 행사에서의 예절 등이 대표적인 예이다. 이때 그들은 문명화된 인간의 가장 대표적인 특징은 '미개한 감정'의 절제에 있다고 믿었다.

심리학에서는 이성과 감정의 이분법을 '인지와 정서'로 약간 다르게 표현한다. 그러나 정서의 영역은 여전히 미개하고 불완전한 영역으로 여겨진다. 동물적 본성과 생존 본능의 욕구와 밀접한 관련이 있는 정서 영역은 여전히 사회적으로 통제되어야 하고 승화되어 분출되어야 한다는 암묵적 합의는 변하지 않는다. 그러나 프로이트는 이런 방식의 정서와 본능적 욕구의 억압은 갖가지 정신적 질환으로 이어진다고 경고한다. 그리고 이 때문에 이성의 통제가 느슨해지는 꿈이나 실수 등을 통해 드러나는 행동에서 정신질환의 원인을 찾을 수 있다고 주장하였다.

서구 문명, 즉 '온순화'된 서구적인 삶의 방식이 전 지구적 규범으로 자리 잡으면서 감정과 정서는 모든 문화권에서 회피하고 억압되어야만 하는 영역이 된다. 특히 경제 경영의 영역에서는 감정이나 정서와 관련된 표현은 거의 금기에 가까운 단어로 여겨진다. CEO의 리더십과 관련해서 감정은 더욱 터부시 된다. 감정은 합리적 판단을 저해하는 가장 위험한 요인으로 여겨지기 때문이다. 따라서 CEO는 감정을 드러내서도 안 되고 감정에 의해 일을 그르치는 일이 절대 없어야 한다. 정말 그런가?

남자가 흘리지 말아야 할 것은 눈물만이 아니다?

감정은 사회가 아무리 문명화되어도 여전히 생존을 위한 필수 조건이다. 예를 들어 "불이야!" 하는 외침에 공포의 감정이 생겨나지 않는다면 어떻게 될까? 그저 단순한 옆집 아이의 울음 정도로 들린다면 불이 난 곳에 대해 알려고 하지도 않을 것이며 불을 피해 도망가려고 하지도 않을 것이다. 그 결과는 구태여 설명할 필요조차 없다.

슬픔도 마찬가지다. 슬픔은 내가 어쩔 수 없는 상태에서 비롯된다. 슬픔을 느끼고 우는 행위는 남에게 도움을 요청하는 가장 강력한 무기가 된다. 아이들은 배가 고프거나 몸이 아프면 눈물로 자신의 무기력함을 호소한다. 성인들도 마찬가지다. 어쩔 수 없는 좌절의 상태에서는 누구나 슬픔을 느끼며 눈물로 자신의 무기력을 호소할 수밖에 없다. 이는 인간의 본능이다. 그러나 울고 있는 CEO의 사진은 해외토픽에서나 볼 수 있는 세상이 되었다. 심지어는 고속도로 휴게소의 남자 소변기 앞에는 다음과 같은 문구가 쓰여 있다.

"남자가 흘리지 말아야 할 것은 눈물만이 아니다!"

나는 이 문구를 볼 때마다 나오던 소변이 꽉 막힌다.

남자가 흘리지 말아야 할 것은 눈물만이 아니다(?) - 이것은 한국 남자들에게 죽으란 소리다.

다이애나가 죽었을 때
영국의 우울증 환자가 3분의 1로 줄었다

자유로운 감정의 표현을 억압하면 수명이 단축된다. 2004년 한국의 남녀 평균 수명의 차이는 무려 7년이나 된다. 여자의 평균 수명이 79세인 반면 남자는 72세에 불과하다. 전 세계적으로 여자가 남자에 비해 오래 살기는 하지만 이렇게 남녀 차이가 큰 나라는 없다. 찜질방에서 아줌마들이 단체로 연속극을 보며 울고 웃는 사이 '존귀와 위엄'을 갖춘 이 땅의 남자들은 오줌 한 방울도 흘리지 않으려고 애쓰기 때문이다. 이 땅의 남자들은 아무도 멋있게 보지 않는 근엄한 표정을 지으며 스스로 생명을 갉아먹고 있는 것이다.

영국의 다이애나 황태자비가 죽었을 때의 일이다. 거의 한 달간에 걸친 장례 기간 동안 전 영국의 TV에서는 다이애나 황태자비의 생전 모습을 반복해서 보여줬다. 다른 프로그램은 거의 볼 수 없었다. 신데

렐라와 같은 신분 상승과 남편의 사랑을 얻지 못해 괴로워했던 삶의 흔적들, 갖가지 봉사 활동에 몰두하는 모습들, 사건 장소의 참혹한 모습과 장례식 장면들이 쉬지 않고 영국 사람들의 눈물샘을 자극했다.

장례식이 모두 끝난 후, 흥미로운 보고서가 발표되었다. 장례식 이전에 비해 영국 전체의 우울증 환자가 3분의 1로 줄었다는 것이었다. 다이애나의 죽음으로 야기된 자유로운 감정의 발산, 억압된 눈물의 자유로운 분출을 통해 정신적인 건강을 되찾을 수 있었다는 이야기다. 신경생리학적 연구에 의하면 눈물에는 카테콜라민이라고 하는 스트레스 호르몬이 섞여 나온다고 한다. 울지 못하면 이 스트레스 호르몬이 몸 안을 돌아다니다가 암을 일으키고 뇌경색을 일으키는 것이다.

감정을 억압하는 경영은 실패한다

여전히 공식적인 자리에서 만나는 CEO들의 표정은 한결같이 굳어 있다. 자신은 합리적인 사람이라는 뜻이다. 또한 포커페이스가 리더십의 가장 중요한 요건이라고 생각한다. 하지만 그 사이 그들의 수명은 단축된다. 뿐만 아니다. 감정을 억압하는 기업 경영은 뒤처지게 되어 있다. 보다 분명하게 표현하자면 일찍 죽을 뿐만 아니라 사업도 망한다는 이야기다.

합리성이 보편화된 오늘날, 누구나 추구하는 합리적 경영 방식만으로는 남들과 차별화될 수 없기 때문이다. 모두들 같은 합리적 구조로 경쟁한다면 자본 투자가 많은 기업이 승리할 수밖에 없지 않겠는가?

21세기 기업의 경쟁력은 이성과 감정의 이분법을 벗어나 감정을 얼마나 적극적으로 이용하는가에 의해 결정된다. 이성과 논리로만 이뤄지던 기업 경영에 감정을 적극적으로 포함시키는 것이 밸런스경영의 핵심이다.

탁월한 판단 능력으로 각광받던 CEO가 감정을 느끼는 능력이 상실되는 병에 걸렸다. 그 후 그가 내린 모든 결정은 형편없는 것으로 판명났다는 사례가 있다. 이와 관련해 신경생리학의 대가인 아이오와 대학의 다마지오Damasio 교수는 대뇌에서 감정을 담당하는 영역이 사고와 추론 영역의 통합적인 기능을 한다고 설명한다. 즉 감정이 이성과 분리된 것이 아니라 문제 해결의 효과적이고 합리적인 판단을 위해 핵심적인 역할을 한다는 것이다. 정서는 합리적인 판단을 위해 너무나 중요한 정보와 행동의 준거를 포함하고 있기 때문이다.

● 공포

공포fear는 부정적인 결과를 피하게 해준다. 예를 들어 "불이야!" 하는 소리로 인해 생겨난 공포는 우리의 행동을 민첩하게 하여 화재로 인한 피해를 최소화시켜 준다. 불이 났는데도 안 무섭다고 폼 잡는 바보가 의외로 많다. 지난 IMF 위기 때 많이 봤다.

● 화

화anger는 그저 억누를 일만이 아니다. 화가 나면 싸울 용기가 생긴다. 즉 부정과 오류, 불합리한 요인들에 적극적으로 대항할 용기가 생긴다. 화가 나면 그냥 걸으며 삭히라는 외국 스님의 가르침은 하루 세 끼를 위해 바삐 일해야 하는 보통 사람들이 따르기에는 황당한 측면이 많다.

● 슬픔

슬픔sadness은 '나는 약하다. 나를 도와다오'라는 표현이다. 즉 다른 사람들의 도움과 지지를 구하는 행동이다. 많은 이들이 낭떠러지에 매달려서도 자존심 때문에 남에게 손을 내밀지 못하고 버티다 떨어지는 사람을 '싸나이'로 여겨왔다. 그러나 자세히 들여다보면 그런 사람들은 '바보'에 지나지 않는다. 나도 아주 자주 가까운 이들에게 그런 바보짓을 한다. 특히 아내에게.

● 혐오

혐오감disgust은 내가 받아들이고 용인할 수 있는 한계를 분명하게 보여준다. 물론 인내할 수 있는 한 인내해야 한다. 그러나 그것도 종류에 따라 다르다. 입에 쓴 한약은 참을 수 있는 한 참고 들이켜야 한다. 그러나 상한 우유를 삼키며 '인내는 쓰다. 그러나 그 결과는 달다'고 할 멍청한 사람은 없다. 그러나 독약인 줄 알고도 들이켜는 사람들이 요즘 뉴스에 너무 많이 나온다.

● 흥미

흥미로움interest을 느끼는 것은 정말 좋은 일이다. 삶이 재미있어진다는 뜻이다. 나만 재미있어질 뿐만 아니라 남도 재미있게 만들어준다. 다른 사람들을 이 재미에 끌어 들이지 못해 안달이 나기 때문이다. 요즘 골프 치자는 친구가 많다. 대부분 이제 갓 100타를 넘긴 친구들이다. 어쨌거나 어설픈 골프 재미라도 함께하자는 친구가 있다는 것은 즐거운 일이다. 보다 다양한 삶의 재미가 있어야 하겠지만……

● 놀람

놀람surprise은 사람들의 관심을 끈다. 사람들은 별로 중요하지 않은 일에 안 놀란다. 중요하고 예상치 못했던 일들에 놀란다. 놀란다는 것은 중요한 것에 관심을 가져야 한다는 메시지이다. 나는 소스라치게 놀라는데 자신은 태연한 체하는 이만큼 세상에 얄미운 사람도 없다. 느닷없는 변화에는 소스라치게 놀래야 제대로 대처할 수 있다. 호들갑 떤다고 뭐라 할 일이 아니다.

● 기쁨

기쁨joy은 정말 우리가 추구해야 할 감정이다. 세상에 기쁘고 싶지 않은 사람이 어디 있겠는가. 그러나 문제는 기쁜 일이 생겨도 기뻐할 줄 모르는 사람들이다. 특히 기뻐할 줄 모르는 상사를 둔 직원처럼 불행한 사람은 없다. 자신의 기쁨을 함께해주는 사람과는 언제고 함께 일하고 싶지만, 기쁨을 공유하지 못하는 이들과는 상종도 하기 싫은 법이다. 기쁨은 창조적인 재생산의 원천이고 기쁨의 공유는 삶의 활력이다. 아무도 공유하지 못하는 기쁨은 기쁨이 아니다.

정서지능 _ 감정변화에 민감한 사람이 성공한다

이와 같이 감정은 우리가 겪는 모든 일에 동반하여 일어난다. 자신의 감정 변화에 민감한 사람이 현명한 사람이다. 자신의 감정에 충실하게 반응하는 사람이 성공하는 사람이다. 그들은 남들의 감정에도 충실하게 반응할 수 있기 때문이다. 성공하는 CEO는 감정을 잘 이용하는 사람이다. 살로베이Salovey와 마이어Mayer는 이러한 능력을 정서지능emotional intelligence이라고 부른다. 정서지능은 다음의 세 가지 능력으로 요약된다.

1. 자신의 정서를 수시로 점검하고 확인하고 표현하며 조절할 수 있는 능력
2. 다른 사람의 정서를 확인하고 해석하고 이해하는 능력
3. 생각하고 행동하는 데 이러한 정서의 정보들을 활용하는 능력

쉽게 정리하자면 자신과 타인의 정서가 주는 정보를 적극적으로 활용하는 능력이다. 하지만 한국 사람들의 경우에 타인의 정서가 주는 정보는 매우 잘 활용하면서도 자신의 정서가 주는 정보는 무지한 경우가 대부분이다. 정서 불균형이다. 자신의 정서가 주는 정보에 둔감한 사람은 타인의 정서가 주는 정보를 제대로 판단할 수 없다. 특히 권위적 리더십에 길들여진 한국의 CEO들은 자신의 정서를 숨기는 데는 능하지만, 자신의 정서를 합리적 판단의 기초로 사용하는 데는 미숙하기 짝이 없다. 자신의 정서가 주는 정보들을 계속해서 무시하고 억누르다 감당할 수 없는 수준에까지 이르면 아주 극단적인 태도를 취

하게 된다.

감정연습

자신의 정서가 주는 정보를 적극적으로 활용하는 정서지능이 높은 CEO가 되려면 자신의 정서를 글로 써보는 훈련을 하는 것이 아주 효과적이다. 정신적으로 위기감이 느껴지며 괜히 두려워지는 느낌이 생길수록 자신의 정서에 민감하게 반응하며 정리해 보려고 노력해야 한다. 다음과 같은 방식으로 시도해볼 것을 권한다.

- 아무도 방해받지 않는 장소를 찾는다. 요즘같이 날씨가 좋을 때면 한적한 노천카페에 혼자 앉아 노트를 펼쳐 적어본다. 이때는 맛 좋은 카푸치노가 적격이다.
- 정기적으로 시간을 내서 적어본다. 며칠 동안 집중적으로 적어보는 것도 좋은 방법이다. 요즘 좋은 펜션이나 콘도가 많다. 한 번이라도 혼자 가보자.
- 자신을 억누르고 있는 것들에 대해 적어본다. 그저 아무 단어라도 떠오르는 대로 적어본다. 섣불리 글을 쓸 생각을 못하는 이유는 폼 나게 쓰려고 하기 때문이다. 그러나 그런 글들은 남에게 보여주는 자서전이 아니다. 내 문제를 확실하게 찾아내는 방법이다.
- 가능한 한 많이 떠오르는 대로 써본다. 이때 문법 무시, 맞춤법 무시가 필수다. 그래야 솔직해진다.

자신의 감정에 솔직해지는 것은 매우 어려운 일이다. 그러나 참다가 곧 '죽거나 다치거나' 하는 짓보다는 훨씬 쉬운 일이다.

에스키모의 막대기를 꽂자!

한동안 양심적 병역 거부에 대한 사회적 논란이 거셌다. 자기만 양심적이고 군대 갔다 온 사람들은 모두 비양심적이냐는 나름대로 논리적인 항의도 있었다. 군대보다 힘들고 긴 시간 동안의 대체복무를 시키면 될 것이라는 약간의 보복성 의견도 설득력 있다.

그러나 심리학적 관점에서 보자면 그들이 양심적인가 아닌가의 문제, 대체복무를 시켜야 하는가 아닌가의 문제는 2차적이다. 보다 근본적인 문제는 군대 문제로 생기는 대한민국 남자들의 적개심이다. 몇 년 전 군복무 가산점 문제로 홍역을 치른 한 페미니스트는 이렇게 이야기한다.

"한국 남자들과 군대 문제에 관해서는 어떠한 합리적 토론도 불가능하다고."

군대 이야기에 흥분하는 한국남자들

사실 그렇다. 군대 생활을 정상적으로(?) 마친 사람들은 나이가 마흔이 넘어도 군대 이야기가 시작되면 소란스럽니다. 이야기 내용도 어니같이 천편일률적이다. 고참에게 맞은 이야기 아니면 '쫄따구' 괴롭힌 이야기다. 가끔 사는 게 힘들면 군대 꿈도 꾼다고 한다. 군 생활 내내 최전방에서 빵이(?)쳤던 나는 제대한 지 20년이 지난 지금도 가끔 군대 끌려가는 꿈을 꿀 정도다.

한국 남자들에게 군대 문제는 이 땅의 평등을 확인하는 절대 기준이 된다. 따라서 군대 문제는 아무도 섣불리 건드릴 수 없는 성역이 된다. 지난 두 번의 대선에서 연거푸 낙선한 이회창 후보의 결정적인 문제는 바로 이 성역을 건드렸기 때문이다.

도대체 왜 그럴까? 왜 한국 남자들은 군대 문제에 관한 한 어떠한 합리적 논의도 거부하는 것일까? 세상을 설명하는 가장 간단한 설명 방식인 마르크스의 계급 이론으로도 설명되지 않는 이 땅의 문제가 '군대 계급론'으로는 아주 쉽게 설명되기도 하는 이유는 도대체 왜일까? 군대 경험이 단순한 추억이 아니기 때문이다. 아무리 되짚어 이야기해봐도 술 마실 때마다 돌이켜 추억해 봐도 자신의 군대 경험이 합리적으로 설명되지 않기 때문이다. 기껏해야 '남자는 군대 갔다 와야 사람이 돼.' 혹은 '병역은 신성한 국가의 의무' 때문이라는 이야기 정도다. 그러나 그 정도로 군복무 30개월은 쉽게 설명되지 않는다.

한국 남자들의 적개심의 근원

아무리 합리적으로 이해하려 해도 이해되지 않는 경험들, 지우려 해도 자꾸 떠오르는 지독한 육체적 정신적 스트레스의 기억들. 이러한 경험으로 인해 생겨나는 심리적 상태를 정신병리학에서는 '외상 후 스트레스 장애PTSD_ post-traumatic stress disorder'라고 부른다. 이러한 심리적 장애는 베트남 전쟁에 참가했던 퇴역 군인들의 부적응 현상을 연구하며 확인되었다. 전쟁뿐만 아니라 자연 재해, 가까운 이의 느닷없는 죽음, 교통사고 등의 충격적인 사건을 겪은 후 이 PTSD는 나타난다. 한국 남자들이 집단적으로 보이는 군대 문제에 관한 과도한 반응들은 증상의 수준은 약하지만 PTSD의 전형적인 증상들과 일치한다. 그중에서도 가장 심각한 증상은 적개심이다.

한국 남자들의 집단적 적개심은 군대 문제가 사회적 쟁점이 될 때마다 적나라하게 드러난다. 군복무를 피할 수 있었던 '신의 아들'들에 대한 분노, 군복무와는 관계없는 여자들의 군복무 폄하발언들에 대한 욕설 등. 뿐만 아니다. 시국 사건과 관련된 집회에 빠지지 않고 자신들의 존재를 확인시켜주는 해병대 혹은 베레모 복장의 중년들의 모습에서 뿌리 깊은 적개심의 흔적을 발견한다. 이 모두가 그들의 영혼 깊은 곳에 숨어 있는 상처들이 왜곡되어 드러나는 모습들이다.

적개심에는 아군과 적군밖에 없다

적개심이 위험한 이유는 세상을 적과 아군의 이분법으로 나누는 방식에 있다. 우리 편이 아니면 모두 적이 되는 사회는 매우 위험한 사회다. 회색 지대가 존재하지 않는 사회에서의 갈등은 항상 극으로 치닫게 되어 있다. 내 편도 다른 편도 아닌 사람들은 내 편이 아니라는 이유로 적이 되어버린다.

한국사회가 갈수록 위험해지는 까닭도 이러한 편 가르기와 다른 편에 대한 적개심이 판치는 사회가 되어가기 때문이다. 이 모든 문제가 군대 경험 때문이라고 이야기할 수는 없다. 그러나 우리 사회 깊숙이 뿌리박힌 군사 문화, 즉 군대를 다녀온 남자들이 정한 사회의 운영원리가 흑백 논리에 따른 적개심을 확산시키는 데 큰 기여를 했다는 사실을 부인하기 어렵다.

기업 또한 이러한 흑백 논리의 위험으로부터 자유로울 수 없다. 군대를 경험한 남자들이 대부분인 기업의 운영 원리는 군대 조직을 닮아 있게 마련이다. 아무리 합리적 의사소통을 강조해도 '까라면 까야' 하는 상명하복上命下服의 원리는 여전히 가장 잘 기능하고 상사들이 가장 쉽게 선택하는 조직 운영 방식이 된다. 이러한 조직의 부작용은 군대식 정서, 즉 절대적 복종과 적개심이라는 두 가지 정서로 요약된다. 그러나 군대식 운영 원리는 21세기 창의적 조직이 피해야 할 가장 큰 요소다.

아군과 적군이 이분법이 명확해야만 운영되는 군대의 컨텍스트와 끊임없이 적과 동지가 변하는 21세기 기업의 컨텍스트는 전혀 다르기 때문이다. 군인은 적에 대한 적개심에 가득 찰수록 훌륭한 군인이 된다. 그러나 기업은 다르다. 목표가 같다면 어제의 적이 언제든지 오늘의 아군이 될 수 있는 곳이 21세기 기업이다.

명령이라면 죽음을 무릅쓰고 고지를 기어올라야 하는 군대와 사고의 유연성과 창의성으로 무장해야 하는 21세기 기업은 그 본질에서부터 엄청난 차이가 있다. 결국 직원들의 정신력 강화를 위해 '해병대 입소'를 추진하고 군대 휴양소와 별 다름없는 기업 연수원을 운영하는 기업은 21세기적 조직 운영방식과는 거리가 멀어도 한참 멀다는 이야기다.

적개심 때문에 빨리 죽는다

적개심은 한국 남자들이 모인 조직 문화에는 항상 뿌리 깊게 박혀 있다. 뿐만 아니다. 적개심은 한국 남자 개개인의 웰빙을 방해하는 가장 위험한 요소다. 한국 남자들이 웰빙, 즉 행복한 존재가 되지 못하는 이유는 바로 이 뿌리 깊은 적개심 때문이다. 우리는 매일같이 거리에서 이 적개심을 만난다.

운전을 하다 보면 나보다 앞서가는 사람을 절대 용서 못한다. 내 앞에 아무도 끼어들지 못하도록 절대 틈을 주지 않는다. 그러나 그 사이를 뚫고 받을 테면 받으라는 식으로 끼어드는 사람이 있다. 정말 배째라는 식이다. 경적을 울리며 온갖 욕을 퍼붓지만, 한번 뒤틀린 심사는 여간해서 바뀌지 않는다. 이렇게 우리는 하루를 시작하고 하루를 끝낸다.

　각 개인의 적개심은 개인의 불행으로 끝난다. 하지만 리더의 적개심은 조직원 전체를 불행하게 만든다. 적개심은 단순한 화가 나는 상황에서 일시적으로 나타났다가 사라지는 순간적인 감정이 아니다. 적개심이 위험한 이유는 거의 습관이나 성격의 차원이기 때문이다.

　적개심은 타인에 대한 부정적 신념과 태도로 굳어진다. 적개심에 익숙한 사람은 타인들을 냉소적으로 본다. 뿐만 아니라 웬만해선 믿지 못하고 자신의 의심이 확인될 때는 모욕을 서슴지 않는다. 그들은 모든 사람들이 본질적으로 이기적이라고 생각하기 때문이다. 타인의 호의 또한 쉽게 받아들이지 못한다. 이유 없는 친절이나 호의는 음모가 숨어 있다고 생각하기 때문이다. 이러한 적개심에 리더는 조직원들에게 자신의 적개심을 전염시킨다.

　적개심은 자신의 생명까지도 단축시킨다. 적개심과 관련한 재미있는 듀크 대학의 연구보고서가 있다. 적개심을 습관적으로 보이는 의과 대학생 집단과 적개심을 적게 드러내는 의과 대학생 집단의 졸업 후 25년까지의 사망률을 비교한 연구다. 이 두 집단의 사망률은 졸업 직후부터 바로 차이가 나기 시작하여 졸업 후 10년이 되면서 적개심이 높은 집단의 사망률은 거의 3배에 이르렀다. 졸업 후 25년에 이르면 거의 5배가 되었다. 그만큼 적개심은 죽음에 이르는 위험한 병이다.

적개심, 우울, 분노의 그림자를 벗어나는 탈출구

적개심은 분노에서 시작된다. 분노가 습관이 되어 성격으로 굳어진 결과가 적개심이다. 적개심 이외에도 조직의 리더가 피해야 할 부정적 정서가 두 가지 더 있다. 우울과 불안이다. 이는 물론 모든 사람이 피해야 할 정서적 특징이기도 하다. 우울과 불안은 적개심만큼이나 리더의 생명을 앞당겨 파괴한다.

미국 보건청에서 2만 5,000명을 40년 동안 추적한 연구 결과에 따르면 우울한 사람들이 심장 질환에 걸릴 확률이 2~4배나 높다고 한다. 특히 건강한 사람이 우울해질 경우 심장병에 걸릴 확률이 4배나 된다. 멀쩡한 사람이 은퇴 후 갑자기 죽는 이유도 바로 이 우울 때문이다. 일이 인생의 전부인 줄 알다가 은퇴 후 갑자기 허전해지는 것이 참기 어려워진다. 바로 이때 우울 증세가 찾아온다. 아무리 육체적으로 건강해도 이 우울증은 견디기 어려운 것이 된다. 결국 우울은 바로 심장 질환으로 이어지게 된다.

불안은 우울보다 더 심각하다. 4만 명을 대상으로 장기간에 걸쳐 불안과 심장 질환의 관계를 조사한 결과에 따르면 불안을 습관적으로 경험하는 사람들은 그렇지 않은 사람들에 비해 2배에서 7배 정도의 높은 심장질환 발병률을 보인다고 한다.

적개심, 우울, 불안은 만병의 근원이 된다. 뿐만 아니라 갖가지 다양한 문화적 외피를 입고 우리 주위를 서성거린다. 이 세 가지 부정적 정서가 내 삶과 내가 속한 가족, 회사, 공동체에 기생하지 못하도록 하는 것이 밸런스 경영의 핵심이다.

우울, 불안, 적개심 vs 슬픔, 걱정, 분노

심리학적으로 살펴보면 이 세 가지 부정적 정서가 나타나는 초기 증상이 있다. 우울은 슬픔으로부터, 불안은 걱정으로부터, 적개심은 분노로부터 시작된다. 슬픔, 걱정, 분노는 아주 자연스러운 인간적인 정서다. 이 정서가 주는 신호를 무시하지 말아야 한다. 눈물을 억지로 참는다고 슬픔이 사라지는 것이 아니다. 억눌린 슬픔은 무력감, 상실감으로 가슴 깊이 스며든다. 그러다 어느 순간 자살 충동으로 폭발한다.

두려움 또한 생존을 위해 필수적인 정서다. 막연한 두려움은 없다. 그 두려움의 실체가 확인되는 것을 회피하기 때문에 막연한 두려움을 느끼는 것이다. 두려움의 원인을 인정하는 것이 두려움을 극복하는 길이다. 억눌린 막연한 두려움은 실체가 분명치 않은 만성적인 불안으로 이어진다. 적개심의 출발점이 되는 분노는 자신의 자존심이 위협받을 때 나타난다. 이 위협으로부터 자존심을 지켜내지 못할 때 좌절하게 되고 좌절이 왜곡된 형태로 굳어진 것이 적개심이다.

슬픔, 걱정, 분노와 친해져야 한다

인간의 생명을 단축시키는 죽음에 이르는 병인 우울, 불안, 적개심. 이 세 가지 부정적 정서로부터 탈출하는 방법은 각각의 시작이 되는 슬픔, 걱정, 분노와 친해지는 것이다. 슬픔, 걱정, 분노와 친해진다는 것은 내 안의 나와 익숙해진다는 뜻이다. 이 세 가지 정서로 신호를 보내는 나를 발견하는 것을 '메타코그니션meta-cognition'이라고 한다.

메타코그니션, 즉 '나에 대한 또 다른 나의 생각'은 은행 비밀번호를 만드는 방법에서 아주 쉽게 확인된다. 대부분 은행 비밀번호를 만들 때 자기 생일이나 주민등록번호를 이용한다. 아주 쉽게 생각나기 때문이다. 이 과정에 두 명의 '자아自我'가 존재한다. 즉 생일로 된 비밀번호를 기억해내는 '1번 자아'와 생일로 비밀번호를 만들면 '1번 자아'가 잘 기억할 것이라고 생각하는 또 하나의 자아, 즉 '2번 자아'가 있다. 이 '1번 자아'와 '2번 자아'의 대화가 곧 휴식休息이다.

휴休는 사람人이 나무木에 기대에 앉아 있는 모양이다. 식息은 자신自의 마음心을 돌아보는 것이다. 나무에 기대어 앉아 자신의 마음을 돌아보는 것이 휴식이다. 즉 나무에 기대어 내가 나하고 대화하는 것이다. 내 안의 또 다른 나, 즉 슬퍼서 어쩔 줄 모르고, 걱정으로 잠들지 못하고, 화가 나서 펄떡거리는 나를 인정하고 대화하는 것이 내 삶의 밸런스 경영이다. 이 밸런스 경영을 통해 슬픔, 걱정, 분노가 우울, 불안, 적개심으로 바뀌는 것을 막을 수 있다. 이 밸런스 경영에 익숙한 사람이 훌륭한 리더다. 이런 사람만이 내 삶의 건강을 회복할 뿐만 아니라 조직의 평화를 담보해낼 수 있기 때문이다.

에스키모의 막대기

에스키모는 자기 내부의 슬픔, 걱정, 분노가 밀려올 때면 무작정 걷는다고 한다. 슬픔이 가라앉고 걱정과 분노가 풀릴 때까지 하염없이 걷다가, 마음의 평안이 찾아오면 그때 되돌아선다고 한다. 그리고 돌아서는 바로 그 지점에 막대기를 꽂아둔다.

살다가 또 화가 나 어쩔 줄 모르고 걷기 시작했을 때, 이전에 꽂아둔 막대기를 발견한다면 요즘 심기가 더 어려워졌다는 뜻이고, 그 막대기를 볼 수 없다면 그래도 견딜 만하다는 뜻이 된다.

휴식은 내 삶의 막대기를 꽂는 일이다. 내 안의 나와 끝없는 이야기를 나누며 평화로움이 찾아올 때까지 가보는 것이다. 그리고 그곳에 막대기를 꽂고 돌아오는 일이다.

6장

밸런스 경영

_ 일과 삶의 조화

혼자 중얼거리는 일이
부쩍 늘었다면……

요즘 부쩍 혼자 중얼거리는 일이 늘었는가? 그럼 미쳐간다는 이야기다. 표현이 좀 심했다. 마음 편한 표현을 빌리자면, 쉬지 못해 나 자신을 잃어버리고 있다는 뜻이다. 쉰다는 게 도대체 뭔가? 그냥 하던 일을 멈추면 쉬는 것인가? 아무 일도 안 하고 그저 몸이 편하기만 하면 쉬는 것인가? 아니다. 나 자신을 돌아볼 기회를 갖는다는 이야기다. 그런데 그게 그리 쉬운 일이 아니다. 내가 인식의 주체이며 객체가 되어야 하기 때문이다. 정신분열이다.

나는 지금 거짓말을 하고 있다

"나는 지금 거짓말을 하고 있다."

그렇게 말할 경우, 내가 지금 거짓말을 하고 있다는 사실을 내가 알고 있다는 뜻이다. 아주 또렷한 자기반성의 행위이다. 그러나 이 문장이 '거짓말'인가, '참'인가를 논리적으로 따지기 시작하면 아주 골치 아파진다.

위의 문장의 '참'이라면, 나는 지금 '거짓말'을 하고 있지 않다는 이야기가 된다. 내가 거짓말을 한다면서 어떻게 진실('내가 지금 거짓말을 한다'는 진실)을 이야기할 수가 있을까? (지금 이 이야기를 잘 이해 못한다면 당신은 인생을 아주 편하게 사는 사람이다) 자기가 지금 거짓말을 하고 있다는데, 그 말 자체가 동시에 참말이 되는 황당한 상황이 발생하는 것이다. 거짓말과 참말을 동시에 하는 모순적인 상황, 이런 상황이 자기반성이다. 그런데도 철학자들은 고대 희랍부터 지금까지 '너 자신을 알라'며 멱살을 잡아당긴다. 도대체 어쩌란 말인가?

돌아와 거울 앞에 선 누님처럼

거울을 보면 된다. 내가 주체와 객체의 이중적인 역할을 모두 하려 애쓸 필요가 없다. 거울에 비친 나를 바라보면 내가 동시에 두 사람이 되어야 하는 자기분열적인 상황은 피할 수 있다. 휴식을 통해 얻어지는 자기반성이란 논리적 모순이 아니라 대화의 능력이란 뜻이다. 거울을 바라보는 대화는 시적 메타포로 자주 나타난다. 한국인들이 가장 애송하는 시 가운데 하나인 서정주의 「국화 옆에서」라는 시에는 다음과 같은 한 구절이 있다.

"그립고 아쉬움에 가슴 조이던 / 머언 먼 젊음의 뒤안길에서 / 인제는 돌아와 거울 앞에 선/ 내 누님같이 생긴 꽃이여"

팔뚝에 '차카게 살자'를 그리는 깍두기머리도 '한 송이 국화꽃을 피우기 위해'로 시작하는 이 시는 아주 반가워하며 알은체를 한다. 정신없는 젊은 시절을 보내고 거울 앞에 선 누님의 모습은 누구에게나 포근한 고향을 떠오르게 하기 때문이다. 정신없는 일상을 보내다 보면 문득 고향에 가고 싶다는 마음이 생겨나는 이유는 고향에 가면 누님이 대하던 그 거울에 내 모습을 비춰볼 수 있는 까닭이다. 휴식은 이렇게 마음의 고향을 찾아가 거울에 자신의 모습을 비춰보는 순례의 길이다. 그 거울에는 '내 안의 또 다른 나'가 있기 때문이다.

고향의 거울에 비친 내 모습과 대화하는 능력은 마음이 편할 때는 별로 필요 없다. 그러나 복잡한 문제가 생기면 '내 안의 나'가 동원된다. 이는 아주 간단한 실험으로도 분명해진다. '23×6'을 계산해보라. 자기도 모르게 바로 중얼거리기 시작하는 나를 발견하게 된다. 그러나 '23+6'의 경우는 사뭇 다르다. 이 계산을 하며 중얼거리는 사람은 없다. 바로 계산이 되는 아주 간단한 산수이기 때문이다. 그러나 앞의 곱셈은 그리 만만치 않다. 어릴 때 주산을 배운 사람이 아니라면 계속 중얼거려야 한다. 셈이 복잡해지면 복잡해질수록 중얼거리는 소리는 더 커진다. '계산하는 나'와 '기억하는 나'가 계속 대화해야 하기 때문이다. 이렇게 복잡한 산수를 할 때만 '내 안의 나'와 대화하는 것이 아니다. 힘들어 어쩔 수 없을 때, 정말 복잡한 문제가 닥치면 나와의 대화는 그 독특한 힘을 발휘한다. 자기도 모르게 스스로 중얼거리는 나를 발견하곤 깜짝 놀라는 경우가 바로 그런 때이다.

어려운 일이 닥치면 자기도 모르게 중얼거린다

가끔 생각에 몰두하게 되면 옆 사람이 있는 줄도 모르고 혼자 중얼거리게 된다. 가끔 지하철에서 뭔가를 중얼거리는 사람들을 보게 된다. 이런 사람들은 대부분 무척 심각한 문제로 고민하는 사람들이다. 정말 어려운 일이 닥치면 우리는 이렇게 중얼거리게 된다. 마음이 아파 어쩔 줄 모를 때도 마찬가지다. 이렇게 자기도 모르게 중얼거리는 행동은 내 안의 나와 대화하는 과정이 밖으로 새어나온 현상이다.

너무 바빠 나 자신과의 대화를 소홀히 했기 때문이다. 그러나 내 안의 나는 괴롭다. 그래서 때와 장소를 안 가리고 자기에게 말을 거는 것이다. 요즘 부쩍 혼자 중얼거리는 일이 늘었다면 '내 안의 나'를 배려해야 할 때라는 이야기다. 쉬라는 이야기다. 쉬면서 자신을 돌아보라는 이야기다.

'내 안의 나'가 자꾸 이야기하자는 '혼자 중얼거리는 일'이 자꾸 늘어나는데도 이를 무시하고 계속 정신없이 산다면 '내 안의 나'는 반란을 일으킨다. 강제로라도 쉬게 하라는 이야기다. 그러나 이렇게 쉬게 되는 경우는 마음 포근한 고향의 거울 앞이 아니다. 대부분 병원 응급실 침대다.

자기와 대화하는 능력이 중요하다

내 안의 또 다른 나와 대화할 수 있는 능력은 단순히 휴식의 의미만이 아니다. 이는 21세기 성공적인 리더의 필수 덕목이 된다. 내 마음 깊은 곳에 숨어 있는 욕구, 좌절, 분노를 읽어낼 수 있다. 내 안의 또 다른 나와 대화할 수 있는 사람만이 타인과 진심으로 대화할 수 있고, 타인의 마음을 움직일 수 있는 능력이 있기 때문이다.

지난 세기까지 리더십의 핵심은 카리스마였다. 카리스마란 타인이 복종할 수 있는 마음이 생기도록 솔선수범하여 앞장서는 덕목을 의미한다. 카리스마적 리더십에서는 리더가 구태여 타인의 마음에 관심을 갖고 배려하며 일일이 챙겨야 할 이유는 없다. 리더를 따르고 안 따르고의 문제는 리더의 행동이 얼마나 타인의 귀감이 되는가에 의해 결정되기 때문이다.

불굴의 투지, 비전을 향한 집요한 추진력, 타인들의 평가에 흔들리지 않는 돌파력 등이 20세기형 리더의 핵심적 특징으로 열거되곤 했다. 21세기에도 여전히 불굴의 투지와 돌파력은 리더의 핵심 덕목이다. 그러나 그것만 가지고는 부족하다. 부족해도 많이 부족하다. 사람들의 의식 자체가 근본적으로 변했기 때문이다.

사람들은 불굴의 투지만 보고 더 이상 감동하지 않는다. 그러나 마음을 움직이는 사람에게 감동한다. 뿐만 아니라 그들의 열렬한 추종자가 된다.

리더가 될수록 내 안의 나를 만나야 한다

남의 마음을 움직이려면 우선 '내 안의 나'와 대화하는 법부터 배워야 한다. 내 마음을 돌아볼 줄 모르면서 어찌 남의 마음을 잡을 수 있겠는가? 우리는 남과 이야기할 때 일일이 서로 확인하지 않아도 내가 이해하는 단어의 뜻과 남이 이해하는 단어의 뜻이 같다고 전제하고 서로 이야기를 나눈다. 서로의 생각이 공유된다는 뜻이다. 이를 철학적으로는 '상호주관성'이 담보되었다고 이야기한다. 그러나 자기만의 관심, 의지만 관철하려다 보면 이러한 '상호주관성'의 전제를 생략하기 일쑤다.

리더가 범하기 쉬운 가장 큰 실수는 타인의 생각이 나와 얼마나 공유되고 있는가를 확인하지 않고 자신의 계획만을 관철하려는 것이다. 남의 마음을 이끌어내지 못하는 이런 방식의 독선적 리더십은 지난 세기의 전설일 뿐이다. 상호주관성의 리더십은 남의 마음과 내 마음이 만나는 지점에서 시작한다. 하지만 남의 마음을 이끌어내고 자발적인 호응을 얻어낼 수 있는 리더십의 기초는 내 마음을 읽는 것에서부터 시작한다. '내 안의 나'와 화해하는 능력과 타인과 대화하는 능력은 동전의 양면과 같은 것이기 때문이다.

1년에 한 번쯤은 조용한 곳, 아주 낯선 곳으로 여행을 떠나보는 것도 좋은 방법이다. 그래야 내가 보인다. 일상과는 아주 다른 경험을 통해 이 경험의 주인이 누군가를 돌아보게 되는 것이다. 아무도 모르는 낯선 곳에서의 나는 지금까지 알고 있었던 나와 전혀 다를 수 있다. 가끔은 외로운 곳에서 나를 만나야 한다. 이 만남을 두려워하다간 정말 처절한 상태에서 나를 만나게 된다.

내 외로웠던 북구의 오후 3시

나 또한 처절한 외로움의 막바지에서 나를 만났던 경험이 있다. 독일에 유학을 간 지 얼마 안 되어서다. 아무도 아는 이 없는 베를린에서의 삶은 나를 좌절케 했다. 학교 식당에서도 아무도 나를 알은 체하는 이가 없었다. 강의실에서 용감하게 질문도 하고 발표도 했지만 그것으로 끝이었다. 형식적인 '굿텐 탁' 인사가 전부였다.

한국에 있을 때만 해도 나는 모든 모임의 주인이 되고자 했다. 주체가 되지 않으면 못 견뎠다. 그런 나를 사람들은 좋아했다. 그러나 베를린에서는 아무리 내가 주인이 되고 싶어도 되질 않았다. 일단 난 언어장애자였다. 내 유창한 한국어는 아무 짝에도 쓸모없었다. 남자로서의 내 자존심도 구겨질 대로 구겨졌다. 호수 같은 파란 눈의 유럽 여인들은 아무도 날 남자로 보지 않았다.

북구北歐의 겨울은 오후 3시면 해가 졌다. 깜깜해진 길을 자전거로 달려 기숙사에 도착하면 아무도 나를 기다리지 않았다. 프라이팬에 하루는 카레밥, 하루는 짜장밥을 만들어 먹었다. 옥수수 통조림, 완두콩 통조림을 카레나 짜장 소스에 털어 넣으면 되는 아주 간단한 식사였다. 설거지할 것은 프라이팬뿐이었다. 그것도 뜨거운 물에 흔들어 씻어내면 그만이었다. 독어 원서를 하루에 100페이지씩 읽어 치웠지만 무슨 내용인지 전혀 기억이 나지 않았다. 나는 좌절했다.

일요일에는 학교도 도서관도 문을 닫았다. 세상에 대학 도서관이 일요일이라고 문을 닫다니. 그러나 독일은 그랬다. 도서관에서 밤도 없이, 휴일도 없이 탐구하는 것보다 도서관 사서들의 휴식이 더 중요한 나라였다. 갈 곳이 없는 나는 슈베르트와 슈만의 가곡을 틀어놓고 크게 따라 불렀다. 기숙사 창문 너머에서는 사람들이 황당한 표정을 지으며 지나갔다. 그래도 소리를 높여 불렀다.

슈베르트의 겨울 나그네가 보리수를 지나 냇물을 건너, 얼어붙은 강물의 차가운 얼음 위에 돌로 사랑하는 이의 이름을 적을 때면, 내 마음은 칼로 베인 듯했다. 그 나그네가 아인잠카이트(Einsamkeit, 외로움)를 외치며 울먹거릴 때, 나는 목 놓아 울었다. 독일에서 혼자 보내는 휴일은 늘 그런 식이었다.

유럽의 호박씨는 참으로 컸다

뭔가 특별한 것이 먹고 싶었다. 생각해낸 것은 된장찌개였다. 호박을 하나 사왔다. 자르려고 보니 가운데 큰 씨가 있었다. 유럽의 호박씨는 정말 크다 생각하며 찌개에 넣었다. 독일 사람들은 호박씨를 제대로 까겠구나 낄낄거리며 냄비를 열어보니 기름만 떠 있고 호박은 전혀 익지 않았다. 옆에서 보던 중국 유학생이 그것은 끓여 먹는 것이 아니라 생으로 먹는 것이라고 한다. 그러면서 비싼 과일을 끓였다고 피식거린다. 나중에 알았다. 그것은 호박이 아니라 그때 내가 처음 본 열대 과일 아보카도였다. 나는 다시 좌절했다.

먹는 것에 좀 더 투자해야 할 것 같아 큰 압력솥을 샀다. 그리고 정육점에서 소뼈를 샀다. 곰국을 끓일 심산이었다. 토요일 아침부터 소뼈를 삶았다. 온종일 삶고 열어보니 전혀 뽀얀 색이 아니었다. 내 어머니가 끓여주시던 곰국은 뽀얀 색이었다. 하지만 내가 끓인 곰국은 그저 누런 기름만 둥둥 떠 있을 뿐이었다. 끓은 시간의 차이라고 생각하고 이튿날도 온종일 삶았다. 여전히 멀건 국물에 기름만 떠 있을 뿐이었다. 그런데 그것은 소뼈가 아니었다. 사전에서 영수증에 써 있는 단어를 찾아보니 돼지다리였다. 나는 훌쩍거리며 물러질 대로 물러진 돼지편육을 씹었다. 정말 바닥까지 좌절했다.

먹는 것 하나 제대로 해결할 수 없었던 나의 베를린 생활은 점차 피폐해져 갔다. 위장병은 갈수록 심해졌다. 나는 위장약이라면 닥치는 대로 먹었다. 어느 순간인가부터 요구르트만 겨우 소화시킬 수 있었다. 신경안정제가 섞여 있는 위장약을 먹고 누우면 3평이 채 못 되는 기숙사 방의 천장이 천천히 내려왔다. 벽도 나를 밀고 들어왔다.

'내가 드디어 미쳐 가는구나.'

이런 생각이 드는 순간 정신없이 기숙사를 뛰어나와 한국 가는 비행기표를 샀다.

서울로 가는 비행기 안에서 나는 처절하게 무너진 나를 발견했다. 날 사랑하는 사람들이 없는 나는 아무것도 아님을 알게 되었다. 무엇 때문에 사는가, 어떻게 살아야 하는가에 대한 '내 안의 나'와의 진지한 대화가 그때 비로소 시작되었다. 사춘기에나 겪었어야 할 내 아이덴티티에 대한 질문을 20대 후반의 무서운 외로움 뒤에 만났던 것이다. 하지만 이렇게 어렵게 발견한 '내 안의 나'는 그 후 11년 동안의 내 독일 생활을 지탱하는 아주 큰 힘이 되었다. 뿐만 아니라 지금까지 내 삶을 움직이는 에너지가 되고 있다.

혼자 떠나라

요즘도 난 혼자가 두렵다. 하지만 더 무서운 상황에서 나를 만나지 않으려고 자주 혼자만의 시간을 갖는다. 그렇지 않으면 군대보다 무서운 외로움을 겪게 되기 때문이다. 높은 지위에 올라갈수록 사람들은 혼자되는 것을 두려워한다. 출장도 절대 혼자 못 간다. 모든 것을 다 챙겨주는 부하직원이 따라 붙어야 마음이 편하다. 심지어는 혼자 식당에도 못 간다.

남들의 눈이 두렵기 때문이다. 혼자 극장을 가거나 여행가는 일은 정말 상상도 못할 일이다. 하지만 혼자만의 시간을 두려워하는 사람일수록 정말 처절한 상황에서 '내 안의 나'를 만나게 된다. 정말이다.

요즘 부쩍 혼자만의 중얼거림이 늘어난 당신, 떠나라.

'중요한 일'과 '안 중요한 일' 바꾸기
_ 게슈탈트 원리

지금 이 글을 쓰고 있는 곳은 오스트레일리아의 브리즈번Brisbane이다. 아름다운 강변에 세워진 컨벤션 센터에서 개최된 세계레저총회에 참석하고 있다. 푸른색 카펫 위에 고동색의 탁자가 유난히 잘 어울리는 노천카페의 한구석에서 컴퓨터를 켰다.

부러움뿐이다. 이렇게 깨끗한 도시가 있을 수 있을까? 또 날씨는 어쩌면 이토록 포근할 수 있을까? 지금 이곳의 계절은 겨울에서 봄으로 넘어가는 중이다. 그러나 느낌은 한국의 아름다운 초가을 날씨와 똑같다. 1년에 최소한 300일 정도는 이 정도의 맑은 날씨를 보장할 수 있다고 카페의 아가씨가 자랑하며 주문을 받는다.

서양 여자들은 얼굴을 가릴수록 예쁘다?

아직 아침저녁으로는 날씨가 꽤 쌀쌀하지만 한낮의 햇볕은 무척 뜨겁다. 그늘에 앉아 커피 한잔하자니 나른한 행복감이 밀려온다. 어릴 적 동네 어귀의 큰 나무 아래 평상에 누워 낮잠을 청하던 바로 그 기분이다. 이러한 유년기의 추억 때문에 난 아직도 햇볕이 따뜻한 날, 시원한 그늘에 앉으면 그저 누워 낮잠 잘 생각뿐이다. 내게 초가을은 낮잠이다.

길 너머로 보이는 강가에는 인조해수욕장이 있다. 하얀색이 눈부신 모래사장에는 아이들이 나와 모래성을 쌓고 있다. 선글라스가 잘 어울리는 아주 튼튼해 보이는 엄마는 풀밭에 앉아 책을 읽고 있다. 풍경 전체가 서로 어울리며 너무 멋있게 보인다.

자세히 보면 이곳 여자들은 얼굴을 가릴수록(?) 멋있다. 인물만 따지고 보자면 우리네 낭자들이 훨씬 더 예쁘다. 하지만 이곳 여자들은 주위 환경과 어울려 풍경화를 만들 줄 안다. 마음속의 편안함과 여유가 어떻게 자연과 어울려 드러나는지를 안다. 자연이 주인공이 되고자 할 때 기꺼이 배경이 되어준다. 한결같이 강한 톤의 화장과 화려한 복장으로 눈에 번쩍 뜨이지만 배경과는 별로 상관없는 우리네 예쁜 낭자들과는 너무 다르다.

축제는 실패하고 노래방은 성업 중

배경이 될 줄 모르는 것은 한국 남자들도 마찬가지다. 높은 지위에 올라갈수록 배경이 되길 거부한다. 노래방에서조차 마이크를 놓을 줄 모르고 부하직원들의 속마음과는 전혀 다른 앵콜에 흥분하는 철없는 상사처럼 안타까운 사람은 없다. 관객이 되어본 경험이 전혀 없는 까닭이다. 춤이 필요 없는 상사의 1960년대식 뒤집어지는 노래에 단체로 나와 백댄서를 해야 하는 괴로움을 알지 못하는 까닭이다. 노래하는 상사나 속으로 중얼거리면서 백댄서하는 부하직원이나 모두들 배경이 되기는 죽도록 싫어한다. 하지만 배경이 없는 곳엔 주인공도 없다. 관객이 없는 놀이처럼 썰렁한 경우는 없다.

오스트레일리아의 대표적 관광 도시인 이곳에서는 주말이면 도시 곳곳에서 갖가지 퍼포먼스가 열린다. 별로 신통치 않은 재주도 이곳에서는 관객을 모을 수 있다. 사람들은 자신과 전혀 상관없는 모습에도 기꺼이 사진기 셔터를 누른다. 사진 가운데에 항상 자신이 들어가야만 하는 우리와는 사뭇 다르다. 이곳의 거리가 즐거운 이유는 모두들 기꺼이 관객이 되기 때문이다.

우리의 동네 축제가 한결같이 연예인 사회의 노래자랑으로 끝나는 이유는 관객이 되길 거부하는 우리의 놀이 문화 때문이다. 유명 연예인이 아니면 아무도 기꺼이 관객이 되어 주질 않는다. 유명 연예인만으로는 부족하다. 관객들에게도 무대 위로 올라갈 수 있는 기회가 주어져야 재미가 있다고 생각한다. 관객으로 시작해서 관객으로 끝나는 퍼포먼스는 너무 시시하게 생각한다. 차라리 쇼핑센터에서 주인공으로 대접받는 편이 훨씬 재미있다.

하지만 이곳의 거리는 다르다. 아빠는 아이를 목마 태워주며 관객이 되는 방법을 교육시킨다. 관객이 있어야 주인공이 생긴다는 아주 평범한 질서를 어릴 때부터 가르쳐준다. 관객을 해본 사람만이 주인공을 오래 할 수 있다. 관객의 마음을 헤아릴 줄 알기 때문이다.

게슈탈트 _ 관객과 주인공이 수시로 바뀌어야 재미있다

관객과 주인공은 항상 하나다. 상대방이 존재하지 않으면 자신도 존재할 수 없기 때문이다. 심리학에서는 이를 게슈탈트Gestalt 원리로 설명한다. 게슈탈트란 통합된 전체를 의미한다. 주인공과 관객이 동시에 통합된 전체로 존재해야 각각의 의미가 부여된다는 뜻이다.

우리는 세상을 볼 때 자신에게 중요한 일은 지각의 중심, 즉 전경 foreground으로 놓고 그 이외의 것들은 배경background으로 보낸다. 이곳, 강가의 노천카페에서 한가롭게 책을 읽는 젊은 엄마의 모습이 내겐 전경이 되고, 비키니 차림으로 파란 잔디 위에서 일광욕을 하는 아가씨들이 배경이 된다. 나는 야한 차림의 여성들을 보고도 아무런 느낌이 없는 나이가 절대 아니다. 카페에 들어와 지금의 자리에 앉은 이유는 비키니의 여성들이 잘 보이는 곳이기 때문이다.

조금 전만 해도 비키니의 여성들이 전경이 되고 책 읽는 튼튼한 엄마는 배경에 불과했다. 하지만 내가 컴퓨터를 켜고 휴식의 의미에 관

멋진 잔? 두 얼굴? 무엇이 보이는가?
마음이 건강한 사람은 전경과 배경이 끊임없이 바뀐다. 또 자신에게 중요한 것을 전경에 올려놓을 줄도 안다.

한 원고를 쓰기 시작하면서부터 전경과 배경은 순식간에 뒤바뀌었다. 아이를 모래사장에서 놀게 하고, 그 짧은 시간을 이용해 책을 보고 있는 엄마의 모습이, 등에 수영복 끈 자락이 선명하게 남아 있는 비키니의 아가씨보다는 훨씬 휴식의 의미에 가깝게 여겨졌기 때문이다.

이렇게 자신에게 의미 있는 대상을 전경으로 두고 나머지를 배경으로 보내는 작업이 지속적으로 반복되는 것을 전문 용어로 '게슈탈트'를 형성한다고 이야기한다. 마음이 건강한 사람은 전경과 배경이 끊임없이 바뀐다. 또 자신에게 중요한 것을 지속적으로 전경에 올려놓을 줄도 안다.

전경과 배경을 구분 못하는 사람이 가끔 있다. 초점이 맞지 않는 고장 난 카메라처럼 세상이 항상 뿌옇다. 그리고 하는 이야기는 항상 세상이 뿌옇다는 이야기뿐이다. 이런 사람하고 이야기를 나누다 보면 도대체 뭘 이야기하려는지 도통 헷갈린다. 자신이 무엇을 좋아하는지, 어떤 것에 특별히 관심을 가지는지 알 수가 없다. 그저 남들이 하는 이야기를 반복할 뿐이다.

「조선일보」를 읽은 날에는 「조선일보」의 초점으로 이야기하고 「중앙일보」를 읽은 날에는 「중앙일보」의 초점으로 이야기한다. 가끔 자신과는 전혀 안 어울리는 이야기도 한다. 그런 날에는 인터넷으로 「오마이뉴스」를 읽었음에 분명하다. 내가 세상을 보는 초점이 분명치 않으니 항상 남의 초점에 끌려 다닐 수밖에……

여가정보학과? 그거 여자정보학과를 잘못 쓴 것 아닌가요?

뭐 먹을까를 묻는데 '아무거나'를 대답하는 사람처럼 답답한 성우도 없다. 자기가 좋아하는 것과 좋아하지 않는 것의 게슈탈트가 형성되지 않은 사람이다. 내가 여가정보학과 교수라니까 많은 사람들이 묻는다.

"어딜 가면 재미있어요?" "뭘 하면서 주말을 보내면 좋을까요?"

그럼 내가 되묻는다.

"당신은 좋아하는 게 뭐예요?"

도대체 이 사람이 뭘 좋아하는지 알아야 어딜 가면 재미있는지, 뭘 하면 재미있는지 알려줄 것 아닌가? 그러나 이렇게 내가 물으면 대부분 당황한다. 한참 생각하다가 남들 다하는 '여행' '영화' '먹는 것'이라고 머쓱해 하며 대답한다. 자신이 정말로 좋아하는 것이 무엇인지 모르기 때문이다. 자기가 좋아하는 것을 모르는 사람은 자기가 왜 사는지를 모르는 사람이다.

사회적으로 성공한 사람일수록 의외로 이렇게 게슈탈트가 형성되지 않은 사람들이 많다. 자신에게 뭐가 중요한지 모르고 그저 사회적으로 성공이라고 정의된 가치만을 좇는 사람이다. 성공했지만 그들은 여전히 목마르다. 그러나 왜 목마른지 잘 모른다. 자기가 뭘 좋아하는지 모르기 때문이다. 일이 좋아서 일한다고 말하지만, 엄밀한 관점에서 보자면 일은 그저 수단일 뿐이다. 자신이 일을 통해 어떤 가치를 추구하는지 분명하게 말할 수 있어야 한다. 자신이 추구하는 가치가 분명치 않다면 그저 일중독자일 뿐이다. 심리학적인 관점에서 보자면 일중독자는 마약 중독자, 알코올중독자와 그리 크게 다르지 않다.

가끔은 앞의 사람처럼 '어딜 가면 재미있어요?'라고 물어봐주기만 해도 고마운 경우도 있다. 어떤 이는 '여가정보학과'라고 하니 요즘 시대에 정말 필요한 학과라며 침을 튀며 흥분하며 관심을 보이더니, 잠시 후 묻는다. '그거 여자정보학과를 잘못 쓴 것 맞죠?'라고 한다. 정말 한 대 쥐어박고 싶다.

이런 종류의 사람은 앞의 사람과는 달리 게슈탈트가 아주 분명하게 형성되어 있는 사람이다. 모든 관심이 여자에 집중되어 있다. 즉 예쁘고 섹시한 여자가 항상 전경이 되고 그 이외의 모든 여자는 배경이 되는 사람이다. 하지만 이 사람 또한 전경과 배경이 구분되지 않는 앞의 사람만큼이나 문제가 많은 사람이다. 자신이 처한 상황과 필요에 따라 전경과 배경이 유연하게 바뀌지 않는 사람처럼 대하기 힘든 경우도 없다. 자기가 중요하게 생각하는 것만 중요하고 남이 어떤 관심과 가치를 갖고 있는지 전혀 고려하지 않기 때문이다.

여가 _ '전경'과 '배경'을 바꾸는 일

여가를 보낸다는 것은 여유를 갖는다는 이야기다. 지금까지 내게 너무나 중요했던 것을 배경으로 보내고 그동안 잊고 살아왔던 것들, 배경에만 흐릿하게 있어 왔던 것들(예를 들면, 아내, 아이들, 내 젊은 날의 꿈같은 것들)을 전경으로 끌어올린다는 뜻이기도 하다. 전경과 배경을 유연하게 뒤바꿀 수 있는 능력은 쉬어가는 여유가 없으면 절대 생기지 않는다.

앞만 보고 날뛰는 사람이 아름다운 시대는 지났다. 그런 사람은 남과 전혀 의사소통이 불가능한 자폐증 환자 시대에 사는 것이다. 그러나 아직도 많은 사람들이 시대가 바뀐 것을 모른다. 아직도 자신이 승승장구하던 시절인 줄 착각하며 자신의 가치를 강요한다. 이런 사람이 위험한 것은 자신의 자폐증을 남에게 전염시키기 때문이다. 이런 증세의 유일한 처방은 여유를 갖는 법을 배우는 것뿐이다. 이렇게 노천카페에 앉아 스스로 찬란한 풍광의 배경이 되는 방법부터 배워야 한다. 스스로 배경이 되고 관객이 되어 전체와 조화를 이루는 경험을 해야 전체를 바라볼 수 있는 능력이 생긴다. 리더는 전경과 배경을 통합한 전체를 바라볼 수 있어야 한다.

정해진 분량의 원고를 끝냈으니, 이제 나도 전경과 배경을 바꿔야겠다. 비키니의 아가씨들을 맘껏 전경으로 올리고 튼튼한 아줌마는 뿌연 배경으로 보내겠다는 이야기다.

축제를 통해 삶의 주인이 된다

멀리서 노루가 컹컹대고 울고 있다. 노루의 울음소리가 고향 마을 어귀의 개 짖는 소리와 비슷하다는 사실이 이등병의 그리움을 더욱 절절하게 만든다. 멀리 달빛에 비치는 무기 창고의 지붕들이 공동묘지의 무덤처럼 웅크리고 있다.

겨울들판에 홀로 남겨진 이등병은

어떤 성욕도 일으키지 못하는 음담패설이나 늘어놓던 고참 병장은 이등병에게서 더 이상은 들을 이야기가 없음을 확인하고는 근무지를 이탈하여 내무반으로 들어간다. 이제 이등병은 영하 20도의 추위가 안개처럼 가라앉는 겨울 들판에 혼자 서 있다. 군대 생활을 시작한 지 겨우 2개월이 지났을 뿐이다. 남은 28개월의 세월을 어떻게 견딜 수 있을까? 도무지 자신이 없다. 하지만 더 참을 수 없는 것은 욱신거리는 다리의 통증이다. 곪아서 부을 대로 부은 다리로는 군화를 신을 수 없어 수건 한 장을 두른 채 그 추위를 버틸 뿐이다. 고개를 떨어뜨리고 다리를 바라본다.

내무반의 페치카를 때기 위해 산에서 나무를 자르다 생긴 상처다. 얼굴도 제대로 씻지 못하는 최전방의 겨울에는 작은 상처도 때로 아주 심각한 결과를 초래하기도 한다. 결국 작은 상처가 곪을 대로 곪아 벌겋게 부어올랐지만 아픈 시늉조차 할 수 없었다. 그래서 더 이상 상처를 숨기지 못해 절뚝거리자 담당 하사관은 욕을 뱉으며 이등병을 의무반으로 데려갔다.

절뚝거리며 1시간 남짓 눈길을 걷는 내내 하사관의 삼청교육대 조교 시절 무용담을 들어야 했다. 하지만 어렵게 찾아간 의무대의 치료란 어처구니없이 간단했다. 남의 상처에 최소한의 연민도 보일 줄 모르는 의무병은 심드렁한 표정으로 상처에 붕대 한 뭉치를 쑤셔 넣고는 고름을 꺼낸다. 누런 고름이 피와 섞여 붕대 끝으로 끝없이 딸려 나온다. 언 살은 고통을 느낄 여유조차 없었다. 들여다보니 뼈가 허옇게 보였다. 그게 치료의 전부였다. 붕대 뭉치를 받아 들고 내무반으로 되돌아왔지만 야간 근무에 열외는 없었다.

아, 이렇게 죽는 거구나!

다리의 고통이 시계의 초침처럼 욱신댄다. 더 이상 살아 있을 이유가 없다. 이 군대 생활을 무사히 견뎌 제대한다고 해도 이등병의 삶에는 더 이상 희망이 없기 때문이다. 영원할 것 같은 이 무지막지한 군사 정권이 지배하는 사회에서 데모로 제적당한 이에게 설 자리는 없을 것 같았다. 배추 농사를 지어 트럭으로 직접 파는 방법을 고민하던 선배가 생각났다. 그러나 제대 이후의 삶을 지금 고민하는 것은 너무 사치스러울 따름이다. 당장 이 밤, 이 추위를 견뎌낼 자신이 없다. 귀를 덮고 있던 방한모의 옆 날개를 풀고 총구의 끝을 목에 댔다. 총알이 목을 뚫고 지나가는 마지막 그 죽음의 순간을 느끼고 싶기 때문이다.

하지만 총구를 목에 갖다 대는 바로 그 순간, 이등병은 소스라치게 놀란다. 덜컥. 총구가 목에 덜컥 달라붙는 것이다. 너무 추운 날씨 때문이다. 마치 냉장고의 얼음을 꺼내다 보면 쇠로 된 얼음 그릇이 살갗에 달라붙는 것과 마찬가지 원리다. 온몸에 소름이 쫙 끼치며 정신이 번쩍 든다. 도대체 내가 지금 무슨 짓을 하는 건가. 화들짝 총을 몸에서 멀리 떼어 내며 이등병은 생각한다.

'아, 이렇게 죽는 거구나!'

지금도 고속도로의 '녹화 사업' 간판에 가슴이 철렁한다

내 짧은 인생에서 죽음에 가장 가까이 갔던 순간의 이야기다. 나는 대학을 입학한 지 채 1년도 못 되어 욱하는 성격에 시위의 맨 앞자리에 나섰다가 맥없이 제적됐다. 1980년대 초 군사 정권이 들어선 지 얼마 안 되었던 당시의 시위란 아주 단순했다. '학우여'의 '학'만 외쳐도 그대로 붙들려 나갔다. 밤새 가리방으로 긁어댄 유인물도 뿌려지는 즉시 모아져 불태워졌다. 당시 학교 캠퍼스에는 사복 경찰들이 상주하고 있었기 때문이다.

역사의식이라곤 『전환시대의 논리』『해방전후사의 인식』 정도의 독서로 얻어진 얄팍한 수준의 대학 1년생에게 어느 날 갑자기 제적과 강제징집이 동시에 찾아왔다. 군사 정권은 각 개인의 반정부 의식이 어떤 수준인가에 대해선 별로 관심 없었다. 그저 체제에 반대하는 청년들에게 저항의 대가가 어떤가를 시범적으로 보여주려 했다. 시위하다가 붙들리면 단 하룻밤에 군대에 입대시켜 버렸다. 그리고 그들을 특별한 방식으로 다뤘다. 그들은 이 방식을 '녹화 사업'이라고 불렀다. 빨갱이들이라 파랗게 만들어야 된다는 뜻이었다. 나는 아주 간단히 빨갱이가 된 것이다.

지금도 나는 고속도로 주변의 '녹화 사업'이라는 안내판만 봐도 가슴이 철렁한다. 말 그대로 주위를 나무와 풀로 아름답게 만들겠다는 이야기가 내겐 머릿속을 시퍼렇게 멍들게 하겠다는 이야기로 들리기 때문이다. 지금까지도 나는 군대 가는 꿈을 꾼다. 끌려가면서 항상 운다.

내 두려움은 전망 없는 미래 때문이었다

죽음에 가장 가까이 다가갔던 그 시절의 내 기억은 그저 두려움뿐이다. 그 죽음의 경계를 벗어난 후, 내 삶의 방식은 너무 단순해졌다. 시간만 나면 잤다. 눈 뜨고 있는 동안에는 먹을 수 있는 것은 모두 먹었다. 먹을 것이 다 떨어지면 노래를 불렀다. 그리고 아주 짧은 틈만 주어지면 잤다. 행군 중에도 잤고 눈이 오는 가운데도 땅바닥에 누워 잤다. 그러는 사이 시간이 잠처럼 지났고, 내가 병장이 되자 어떠한 졸병들도 내가 대학을 다니다 왔다는 사실을 믿지 않았다. 누구보다도 훌륭한(?) 군인이 되어 졸병들을 온갖 욕설로 괴롭혔기 때문이다.

그러나 군대를 제대한 지 20년이 지난 지금도 나는 그날 밤 그 총구 끝이 차디차게 달라붙던 그 느낌을 잊지 못한다. 피부의 감각으로 경험되는 그 두려움. 하지만 잘 들여다보면 내가 두려워했던 것은 군사 정권의 무지막지한 처벌이 아니었다. 나를 죽음 문턱에까지 몰고 갔던 것은 그 어떤 것도 기약할 수 없는 미래에 대한 두려움이었다. 이 사회 어디에도 설 자리가 없다는 미래에 대한 두려움 때문에 먹고 노래하고 자는 것 이외에는 어떠한 생각도 할 수 없었다.

죽음은 예측할 수 없기에 두렵다

사람에 따라 정도는 다르지만 불확실한 미래는 모든 사람을 두렵게 만든다. 인류 역사는 어쩌면 이 불확실한 미래에 대한 투쟁에서 비롯되었다고 해도 과언이 아니다. 역사라는 개념 자체가 도무지 감 잡을 수 없는 미래에 대한 두려움을 과거의 사건들을 해석함으로써 극복하려는 시도이다.

흔히들 인간이 가장 두려워하는 것을 죽음이라고 생각한다. 그러나 잘 들여다보면 전혀 그렇지 않다. 만약 우리가 죽는 날짜와 시간을 정확히 안다고 하면, 우리는 죽음을 더 이상 두려워하지 않을 것이다. 누구나 죽게 되어 있고 그 죽는 시간을 정확히 안다면 우리는 여행을 떠나듯 차분하게 죽음을 준비할 것이다. 하지만 죽음은 예고 없이 찾아오기 때문에 두려운 것이다. 즉 두려운 것은 죽음 그 자체가 아니라 언제 찾아올지 모를 죽음의 시간인 것이다. 시간이 두려운 것이다.

인간은 어떻게 두려움을 극복했나

언젠가부터 인간은 어디로 흘러가는지 도무지 감이 안 잡히는 시간의 흐름을 단위로 나누어 계산하기 시작했다. 1년으로 나누고, 1년은 12개월로 나누고, 1달은 30일, 하루는 24시간, 1시간은 60분, 1분은 60초로 나눴다. 나눌 수 있는 가장 작은 단위까지 나눴다.

불안을 극복하는 가장 좋은 방법은 이렇게 시간을 가능한 한 잘게 쪼개어 느낄 수 있게 만드는 것이었다. 가능한 작은 단위로 잘게 쪼개진 시간은 마치 내가 마음대로 조작할 수 있는 어떤 것처럼 느껴지기 때문이다. 하지만 시간을 일정한 단위로 나누면서 인간에게 주어진 가장 큰 기쁨은 시간이 반복될 수 있는 어떤 것으로 여겨지기 시작했다는 사실이다.

인간은 축제를 시작했다. 새해를 맞는 다양한 의식이 개발되었고 계절이 바뀔 때마다 온갖 이유를 들어 즐기기 시작했다. 1년 열두 달로 나눠진 시간은 더 이상 예측 불가능하고 어디로 흘러가는지 모를 두렵기 짝이 없는 어떤 것이 아니었다. 매년 반복되는 시간은 두렵기

보다는 오히려 즐거운 것이었다. 항상 새롭게 시작할 수 있기 때문이다. 사람들은 한 해는 꼬일 대로 꼬여 잘못되었지만 그다음 한 해가 시작되면 다시 시작할 수 있다고 생각했다. 따라서 한 해의 시작은 즐길 만한 가치가 있는 것이다. 인간이 축제를 통해 시간을 통제하기 시작한 것이다. 축제가 있는 한 시간은 더 이상 두려운 것이 아니다. 축제를 통해 시간은 반복되기 때문이다. 인간은 드디어 시간의 주인이 된 것이다.

나이가 들수록 세월이 빨리 가는 심리학적 이유

현대에 들어 우울증과 같은 정신 질환이 갈수록 늘어가는 이유는 바로 이러한 축제가 사라졌기 때문이다. 축제가 없는 삶에서 시간의 흐름은 더 이상 통제되지 않는다. 아무리 다이어리로 시간 변화를 정리해보려고 애쓰지만, 다이어리가 복잡해지면 복잡해질수록 우울해진다. 나이가 들수록 새해의 시작은 즐겁기보다는 왠지 서글퍼진다. 살아온 날보다 살아갈 날이 더 짧기 때문이다. 시간은 갈수록 빨리 지나는 것 같다.

갈수록 시간이 빨리 지나가는 것은 심리적 시간 때문이다. 심리적 시간에서는 1년이 다 같은 1년이 아니다. 심리적 시간에서는 자기가 살아온 해에 대비해 한 해가 느껴진다. 내가 30년을 살았다면 한 해가 30분의 1로 느껴진다. 내가 50년을 살았다면 한 해가 50분의 1로 느껴진다. 올해가 작년보다 빠르게 지나가는 것은 바로 이 때문이다.

김광석의 「서른 즈음에」가 그토록 서글프다면
도대체 나는 어쩌란 말이냐

새벽 출근길의 겨울 안개는 40대 중반의 나이를 더 서글프게 한다. 라디오에서 흘러나오는 김광석의 「서른 즈음에」라는 노래는 나를 아주 좌절케 한다.

"계절은 다시 돌아오지만 떠나간 내 사랑은 어디에 내가 떠나보낸 것도 아닌데 내가 떠나온 것도 아닌데 조금씩 잊혀져 간다 머물러 있는 사랑인 줄 알았는데"

제길! 구구절절이 가슴을 찢는다. 겨우 서른에 저렇게 인생이 서글프다면 난 도대체 어쩌라는 건가? 눈물까지 찔끔거린다. 그날 저녁 난 또 아주 심하게 절망했다.

음악회 표를 사러 갔다. 바로 앞에 빨간색 바바리의 아가씨가 서 있었다. 언젠가부터 나는 빨간 바바리만 보면 왠지 정신이 혼미해지고 가슴이 뛰는 증상이 생겼다. 용기를 내 말을 건넸다.

"바바리가 참 예쁘네요!"

그 발랄한 아가씨는 아주 밝은 표정으로 웃으며 내 이야기에 답했다. 표를 사고 음악회에 들어가기까지 짧은 시간이지만 우리는 이런 저런 이야기를 나눴다.

난 그 빨간 바바리의 아가씨가 친구들과 음악회장으로 들어가고 난후, 엄청나게 좌절했다. 그 아가씨가 내 작업에 어떠한 경계심이나 긴장감을 보이지 않았기 때문이다. 그녀에게서는 유혹하는 낯선 남자에게 보이는 어떠한 징후도 발견할 수 없었다. 나는 나름대로 작업(?)에 들어간 것이었지만, 그 아가씨는 그저 마음씨 좋아 보이는 아저씨와 남는 시간에 이런저런 이야기를 나눴을 뿐이었다.

세상에 이럴 수가. 나는 남자가 아니라 그저 아저씨일 뿐인 것이다. 솔직히 이 글을 읽는 50대의 아저씨들에겐 너무 죄송하다. 하지만 그분들이 이미 겪고 지나간 우울함의 그늘에 이제 나도 들어선 것이다.

'우리 기쁜 젊은 날'은 계속되어야 한다

세월이 가져오는 어쩔 수 없는 이 우울함의 그늘. 그 그늘을 벗어나려면 나만의 축제를 기획해야 한다. 나이가 느껴질수록 나만의 축제를 만들어 즐길 수 있어야 한다. 시간의 흐름은 모두에게 두려운 것이다. 하지만 인류의 선조들이 시간을 반복 가능한 것으로 만들고 그 반복의 절기마다 축제로 즐거워했다. 그처럼 우리도 우리 삶의 흐름을 단위로 쪼개어 축제로 즐겨야 한다.

아저씨의 삶이 우울한 것은 축제가 사라졌기 때문이다. 동네 어귀 슈퍼 앞에서 무릎 부분이 늘어날 대로 늘어난 '트레이닝 바지'와 '슬리퍼' 차림으로 맥주잔을 기울이고 있는 아저씨에게는 어떠한 축제의 설렘도 발견할 수 없다. 하지만 이런 아저씨들도 '우리 기쁜 젊은 날'에는 작고 작은 축제가 끊임없었다.

지금의 젊은이들이 끊임없이 '빼빼로 데이' '발렌타인 데이' '자장면 데이'와 같은 축제를 만들어 즐기는 것처럼 작고 작은 축제가 계속되는 삶은 기쁘다. 너무 재미있어서 어쩔 줄 모른다. 축제와 기쁨, 재미가 반복되는 삶의 주인은 나다. 그들에게 시간은 흐르지 않고 반복되기 때문이다. 마치 골프의 스킨스 게임이 매 홀마다 새롭게 시작할 수 있어 흥미진진한 것처럼, 작은 축제를 끊임없이 만들어내는 그들에게 삶은 매년 새롭고 흥미진진할 수밖에 없다. 내 삶의 주인이 되는 기쁨은 축제가 있을 때만 가능하다.

근데 당신이 기억하는 마지막 축제는 도대체 언제였는가?

'삶이 그대를 속일지라도'는 가짜!

학창 시절 대부분의 학교 칠판 위에 걸려 있던 누구나 기억하는 아무 감동도 없었던 메마른 시가 있었다. 푸시킨의 시다. 대충 이렇게 시작한다.

'삶이 그대를 속일지라도 슬퍼하거나 노여워하지 말라. 우울한 날들을 견디면 기쁨의 날이 오리니.'

도대체 왜 그렇게들 푸쉬킨의 시를 걸어 놓았는지 지금도 이해가 안 된다. 푸쉬킨이 누구인지도 모르는 고등학생에게 인생이란 항상 나를 속이려는 아주 못된 어떤 것이었다. 그리고 나는 그 인생을 처음부터 그저 참고 견뎌야 하는 것으로 배웠다. 기쁨의 날이 오리라고 이야기는 하지만 기쁨의 내용이 어떤 것인지 전혀 상상할 수 없었다. 아무도 그 기쁨이 어떤 것인지 이야기해주지 않았기 때문이다.

교실에도 이발소에도 푸시킨이 있었다

'데어데스뎀뎀' '디데어데어디'를 외우지 못하면 날라오는 독어 선생의 참나무 몽둥이에 짓이겨지면서도 나는 외쳤다. '삶이 그대를 속일지라도…….' 서투른 주먹질로 걸려 온종일 교무실 앞에 무릎 꿇고 호출당한 어머니를 기다리면서도 나는 중얼거렸다. '삶이 그대를 속일지라도…….'

머리 몇 센티 좀 더 길러보겠다고 피해 다니다가 결국은 교련 선생의 바리깡에 고속도로가 난 머리를 밀러 간 이발소의 거울에 또 그 놈의 푸시킨이 비치고 있었다. 이번엔 아주 유려한 이발소 그림을 배경으로 흘림체로 폼 나게 써 있었다. 결국 나는 고등학교 3년을 내내 이 시의 앞부분만을 반복하여 외우며 견뎌냈다.

고등학교 시절이 지나고 대학생이 되어도 인생은 계속 나를 속였다. 도대체 이 우울한 날들을 언제까지 견뎌야 하는지 아무도 이야기해주지 않았다. 어쩌면 우리 기쁜 날들은 아예 안 올 것 같은 참담한 예감이 들었다. 나는 학교 교문 앞에서 최루탄을 쏴대는 전경들에게 돌을 던지면서도 너무 불안했다. 도대체 이 우울한 날들이 언제까지 계속될 건가…….'

아, 군대 내무반에도 있었다

푸쉬킨의 이 무서운 예언은 군대 내무반에서도 반복되었다. 취침 전 점호 시간, 침상 저 끝에서부터 기합이 차례대로 진행되고 있었다. 군대 점호에서 기합은 순전히 일직 사관의 마음대로다. 즉 아무리 점호 준비를 잘해도 일직 사관이 맘만 먹으면 얼마든지 문제를 발견할 수 있었다. 흰 장갑 끼고 천정 형광등을 문대면 어찌 먼지가 안 묻어나올까. 항상 이런 식이었다. 공포에 떨며 곧 닥쳐올 내 순서를 기다리며 나는 맞은편 벽의 시를 올려다보았다. 제길 이럴 수가. 또 그 시다.

'삶이 그대를 속일지라도⋯⋯.' 그렇게 인생은 항상 나를 속였다. 내 짧은 인생에서 푸시킨의 이 우울한 예언이 참으로 오랫동안 지속되었다. 인생은 단지 참고 견디는 것일 뿐이었다. 우울한 날들을 견디면 오게 될 기쁨의 날에 인생이 어떻게 달라지는가에 대해 아무도 설명해주지 않았다. 인내는 쓰고 그 결과는 단 것이었지만, 그 결과가 어떻게 단 것인지 도무지 상상을 할 수 없었다.

모두들 이러고 산다. 그저 이를 악물고 견딜 뿐이다. 그 인내의 결과가 달다고는 하지만 어떻게 단 것인지는 아무도 모르는 것 같다. 성공했다고 여겨지는 대부분의 사람들은 성공한 이후에도 여전히 그렇게 이를 악물고 살아간다. 새해를 시작하면서도 모두들 이를 악물고 한 해를 견딜 생각들뿐이다.

인내는 잘못된 것이다

한 해가 새롭게 시작되면 모두들 새해의 목표를 세운다. '담배를 끊겠다'부터 시작해서 '영어 회화에 본격 투자하겠다'까지 목표는 다양하지만 목표를 세우는 양상은 두 가지로 요약된다. 지난해에 대한 반성과 새로운 해에 대한 다짐이다. 하지만 새로운 한 해에도 모두들 환경의 고난을 자처하고 그것을 이겨내야 하는 '인내'와 자기 자신과의 투쟁을 전제로 하는 '극기'로 일관한다.

행복하고 재미있게 살겠다고 목표를 세우는 사람은 극히 드물다. 그러니 모두들 작심삼일作心三日이 될 수밖에 없다. 인내와 극기의 내용은 해를 거듭할수록 구체적이고 현실적이지만 '인내'와 '극기'의 결과로 찾아오는 행복은 갈수록 추상적이다. 잘못된 것이다. 이런 방식으로는 절대 '기쁨의 날'이 찾아오지 않는다.

기쁨의 날에 어떻게 행복할지 예상을 못하는데 어떻게 이 우울한 날들을 견딜 수 있을까. 행복할 생각부터 명확히 해야 인내할 수 있고 목표를 이룰 수 있다. 도대체 무엇을 위한 인내인가를 분명히 해야 한다는 이야기다. 목표를 분명히 해야 한다. 우리는 그저 참고 견디다 보면 행복해지는 것이 절대 아니다. 행복할 생각을 명확히 해야 참고 견딜 수 있다.

의미 있는 삶의 '틀 만들기'

목표를 분명히 하는 심리적 과정을 '틀 만들기framing'라고 부른다. '틀 만들기'란 자신의 행위에 의미를 부여하는 방식을 뜻한다. 이 틀이 어떤가에 따라 똑같은 상황에서 사람의 행동은 전혀 다른 양상을 보인다. 다음과 같은 두 가지 상황이 있다.

■**1번 상황** _ 당신은 의사다. 당신이 살고 있는 지역에 600명이 죽을병에 걸렸다. 이 병을 치료하는 방법은 두 가지가 있다. A치료법을 선택하면 당신은 200명을 살릴 수 있다. B치료법을 선택하면 600명 모두를 살릴 수 있는 확률은 3분의 1이고 아무도 살릴 수 없는 확률은 3분의 2이다. 당신은 어떤 치료법을 선택할 것인가? (대부분 A치료법을 선택한다.)

■**2번 상황** _ 당신은 의사다. 당신의 살고 있는 지역에 600명이 죽을병에 걸렸다. 이 병을 치료하는 방법은 두 가지가 있다. C치료법을 선택하면 400명이 죽는다. D치료법을 선택하면 아무도 죽지 않을 확률은 3분의 1 이고 모두가 죽게 될 확률은 3분의 2이다. 당신은 어떤 치료법을 선택할 것인가? (대부분 D치료법을 선택한다.)

잘 들여다보면 1번 상황이나 2번 상황이나 똑같은 상황이다. 하지만 1번 상황에서는 200명을 살릴 수 있는 확실한 A치료법(2번 상황의 C 치료법과 동일)을 선택하고, 2번 상황에서는 위험한 D치료법(1번 상황의 B 치료법과 동일)을 선택한다. 사람들은 왜 상황에 따라 다른 선택을 할까? 자신이 하는 행위의 목표에 대한 의미부여, 즉 '틀 만들기'가 다르기 때문이다. 1번 상황에서는 '살리는 방법'이라는 '틀'이 강조되었기 때문에 확실한 치료법 A를 선택했다. 반면 2번 상황은 '죽게 되는 방법'의 '틀'이 강조되었기 때문에 위험한 치료법 D를 선택하게 된 것이다.

자신의 행위의 목표가 한쪽은 살리는 방법에, 다른 쪽은 죽이는 방법에 초점이 맞춰짐에 따라 수학적 확률은 똑같음에도 불구하고 전혀 다른 행동 선택이 이뤄진 것이다. 카너먼 교수는 이렇게 인간의 행위를 결정하는 것은 객관적 상황에 대한 경제학적 논리가 아니라 심리적 해석이라는 이론으로 2002년 노벨 경제학상을 수상했다. 그런데 이 '틀 만들기'라는 심리적 의미 부여는 도대체 어떻게 이뤄지는가?

사소한 일상이 삶의 의미를 규정한다

2004년 12월 미국의 사이언스지에 발표된 「하루의 재구성」이라는 논문에서 카너먼 교수는 약 1,000명의 미국 여성을 대상으로 하루의 일과를 에피소드로 나눠서 순서대로 적게 했다.

예를 들면 '아이 돌보기' '직장에서 일하기' '친구와 수다 떨기' 등. 그 다음 각각의 에피소드에 대한 심리적 상태를 '긍정적' '초조한' '피곤한' '능숙한' 등과 같은 형용사로 구분하여 점수를 매기도록 했다. 그 결과 '친한 사람들 만나기' '사교 활동' '휴식' 등은 긍정적인 점수를 받은 반면, '직장 생활' '아이 돌보기' '출퇴근' 등이 부정적인 에피소드로 평가되었다. 여기까지는 아주 평범한 연구 결과라고 할 수 있다. 그러나 이 연구 결과가 흥미로운 것은 바로 다음과 같은 사실에 있다.

이 여성들은 가장 피곤한 느낌을 주는 사람으로 자신의 배우자를 꼽았고 두 번째로 피곤한 사람으로 자신의 자녀를 꼽았다. 카너먼 교수는 가장 즐겁고 행복해야 할 자신의 가족이 피곤한 사람 1, 2등이 되는 것은 삶의 의미 부여가 의외로 단순하기 때문이라고 주장한다. 잠을 제대로 자지 못하거나 스트레스로 인한 가벼운 우울증과 같은 일상의 느낌들이 자신의 일상에 의미를 부여하는 가장 중요한 요소라는 것이다.

'사랑하는 아이들' '평생 나와 함께하는 사랑하는 남편'과 같은 거창한 구호보다는 일상에서 남편에게서 느끼는 짜증스러움, 자녀들에게서 느끼는 귀찮음과 같은 심리적 상태가 자신의 일상의 의미를 결정한다는 사실이다.

직장에서의 성공, 결혼의 기쁨과 같은 인생의 중요한 사안들은 아주 가끔 기억날 뿐 정작 지속되는 일상의 의미에는 그리 커다란 영향을 미치지 못한다. 반면 '친구 만나기' '사교' '휴식'을 즐기는 것이 가장 기대되고 즐거운 일이라고 대답한 이유는 단순히 '느낌이 좋기 때문'이다.

평생 삶에 속는 이유는 무엇인가

우리가 평생 '삶'에 속고만 살다 가야 하는 이유는 바로 이러한 일상의 느낌이 결정하는 의미부여, 즉 '틀 만들기'의 과정에 너무 소홀하기 때문이다. 훌륭한 남편, 예쁜 아내, 사랑스런 자녀들을 곁에 두고서도 행복하지 않은 이유는 바로 일상에서 자신이 느끼는 사소한 감정에 너무 무관심하기 때문이다.

내 행복을 결정하는 것은 성공 이데올로기가 아니라 일상의 아주 가벼운 느낌들이다. 카너먼 교수는 각국의 GNP가 그 나라에 사는 사람들의 행복의 척도가 되지 못하는 이유는 바로 이러한 사소한 감정과는 너무나 동떨어진 수치이기 때문이라고 주장한다. 차라리 사람들이 무슨 생각으로 일상을 보내는지, 그 느낌을 동일하게 잴 수 있는 방법을 개발하면 그것이 행복의 척도에 가깝다는 것이다.

2002년 노벨 경제학상을 받은 카너먼 교수가 제안하는 행복의 조건은 너무 간단하다. '좋은 느낌을 가질 수 있는 일에 시간을 보다 많이 투자하라'는 것이다. 그러나 사람들은 자신들이 좋아하는 일에 시간을 투자하지 못한다. 실제로 카너먼 교수의 연구에 참여한 사람들이 자신이 좋아하는 일을 하면서 행복해한 시간은 하루 평균 2시간 42분에 불과했다. 반면 즐겁지 않은 일에 사용한 시간은 9시간 36분에 달했다.

삶은 참는 것이 아니다

성공이라는 거창한 구호에 더 이상 속지 말아야 한다. 우울한 날을 참고 견딘다고 행복한 날이 오는 것이 결코 아니다. 그저 우울한 날이 계속될 뿐이다. 많은 사람들이 성공해서 은퇴하면 행복해질 것이라고 생각한다. 그러나 하버드 대학의 앤더슨Anderson 교수는 25년간의 연구결과를 토대로 성공했다고 여겨지는 사람일수록 은퇴한 이후, 우울증에 걸려 심장 계통의 질환으로 죽을 확률이 7배가 높다고 주장한다. 생활이 속이는 것을 그저 참을 줄만 알았지, 행복하게 사는 법에 대해서는 너무 무지하기 때문이다.

한 해를 시작하면서 또 다시 인내할 생각부터 하는 것은 너무 어리석은 일이다. '어떻게 하면 행복할 수 있을까'부터 생각해야 한다. 즐겁게 '자-알' 놀 생각부터 해야 한다. 일상의 사소한 느낌들을 아주 진지하게 돌아봐야 한다. 내게 즐겁고 정말 좋아하는 일이라면 남들의 이목에 절대 신경 쓸 필요가 없다. 남의 이목에 신경 쓰는 사람처럼 바보는 없다. 자신이 정말 행복한지, 불행한지에 대해서는 전혀 아는 바 없다. 평생 그저 남들 흉이나 보며 살다 간다. 우린 그동안 자신의 행복을 챙기는 데 너무 무지했다. 행복하고 재미있으면 죄의식을 느껴야 했다.

우린 누구나 잘 먹고 잘살고 싶어 한다. 그러나 사람들은 이렇게 욕한다.

"잘 먹고 잘살아라!"

우린 누구나 재미있게 놀고 싶어 한다. 그러나 사람들은 또 다시 이렇게 비아냥거린다.

"놀고 있네!"

잘못됐다. 이런 인간들과는 이젠 제발 떨어져 살아야 한다. 우린 정말 '잘 먹고 잘살아야 한다'. 우린 정말 잘 놀아야 한다.

행복해야 성공한다

정말 심각한 문제는 우리가 언제 정말 즐겁고 재미있고 행복한지 모른다는 사실이다. 지금이라도 일상의 사소한 행복에 대해 사려 깊게 생각해봐야 한다. 저녁식사 후 아내 손잡고 동네 한 바퀴 도는 것이 정말 행복이다. 일요일 오후 좋아하는 음악 틀어놓고 꼬박꼬박 조는 것이 정말 재미다. 착각하지 말자. 인내는 쓰지만 그 결과가 달콤하리라는 보장은 전혀 없다. 지금 삶이 자신을 속이는 것을 알면서도 참고 인내해서 나중에 많은 돈을 벌면 행복해지고 재미있게 살 수 있으리라 생각은 버려야 한다.

행복과 재미는 그렇게 기다려서 얻어지는 어마어마한 어떤 것이 아니다. 행복과 재미는 일상에서 얻어지는 아주 사소한 것들이다. 이 사소한 사실을 발견했다고 카너먼 교수가 노벨상을 받을 만큼 세상은 뭔가 잘못되어도 크게 잘못되었다. 지금 행복하지 않은 사람은 나중에도 절대 행복하지 않다. 지금 행복한 사람이 나중에도 행복한 법이다. 성공해서 나중에 행복해지는 것이 절대 아니다. 지금 행복한 사람이 나중에 성공한다.

휴가, 규정대로 다 쓰십니까?

나는 심리학을 25년 넘게 연구해오다 보니 일상생활에서 나름대로 사람의 특성과 능력을 평가하는 기준이 생겼다. 그리고 그러한 내 평가가 틀리는 경우는 그리 많지 않다고 확신한다. 그러나 만나는 사람이 부쩍 다양해진 요즘, 참 당혹스런 경우가 가끔 생긴다.

내가 가진 평가 원칙에서 언변, 논리적 사고, 행동의 품위에 있어 한참 벗어나는 사람이 불과 몇 년 전만 하더라도 국가의 매우 중요한 직책이나 널리 알려진 대기업의 중책을 역임했다고 소개받을 때다. 그러나 그 사람에 대한 내 평가가 틀렸다고 이야기하기는 어렵다. 그들의 현직 재임 기간은 대부분 매우 짧기 때문이다. 그다지 뛰어난 능력을 발휘하지 못했기에 바로 자리에서 물러났다는 이야기다. 하지만 여전히 이해할 수 없는 사실이 있다.

아무리 짧은 동안이라지만 수준에 미달하는 사람이 당시 국가의 대사를 맡았거나 대기업의 간부로서 수많은 결정들을 책임지고 수행했다는 이야기인가? 지난 시대가 아무리 혼란스러웠다 할지라도 이 나라의 발전이 그리 어수룩하게 이뤄지지는 않았을 것이다. 도대체 어떻게 된 일일까?

능력 있는 사람이
하루아침에 멍청해지는 이유 _ 피터의 원리

이러한 의문을 해결할 수 있는 단서를 아주 어설퍼 보이는 교육학 이론에서 발견할 수 있다. 어설프지만 상당히 설득력 있는 이론이다. '피터의 원리Peter's Principle'라고 불린다. 캐나다의 교육학자인 로렌스 피터는 요즘 내가 느끼는 문제와 비슷한 의문을 가졌던 모양이다. 피터는 과거에는 유능했다는 평가를 받던 사람이 어느 순간 무능한 사람이라고 평가받게 되는 경우는 아주 자주 있는 현상이다. 그 원인은 다음과 같이 설명할 수 있다고 주장한다.

언제나 그렇듯이 조직에서 유능하다고 평가를 받는 사람들에게만 지속적으로 일이 몰리게 되어 있다. 그들이 맡겨진 일들을 성공적으로 해낼수록 승진을 거듭하며 보다 중요한 역할을 부여받게 된다. 그러나 영원히 이런 성공과 승진이 계속되는 것은 아니다. 어느 일정 수준에 올라서면서부터 자신이 차마 감당할 수 없는 일들이 부여된다. 주위의 계속되는 기대에 부응하고 자신의 직책에 맞는 책임을 다하기 위해 발버둥치지만 이미 시간은 늦었다. 자신의 역량에 비해 주어진 과제의 도전은 너무 벅차다. 그 순간부터 그는 자신감을 상실하고 두려움에 젖게 된다. 물론 유능하다는 주위의 평가는 한순간에 사라진다. 사람들의 평가는 언제나 그렇듯이 한 칼로 끝나버린다.

우리 주위에는 유능하다고 여겨지는 사람들 중에 이 '피터의 원리'에 빠져드는 경우가 너무도 많다. 자신이 이미 '번아웃' 상태, 즉 더 이상 어찌할 수 없는 심리적인 소진 상태에 이르렀음에도 불구하고, 주위의 기대를 저버리는 것에 대한 두려움으로 갈 데까지 가보자는 자포자기의 상태에 빠진 사람들이 의외로 아주 쉽게 발견된다.

이른바 '유능한 사람'들이 혼자 있을 때의 표정을 잘 살펴보면 그들이 '피터의 원리'에 빠져 있는지 아닌지를 아주 쉽게 판단할 수 있다. 그들이 선택할 수 있는 미래는 둘 중 하나다. '무능한 사람'이 되어 밀려나든지, 아니면 스트레스성 질환으로 일찍 은퇴하든지.

스스로 '피터의 원리' 함정에 빠지다

나 역시 지난 몇 해 '피터의 원리'의 함정에 빠져 허우적거렸다. 정말 바쁘게 살았다. 아마도 그리 길지 않은 내 삶에서 가장 바쁜 시간이었을 것이다. 학교 강의도 강의지만 교수의 본업과는 다소 동떨어진 일들로 너무 정신이 없었다. 무엇보다도 주40시간 근무제의 본격 시작으로 인해, 국가의 여가 정책을 세우는 정부 조직에 소속되어 국민들의 여가 문화의 변화에 대한 국가적인 차원의 큰 그림도 그려야 했다.

다양한 단체로부터의 강연 요청을 그저 모르는 체할 수는 없었다. 여가 문화의 중요성과 한국 여가 문화의 문제에 관해 그렇게 요란하게 떠들면서, 정작 그 필요성을 직접 소개할 수 있는 자리를 피할 수는 없는 일이었다. 거기다 온갖 원고, 프로젝트 등. 정말 많은 일들을 했다. 하지만 수많은 휴테크, 삶의 밸런스 경영 이야기를 하면 할수록, 정작 나와 내 가족의 휴경영은 뭔가 하는 자책감이 한 해 내내 나를 괴롭혔다.

나를 비난하는 아내와 아이들에게 '여가학자의 이야기를 귀담아 듣고 따라해야 하지만, 여가학자의 삶을 따라해서는 안 되는 법이란다'라며 너스레를 떨며 그 곤경을 피해나갔다. 집 밖으로 나서면 다양한 사람들이 내 여가 문화론에 감탄을 아끼지 않았다. 나는 아주 적당한 시기에 국가적으로 매우 중요한 이슈를 제기한 '유능한 사람'으로 여겨졌다. 그럴수록 나는 가족들에게 미안해도 된다고 생각했다.

우리 가족만의 연말 휴가를 계획하다

2004년, 연말이 다가올수록 남편과 아빠의 이중적 삶에 입이 나올 대로 나온 아내와 아이들에게 나는 드디어 굳게 약속했다. 이번 크리스마스에는 우리 네 가족만의 오붓한 시간을 갖겠다고. 강연료와 원고료를 모아 크리스마스 연휴 동안 푸켓의 한 리조트를 예약했다. 사실 동남아의 리조트에서 온갖 풍요로움의 냄새를 맡아보는 것은 나와 내 아내에겐 참으로 오래된 소원이었다.

유학 시절 에어컨도 안 나오는 오래된 소형 디젤 승용차로 유럽의 텐트촌만을 전전했던 내 여름휴가의 기억 저편에도 항상 풍요로운 리조트의 파란 수영장이 있었다. 경치가 아름다운 곳에는 나와는 종種이 다른 귀족들만 즐길 수 있을 것 같은 호텔과 비키니의 금발 미녀들이 일광욕을 즐기고 있는 수영장을 항상 볼 수 있었다. 그 근처에 차를 세우고 소시지와 마른 빵을 씹으며 파란 수영장과 하얀색 비치 의자를 넋을 놓고 바라보던 기억은 지금도 너무 또렷하다. 그런 리조트에 나도 내 아내와 두 아들을 데리고 드디어 가게 된 것이다.

내 몸무게와 그리 큰 차이가 나지 않는 아내는 비키니를 입기를 거부했다. 하지만 "리조트에서는 비키니를 입고 일광욕을 하는 법이다." "독일에서 내내 보지 않았느냐." 하며 당신이 자신 없으면 내가 직접 사주겠다고 큰소리를 치며 아내를 백화점으로 데리고 나갔다. 아, 그러나 세상 일이 반드시 의도대로 되는 법은 없었다.

백화점 수영복 코너의 아가씨는 물어보지도 않고 대뜸 내 아내를 아줌마들을 대상으로 하는 원피스 수영복 코너로 데려가는 것 아닌가! 그곳의 원피스 수영복은 아랫배를 가리도록 형형색색의 수건들이 세트로 제공되고 있었다. 나는 어떤 저항도 못하고 원피스.수영복을 만지작거리는 아내를 뒤로 세우고 화가 난 표정으로 크게 말했다.

"요즘은 비키니가 전혀 안 나오나?"

전혀 이해할 수는 없지만, 손님의 기분을 맞춰주려는 판매원 아가씨의 생뚱맞은(!) 표정을 무시하며 부끄러워하는 아내에게 상당한 고가의 비키니를 크리스마스 선물로 안겨줬다.

유능한 사람은 항상 그렇다, 그래도 된다

_ 휴가 계획을 취소하다

온 가족이 따뜻한 해변의 크리스마스를 꿈꾸며 잠을 설치던 여행 출발 며칠 전, 제출했던 프로젝트의 보고서에 큰 문제가 생겼다. 데이터 처리에 문제가 생긴 것이다. 매번 이런 식이다. "당신 하는 일이 그러면 그렇지." 하며 비키니는 찜질방에서나 입겠다는 아내의 좌절의 목소리와 아이들의 아우성을 견디며 프로젝트 보고서를 완성해야 했다. 나는 '유능한 사람'이니까.

여행사에 위약금을 물 수는 없어 손아래 처남 식구들에게 그 여행을 권했다. 결국 우리 대신 따뜻한 남쪽 나라, 리조트에서의 크리스마스를 맞이하기 위해 처남 식구들이 떠났다. 나는 '첫 키스 사건' 이외에 아내가 나를 영원히 괴롭힐 약점이 또 하나 추가되고 말았다(우리의 첫 키스 장소는 처갓집 근처 아파트 경로당 화장실 뒤쪽이다. 나는 아내에게 평생 욕먹어 싸다). 그래도 우리가 여행가면 산타 할아버지가 찾아오지 못한다며 내심 심각했던 유치원 다니는 둘째 아이가 그리 우울해 하지 않아서 다행이었다.

내 대신 푸켓에 여행 간 처남 식구들이 연락이 안 된다

아내와 아이들을 억지로 달래며 보내던 크리스마스 날 늦은 저녁, 장인으로부터 전화가 왔다. 처남 식구가 여행 간 푸켓이 지진과 해일로 난리가 났다는 것이다. 밤새 연락이 안 되던 처남은 그다음 날 오후가 되어서야 모두 무사하다고 전화를 했다.

해일이 밀려오는 바로 그 순간, 피피 섬 근처에서 배를 타고 있었다고 한다. 배 위에 있던 사람들은 사태의 심각성을 전혀 몰랐다고 한다. 피피 섬에 먼저 가 있던 사람들은 대부분 실종이라고 했다. 그리고 만약 자신들도 일정대로 갔다면 큰일 날 뻔했다고 한다. 아이가 컨디션이 좋지 않아 늦게 출발한 까닭에 그 위험을 피할 수 있었다며 정말 착하게 살겠다고 다짐을 한다. 그러면서 매형이 예정대로 갔다면 큰일 날 뻔했다고 겁을 준다.

그날 이후, 나는 며칠 동안 파도에 휩쓸리는 생각에서 벗어날 수가 없었다. 그 엄청난 해일이 밀려오는 순간 나는 내 아이들을 들고 뛰다가 파도에 휩쓸린다. 아이들의 손이 내 손으로부터 멀어진다. 이 생각이 자꾸 떠오르며 정신이 아찔해온다. 나는 지난 1월 초부터 동네 헬스클럽에서 수영 강습을 신청했다.

프로젝트가 먼저인가, 휴가가 먼저인가?

처음에는 일 때문에 휴가를 못 떠난 것이 참 다행이었다는 생각만 들었다. 그러나 나와 내 가족이 큰일을 당할 뻔했다는 안도의 한숨이 지속될수록, 이건 아닌데 하는 생각이 들었다. 위기를 모면했다고 안도하는 것은 참 단순하고 안이한 생각이기 때문이다. 그런 종류의 피할수 없는 천재지변은 서울 한복판에서도 항상 겪을 수 있다. 대신 내 삶의 보다 근본적이 문제들에 대한 생각들이 자꾸 떠오르는 것이었다.

내 삶의 우선순위에 대한 고민들이었다.

도대체 내게 중요한 것은 무엇일까? 내 가족들과의 크리스마스와 프로젝트 보고서 중 과연 뭐가 정말 더 중요한 것일까? 예약된 리조트를 포기하고 프로젝트 보고서의 완결성을 높이려 했던 내 결정의 배후에는 어떤 우선순위의 원리가 깔려 있을까? 혹시 '피터의 원리'는 아닐까?

통에 모래와 돌을 가능한 한 많이 넣으려면

한 선생이 큰 통을 놓고 학생들에게 이 통을 돌로 채우라고 했다. 학생들은 부지런히 큰 돌들을 날라 통을 채웠다. 통이 돌로 가득 차게 되자, 선생은 학생들에게 물었다.

"이 통이 이제 가득 찼는가?"

학생들은 한결 같은 소리로 대답했다.

"가득 찼습니다. 더 이상 돌이 안 들어갑니다."

선생이 통을 아무리 흔들어도 아무 소리가 안 들릴 정도로 통 안에는 돌이 가득 차 있었다. 그러자 선생은 주위의 작은 돌들을 주워와 그 통을 채우기 시작했다. 가득 차 있다던 그 통 안으로 작은 돌들은 한없이 들어갔다.

선생은 더 이상 작은 돌들이 들어갈 수 없게 되자 학생들에게 다시 물었다.

"이젠 통이 가득 찬 것 같지?"

학생들은 계면쩍어 하며 크게 대답했다.

"다 찼습니다."

그러자 선생은 또 다시 주위를 두리번거리다가 모래를 퍼오기 시작했다. 가득 찼다던 그 통에 모래가 또 다시 한없이 들어가는 것 아닌가? 모래가 더 이상 들어가지 않자 말했다.

"다 채웠다는 통을 작은 돌들로 더 채울 수 있었고 모래로 더 채울 수 있었다. 그러나 만약 우리가 처음부터 모래를 채워 넣었다면 큰 돌들을 이 통 안에 넣을 기회나 있었을까?"

우리의 삶에는 큰 돌과 같은 일들도 있고 모래 같은 일들도 있다. 문제는 모래 같은 일들 때문에 큰 돌을 도무지 넣지 못하는 경우가 너무도 많다는 것이다. 작은 돌들을 먼저 넣어도 큰 돌은 절대 넣을 수 없다. 순서가 잘못되었기 때문이다. 내게 아내와 두 아들은 큰 돌인가, 작은 돌멩이인가, 아니면 모래인가? 내게 프로젝트 보고서는 큰 돌인가, 작은 돌멩이인가, 아니면 모래인가?

돌이 먼저였다!

지금 이 글을 쓰는 곳은 괌으로 가는 비행기 안이다. 지난번 푸켓에 가지 못한 대신 가족들을 데리고 괌으로 가고 있다. 한 해의 시작을 가족과 함께 보내야 한다는 생각이다. 내 아들들과 치고받는 장난이라도 하면서 이 아빠가 한 가족의 일원임을 확인해야 한다. 아내에게 비키니를 입을 용기를 심어줘야 한다. 이런 일들이 올 한 해 내게 큰 돌이 될 것이다. 내 삶에서 이런 일들은 모래부터 채우면 절대 들어갈 수 없는 아주 큰 바위들이다.

옆에서 자고 있는 아들의 얼굴을 보며 이 글을 쓰고 있다. 나는 앞으로 사흘 동안 우리 가족들과 아주 재미있게 놀 것이다. 그리고 올 한 해는 내 건강, 내 가족부터 가장 먼저 챙길 것이다. 비록 이렇게 비행기 안에서 원고를 써야 하지만, 이런 정도의 모래는 큰 돌이 채워지면 언제든지 처리할 수 있기 때문이다.

그러나 솔직히 말하자면 모래를 채우는 일도 전혀 만만한 일이 아니다. 나는 비행기 안에서 이 원고 이외에도 아직 두 개의 원고를 더 처리해야 한다. 나는 '유능한 사람'이니까……

21세기 경영 패러다임 _ 밸런스 경영

대개의 직장인들은 회사에서 지내는 시간이 하루 일과 중 가장 큰 비중을 차지한다.

"수고했네!"

직원들이 가장 좋아하는 직장 상사의 한마디다.

"그동안 수고했네!"

직원들이 가장 무서워하는 직장 상사의 한마디다.

'일'과 '일 이외의 영역' 사이의 균형

지금까지 우리는 일터에서 이런 식으로 우리의 존재를 확인해왔다. 직장 상사의 한마디에 웃기도 하고 울기도 한 것이다. 그러나 '일 이외의 영역'에도 우리에게는 중요한 것은 많이 있다. 가족, 사랑, 취미 생활, 동네일, 정치적 참여, 봉사 활동 등. 지금까지 이러한 우리 삶의 중요한 부분들이 일 때문에 항상 두 번째로 밀려났다. 물론 직장이 단순히 돈을 벌기 위한 수단만은 아니다. 일을 통해 우리는 자기실현의 경험을 하기도 한다. 그러나 '일'과 '일 이외의 영역' 사이의 균형이 깨진 삶이 가져다주는 허무감과 허탈감 때문에 40, 50대 이후의 삶이 흐트러지는 경우를 많이 보게 된다.

요즘의 젊은 세대들은 다르다. 더 이상 직장 때문에 자신의 삶을 희생하려 하지 않는다. 실제로 '직장이 중요한가, 가족이 중요한가'에 대한 질문에 우리의 40대는 거의 절반이 일이 중요하다고 대답했다. 그러나 20대에서는 72퍼센트가 가정이 더 중요하다고 대답했다. 직장이 가족보다 더 중요하다고 대답한 사람은 28퍼센트에 불과했다. 이 젊은 사람들은 고속 승진의 기회가 주어져도 거부하겠다고 대답한 사람이 30퍼센트에 달한다. 일터에서의 승진을 위해 내 삶을 희생하고 싶지 않다는 경향을 잘 보여준다. 또한 평생직장에 대한 환상은 더 이상 존재하지 않는다.

'지금보다 더 나은 조건을 제시하는 회사로 언제든지 떠난다'라고 생각한다. 20대 직장인의 70퍼센트가 한 달에 한 번 꼴로 이직을 고려한다고 한다. 아울러 그들은 현재보다 보수는 낮지만 개인적인 시간을 보다 많이 확보할 수 있는 직장으로 옮기겠다고 한다. 이런 경향은 능력 있다고 평가받는 사람에게 더욱 강하게 나타난다고 한다.

승진, 급여인상 따위로 인재를 모을 수 있는가

과거의 인사 관리 방식으로는 더 이상 유능한 인재를 확보할 수 없다는 이야기다. 능력 있는 인재는 언제든지 회사를 떠날 생각만 하고, 회사에 그리 큰 도움이 되지 않는 사람들은 죽어라 일하고 직장에서 쫓겨나지 않으려고 한다. 이런 상황에서 이제까지의 승진, 급여 인상, 보너스와 같은 외적 보상을 통해 사람들을 움직이려는 단순한 인사 관리 방식으로는 더 이상 통하지 않는다. 새로운 방식의 경영 패러다임이 필요한 것이다. 나는 이 패러다임을 '밸런스 경영'이라 부른다.

직원들의 일과 삶의 조화, 즉 밸런스를 배려하는 방식의 경영이다. 밸런스 경영에서 가장 중요한 것은 지금까지 간과해왔던 직원들의 심리적 균형을 배려하는 것이다. 즉 임금과 승진의 외적 보상을 통해서 직원들을 움직이는 것이 아니라 직원들 스스로에게 즐거움, 행복, 재미를 추구하는 내적 보상이 가능하도록 경영 환경을 바꾸는 방식이다. 실제로 서구 각국에서는 '워크 라이프 밸런스Work-Life Balance'가 21세기 인사, 조직관리의 핵심 화두가 되고 있다. 이는 인터넷 검색창에 이 단어를 쳐보는 일만으로도 아주 간단히 확인된다.

밸런스 경영의 세 가지 차원

밸런스 경영에서 가장 중요한 균형은 세 차원에서 이뤄진다. 우선 일과 가족의 균형이다. 직장 때문에 가족에 문제가 생기는 일이 반복될 때, 그 직원은 더 이상 일에 충실할 수 없다. 급작스런 상사의 호출로 주말 가족의 한가로운 행복이 깨질 때, 그 직원은 더 이상 가족의 심리적 지원을 기대할 수 없다. 그저 마지못해 일할 뿐이다.

밸런스 경영의 두 번째 차원은 회사의 성장과 내 성장 간의 균형이다. 회사의 발전을 위해 내 성장이 도외시되어서는 곤란하다. 회사의 성장을 통해 내 성장을 확인할 수 있어야 한다. 회사의 성장 과정에서 자기 개발의 기회가 끊임없이 제공되어야 한다. 회사의 성공이 내 이력서의 화려한 경력으로 남아야 한다. 이러한 확인 과정이 빠지면 어느 날 갑자기 일하는 것이 재미없어진다.

밸런스 경영의 세 번째 차원은 일과 여가와의 균형이다. 일과 여가는 더 이상 이분법으로 구분되는 모순적인 관계가 아니다. 여가를 통해 심리적 재생산 과정이 끊임없이 이뤄져야 일터에서의 창의적 노동이 가능한 것이다. 폭탄주나 무조건 떠나고 보는 잘못된 여가 행태로 인해 월요병만 심해지는 방식으로 회사가 발전하고 각 개인이 만족스런 삶을 살 것이라고 기대하는 것은 큰 착각이다. 회사가 직원들의 여가와 건강을 배려해야 하는 시대가 된 것이다. 이런 방식으로 회사가 정말로 내 개인의 삶을 배려한다는 심리적 계약이 이뤄져야 각 개인은 회사의 발전과 자신의 성장을 동일시할 수 있게 된다.

밸런스가 깨진 직원들의 실태

각 개인의 균형된 삶을 배려하는 기업의 밸런스 경영은 스트레스, 직무 만족, 업무 몰입, 삶의 만족도와 같은 심리적 차원에까지 깊은 영향을 미친다. 실제로 나는 지난 2004년 하반기에 한 기업체를 대상으로 '일과 삶의 조화'에 관한 연구를 실시했다. 그 결과 개인의 각 영역에서의 갈등 수준은 위의 심리적 요인에 아주 강하게 영향을 미치고 있는 것으로 나타났다. 일과 삶의 세 차원, 즉 일과 가족의 균형 관계, 일과 여가의 균형 관계, 회사 성장과 개인 성장의 균형 관계가 깨져 있는 직원들의 스트레스와 탈진은 매우 높게 나타났다. 반면, 직무 만족, 업무 몰입, 삶의 만족은 일과 삶의 조화가 이뤄져 있는 직원들에 비해 형편없이 낮았다.

밸런스 경영 프로그램

밸런스 경영은 지금까지 기본급, 성과급이나 아주 기초적인 복리후생 프로그램의 소극적 경영 방식에서 보다 적극적인 경영 패러다임으로의 전환을 뜻한다. 밸런스 경영의 보다 적극적인 인사 관리 프로그램의 예를 들어보면 다음과 같다.

- 일 스트레스 관리, 안티-번아웃 프로그램Anti-burnout program, 유연근무제, 직무공유제
- 성장 및 퇴직 관리 평생경력 관리상담, 평생학습 코디네이터, 퇴직연금 및 퇴직자교육
- 가족 육아/탁아 지원, 라이프 코칭, 출산 및 육아 휴직제
- 여가/건강 EAP(Employee Assistance Program), 여가 정보 서비스, 건강

정보 서비스, 여가/건강 지원 프로그램

위의 네 가지 영역에서 이뤄지는 밸런스 경영은 기업과 개인에게 질적인 변화를 야기한다. 우선 각 개인들은 일터에서의 불필요한 에너지 소모를 피할 수 있다. 아울러 자신의 직장에서 삶과 일 이외의 영역에서의 삶이 예측 가능해진다. 이를 통해 자신의 삶에 대한 통제력을 확보한다. 심리학에서 자기 존중감의 가장 중요한 측면이 바로 자신의 삶에 대한 통제력을 얼마나 느끼는가이다. 내 삶의 주인이 나라는 느낌을 가질 때 사람은 행복해지는 것이다. 개인은 그렇게 스스로 삶을 통제하고 있다는 것을 확인하면서 자신의 잠재력을 발휘하려는 동기를 극대화하고 직무에 자발적으로 몰입하게 된다.

기업의 차원에서 볼 때, 우선 직원들의 직장 생활에 대한 만족도가 증가한다. 이를 통해 고용 브랜드를 구축할 수 있고 궁극적으로 핵심 인재들의 이직률이 감소하여 기업의 생산성이 증대되는 결과를 낳는다. 실제로 서구 각국에 '워크 라이프 밸런스' 프로그램이 진행된 결과로 생산직에서는 결근률, 불량률, 사고율이 감소되고 사무직에서는 스트레스 수준이 감소되고 직무몰입도가 획기적으로 증대되었다고 보고 되고 있다.

밸런스 경영 수준 평가방법

실제 내가 일하는 회사의 밸런스 경영의 수준을 판단하는 간단한 체크리스트를 살펴보자. 다음의 16개의 각 질문은 일, 가족, 성장, 여가/건강과 관련한 네 가지 차원의 질문을 순서대로 나열한 것이다. 각 질문의 해당 사항을 '예스(Y)'와 '노(N)'로 체크해보기 바란다.

각 영역별의 Yes의 숫자를 다음의 그림으로 표시해보면 자신의 회사의 밸런스경영의 수준이 어떤지 잘 나타난다.

차 원	문 항	Y	N
일	우리 회사는 대부분의 직원들이 정시에 퇴근한다.		
	우리 회사는 팀 또는 관련 부서간에 스케줄을 조절할 수 있는 게시판이 운영된다.		
	우리 회사는 유연근무제 등을 운영해 개인이 근무 시간을 탄력적으로 운영할 수 있다.		
	우리 회사는 직원 조사 등을 실시하여 정기적으로 잡무, 불필요한 회의 등의 업무 방해 요인들을 해결하기 위해 노력한다.		
가족	우리 회사는 유아/탁아 시설 혹은 비용 등을 지원함으로써 직원들이 자녀 양육에 대한 부담으로 일에 지장을 받는 경우가 없다.		
	우리 회사는 산전/산후 휴가 및 가족 문제로 휴가를 사용하는 데 있어 상사/동료 눈치를 보지 않는다.		
	우리 회사는 가족간의 갈등을 해소하거나 고민을 상담할 수 있는 프로그램이 있다.		
	우리 회사는 직원들이 일 때문에 주말에 가족과의 시간을 포기하는 경우가 거의 없다.		
성장	우리 회사는 학습 코디네이터 등을 두어 직원들의 개별 요구를 반영, 적합한 업무 관련 교육을 충분히 받게 하고 있다.		
	우리 회사는 인생 설계 및 성장에 관해 상담할 수 있는 전문 인력이 있다.		

성장	우리 회사는 직무 교육 이외에 직원들의 자기계발을 위한 프로그램을 지원한다.		
	우리 회사의 직원들은 평생학습 프로그램 및 퇴직관리 프로그램(전직/창업 알선/퇴직 후 재테크 교육) 등을 통해 퇴직 후의 삶을 준비하고 있다.		
여가 /건강	우리 회사는 온/오프라인 건강관리 서비스(자가진단, 전문의 소개, 상주/방문치료 등)를 제공한다.		
	우리 회사는 직원들의 스트레스를 관리하기 위한 프로그램을 운영하는 등 직원들의 정신 건강 유지를 위해서도 노력한다.		
	우리 회사는 업무 이외에 직원들의 취미 생활, 동호회 활동, 여가 생활을 위해 배려한다.		
	우리 회사의 직원들의 안식휴가/집중휴가 및 유연한 휴가 사용 등을 통해 충분한 재충전의 기회를 갖는다.		

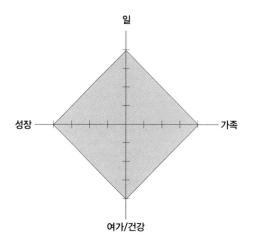

우리 회사의 밸런스 경영 수준은?

각 차원별로 Yes의 숫자를 합해서 표시한 다음 4개의 점을 연결해 보세요

위의 각 문항에서 Yes(Y)가 13개 이상 되는 회사에 다니고 있다면 당신은 회사에 불만을 이야기해서는 안 된다. 한국의 현재 상황에서 그 정도의 밸런스 경영을 하고 있다면 정말 즐거운 직장이라 할 수 있

다. Yes(Y)가 5개에서 12개 사이가 된다면 그다지 나쁜 상황은 아니다. 그러나 앞으로 끊임없이 개선해나가지 않으면 회사에 꼭 필요한 유능한 인재들이 속속들이 그 회사를 떠날 것이다. 만약 Yes(Y)가 4개이하라면 당신은 마지못해 그 회사를 다니고 있는 것이다. 그리고 언제든지 떠날 생각만 하고 있을 것이다.

잘되는 회사는 계속 잘되고
안 되는 회사는 결국 망한다

하지만 더욱 중요한 것은 밸런스 경영이 회사의 인사 조직 관리의 시스템에만 해당되는 것이 아니라는 사실이다. 각 개인이 자신의 직장과 가정, 성장, 여가/건강의 균형 관계를 유지하기 위해 끊임없이 노력하지 않으면, 자신의 삶에 대한 통제력을 상실하게 된다. 그 결과는 아주 단호하다. 자신의 매우 유능하다고 생각하지만 자신의 회사는 정반대로 판단하게 된다. 본인은 자신이 다니는 회사의 밸런스 경영의 문제를 탓하지만 회사는 그 개인의 밸런스 능력을 문제 삼게 된다. 결국 이런 회사와 이런 회사에 다니는 사원은 동반하여 몰락하게 되는 것이다.

잘되는 회사는 행복한 사람들이 일하기에 계속 잘되고, 망하는 회사는 사는 게 재미없는 사람들이 일하기에 망할 수밖에 없다.

당신과 당신의 회사는 어떤가?

그러는 당신은
어떻게 노시나요?

"대체 그렇게 놀자고 외치고 다니는 그대는 어떻게 노시나요?"

사람들은 내게 묻습니다. 궁금할 만도 합니다. 실망스러우시겠지만 저는 정말 단순하게 놉니다. 주로 'B&G'를 하고 놀지요. 'B&G'란 'Bbeong & Gura'의 약자지요. 굳이 우리말로 쓰자면 '뻥 앤 구라'입니다. 맘 맞는 사람들과 모여 뻥과 구라로 시간을 보내는 것이 내가 가장 즐기는 놀이입니다. 주로 이런 종류의 뻥입니다.

콘서트 파트너 좀 되어 주실래요?

대학 시절, 수많은 아가씨들을 유혹하기 위해 던졌던 첫마디지요. 86 아시안게임, 88 서울올림픽을 전후해서 수많은 음악회가 열렸습니다. 국가의 문화적 이미지를 높이기 위한 수단이었지요. 당시 집안끼리 잘 아는 분이 이 모든 문화 행사를 주관하는 위치에 있었습니다. 그러나 그분 스스로는 이러한 문화 행사에 그리 큰 관심이 없었습니다. 결국 그분에게 수시로 들어오던 로얄석의 음악회 티켓, 오페라 티켓이 모두 내게 넘겨졌지요.

당시 대학생에겐 하늘에 별 따기인 이 티켓을 미끼로 대학 동아리 후배, 독일어 학원의 아가씨, 교회 성가대의 옆자리 아가씨 앞에서 닥치는 대로 콘서트 티켓을 흔들며 슬픈 표정을 지었습니다. 표는 참 많았습니다. 남는 표를 어쩌지 못해 부탁한다며, 콘서트 파트너 그 이상도 그 이하도 절대 아니라는 내 정성 어린 부탁에 그 순진한 아가씨들은 모두들 방심했지요. 오페라 공연이 끝나고 집까지 바래다주는 골목길, 그녀들의 집 대문 앞에서 나는 그날 들었던 주요 아리아를 불렀습니다. 물론 어깨에 힘주고 손을 양쪽으로 벌리는 전형적인 오페라 주인공의 포즈로.

내 노래는 하늘에 올라갈 듯했지요. 내 아리아와 이에 덧붙은 가사에 대한 낭만적인 설명을 듣고 나면, 그때 그 아가씨들의 대부분은 더 이상 콘서트 파트너일 수 없었지요. 정말 장미희식의 '아름다운 밤이에요. 여러분, 사랑합니다'였습니다.

물론 뻐—엉입니다. 실제로 노래는 무수히 불렀습니다만, 내 어설픈 아리아에 감동한 아가씨는 오직 단 한 명뿐이었습니다.

이런 구라도 가끔 합니다.

나는 바흐의 칸타타를 좋아한답니다

클래식 음악을 순진한 아가씨들에게 작업 거는 수단으로만 생각했던 내게 바흐의 음악이 정말 가슴을 저미는 소리로 다가온 적이 있었어요. 독일에 유학을 가서 처음 맞이한 봄날이었지요. 너무 외로웠어요. 잔디가 파랗게 올라오는 동네 공원을 헤매다 음악회 포스터를 봤어요. 바흐의 「하몰메세」(h-moll messe, b단조 미사)를 베를린 필하모니가 연주하고 클라우디오 아바도가 지휘한다는 내용이었습니다. 지금 생각하니 아마도 부활절 전이었던 모양입니다.

연주회 장소는 베를린 외곽의 숲 가운데 자리 잡은 발트뷔네였지요. 발트뷔네란 숲 속의 무대라는 뜻입니다. 숲 속의 야외음악당이지요. 바로 발트뷔네로 향했습니다. 가다가 배가 고플 것 같아 브뢰첸(주먹만하고 겉은 딱딱하고 속은 한없이 부드러운, 아주 고소한 독일빵) 한 조각과 키르쉬(버찌) 한 봉지를 샀습니다. 목마를 것 같아 5마르크짜리 백포도주도 한 병 샀습니다. 발트뷔네에 도착하니 봄비가 추적추적 내리기 시작했습니다.

독일의 비는 우산이 없어도 견딜 만합니다. 병아리 오줌처럼 찔끔거리며 내리다 멈췄다 하거든요. 날씨 탓인지 아바도가 지휘하는데도 구석구석에 빈자리가 많더군요. 점퍼의 깃을 올리고. 한 구석에 앉아 마른 빵을 씹으며 바흐의 「하몰메세」를 들었습니다. 싸구려 백포도주를 삼키며 무지하게 훌쩍였습니다. 중간중간 붉은 버찌도 쉴 틈 없이 빨아댔습니다. 그 와중에서도 나름대로 내 모습이 묘한 에로티시즘이 있다는 생각을 했습니다.

반복되는 코랄 부분에서는 흐르는 눈물을 어찌할 수 없더군요. 아무도 아는 사람이 없는 지구 저쪽 베를린의 한구석에서 내 외로움은 그렇게 비와 포도주에 젖고 있었지요. 바흐의 키리에는 저 혼자 숲을 돌아나가고 있었고.

허섭스레기 이야기를 즐기지요

내가 즐기는 음악에 관한 구라는 참 많습니다. 음악가에 대한 이야기도 한 번 시작되면 끝이 없지요. 물론 대부분 음악에 관한 전문 지식과는 전혀 상관없는 허접한 이야기들뿐입니다. 주로 이런 종류의 이야깁니다.

얼마 전까지 슈베르트와 슈만의 가곡을 디트리히 피셔 디스카우의 연주로만 들었어요. 헤르만 프라이도 있었고, 좀 젊은 축에는 올라프 베어라는 친구도 있었지만 둘의 소리는 피셔 디스카우에 지적인 음성에 비하면 곰이 내는 소리에 가깝지요. 베를린에서 피셔 디스카우의 은퇴 음악회는 직접 가서 봤습니다. 키가 상당히 크더군요. 유난히 튀어나온 앞이마가 검은 연미복과 너무 잘 어울렸습니다. 혹시 그가 부르는 슈만의 가곡 『디히터스리베』(시인의 사랑)의 첫 곡인 「아름다운 오월에」를 들어보셨나요? '시인이 사랑하면 정말 이렇겠구나.' 하는 느낌이 피부로 와 닿습니다.

슈베르트의 가곡을 제대로 듣고 싶은가요? 그럼 커튼을 내려야 합니다. 그리고 방 한구석에 램프를 켜거나 촛불을 켜야 합니다. 슈베르트가 사신 음울함은 대낮에도 어두컴컴하고 진눈깨비가 흩뿌리는 독일의 초겨울 날씨가 배경이 되지 않으면 제대로 이해할 수 없지요. 벽에 비쳐 흔들리는 촛불이 곁들여져야만 「겨울 나그네」의 처절함에 함께 몸을 떨게 됩니다. 환한 형광등 아래서 듣는 「겨울 나그네」는 청승일 따름입니다.

그런데 요즘은 피셔 디스카우의 노래를 안 들어요. 이안 보스트리지 때문입니다. 세상에 이렇게 슈베르트의 가곡을 잘 부르는 친구가 있다니. 게다가 켐브리지와 옥스포드 출신의 철학 박사랍니다. 서른 살이 넘어서 성악가로 데뷔했다고 합니다. 생긴 것도 우수에 가득 찬 모습이 장난이 아닙니다. 세상은 아주 가끔 불공평합니다. 한번 불공평하면 아주 심하게 불공평합니다. 나는 머리가 빠지고 배가 나오는데 이 친구는 이렇게 잘생긴 얼굴로 이토록 아름다운 노래를 부를 수 있다니. '있는 놈들이 더해'라는 표현은 이때 쓰는 건가요?

독일보다 더 음울한 영국 런던의 날씨 때문인지, 보스트리지가 부르는 슈베르트의 가곡은 구절마다 절절이 가슴을 면도칼로 저며 냅니다. 그 자국마다 한동안 잊고 지냈던 기분 좋은 우울함이 스며들지요. 보스트리지의 「안덴몬트」(달에게)를 한번 들어보실래요?

"사랑하는 달아, 네 은빛을 비춰다오. 내 꿈과 상상의 나래가 지나쳐가는 너도밤나무의 푸른 나뭇잎 사이로."

이렇게 시작되는 첫 구절은 너무 달콤합니다. 노래의 흐름에 흐느적거리다 보면 어느새 끝이 됩니다. 그의 노래는 이렇게 끝이 납니다.

"달아 네 친구를 위해 슬퍼해다오. 너로부터 버림받은 사람이 울고 있는 것처럼, 흐릿한 구름 사이로 흐느껴다오."

이때쯤이면 나는 모든 여성들에게 버림받은 사람이 되어 책상 위에 쓰러집니다. 마지막 그 피아노 반주의 떨림이란.

빈티지 오디오 시스템을 구입했습니다

내 주위에 이런 종류의 'B&G'에 관한 한 타의추종을 불허하는 사람이 있습니다. 하는 일이 일정치 않은 갑수형입니다. 지금은 CBS FM에서 '김갑수의 아름다운 당신에게'라는 프로그램을 진행하니 방송인이라 해야겠지만, 시를 써서 시집을 냈으니 시인이기도 하고, 출판평론도 자주 하니 출판평론가이기도 합니다. 음악에 관해서도 모르는 게 없고, 오디오에 대해서는 마니아라는 표현을 넘어서 편집증적인 증상까지 보이니 음악전문가라고 불러도 될 것 같습니다.

얼마 전 형의 꼬임에 빠져 진공관 앰프 등으로 구성된 빈티지 오디오 시스템을 구입했습니다. 진공관 오디오를 구입하는 데 그다지 돈이 많이 들지 않는다고 해서 시작했는데, 결국 나로서는 천문학적인 액수가 들어갔습니다. 형수를 만났더니 그 마수에 걸리면 빠져나올 사람이 없다고 하더군요. 그러면서 애처롭게 바라보던 형수의 그 표정이란.

쌓인 일을 미루고 음악과 함께 조는 행복을 아시나요?

하지만 덕분에 요즘 너무 행복합니다. 내가 좋아하는 바흐와 슈베르트를 한없이 듣습니다. 내 연구실을 슈베르트의 음악을 듣기에 꼭 알맞은 조명으로 인테리어하고 초도 켰습니다. 시간만 나면 가까운 사람들을 불러 초를 켜고 B&G로 시간 가는 줄 모릅니다. 지난 겨울 어느 날, 갑수 형과 가까운 또 다른 형들 몇몇이 모여 B&G의 한 저녁을 보냈습니다. 사십 중반의 사내들이 여자도 술도 없이 참으로 오랫동안 수다를 떨었습니다. 그 사실이 스스로도 신기했는지 갑수 형은 그때 이야기를 자기 방송국 프로그램 홈 페이지에 올렸습니다. 이 책의 끝은 바로 형의 그 글입니다. 책의 말미에 올려도 된다고 허락받았습니다.

요즘 나는 내 연구실에서 사진처럼 편하게 앉아서 산더미처럼 밀려 있는 연구는 안 하고, 이렇게 뻥과 구라로 노는 게 제일 행복합니다. 가끔 이 편한 의자에서 꼬박꼬박 졸기도 하고요. 눈 앞에 해야 할 일을 잔뜩 쌓아 놓고, 아주 잠깐 짧은 잠에 깊이 빠져들 때 그 미로에 쑥 빠져드는 것 같은 기분 좋은 행복감을 혹시 아시는지 모르겠네요?

이렇게 단순하게, 그러나 행복하게 놉니다

갑수 형의 꼬임에 빠져 산 진공관 오디오와 바흐와 슈베르트의 음악을 듣기 좋게 세팅한 내 연구실(?)에서 세상에서 가장 편안한 자세로 찍은 내 발

갑수 형의 홈피에 올라 있는 글
_ *"우리들은 모두 까맣게 늙었죠."*

겨울밤은 보글보글 끓고 있고 우리들은 동그랗게 모여 있어요. 정운이, 진일이, 영식이 그리고 나. 실내가 추워서 외투도 벗지 않고 있지만, 찌개도 호빵도 없이 커피뿐이지만, 여자 친구는커녕 두꺼운 책들만 사면을 가득가득 채우고 있지만.

겨울의 일요일 밤은 안개처럼 시내처럼 혹은 세월처럼 흐르고 있었죠. 영식이, 진일이, 정운이 그리고 나. 우리들은 모두 다 까맣게 늙었죠. 이럴 직 좁다란 통네골목길을 달리며 놀다가, 여러 군데 학교를 기웃거리다가, 먼 곳을 돌아다니며 학위며 경력이며 이력을 쌓다가, 우리들은 지금 까맣게 늙어서 동그랗게 모여 앉았죠. 어느 깊은 겨울의 일요일 밤 정운이네 한남동 새 연구실에서.

그러니까 이런 거예요. 친구들과 놀이의 추억은 항상 청소년기 언저리에서 정지해 있게 마련이죠. 대학생 무렵부터는 대체로 연인이 동반되는 상황이고, 그 이후부터야 무익한 무용한 그냥 만남은 참 드물어지는 거예요. 그나마 그 만남의 상황이 어떤 거창한 목적성을 띠게 되고요. 마음속에서는 언제나 아이가 떠나가지 않고 있건만 왜 다들 그렇게 사는 건지 몰라요.

조개탄 난로에 보글보글 찌개를 끓이며 한정 없이 시간을 죽이던 추억이 내게도 있어요. 미대를 다니던 친구의 화실에서였죠. 그때 누구누구가 드나들었더라, 하여간 겨울밤은 길고도 긴데 우리들의 이야기는 끝이 없었죠. 그때 함께 있던 화실 주인의 여자 친구 이름이 아마 경혜였을 거예요. 경혜 씨의 친구, 친구의 친구들, 그렇게 여럿이었을 거예요. 그 겨울밤은 영원처럼 끝나지 않을 텐데. 아, 우리들은 이제 늙었죠. 화실의 주인공은 저 세상으로 떠나버렸어요. 그런 거예요. 언젠가는 다 죽겠죠. 하지만 아직 대부분은 땅 위에 남아 있어요. 그러니까 만나야죠. 그냥 10대들처럼. 아무런 목적 없이.

며칠 전, 겨울이 깊은 일요일 밤에 정운이, 진일이, 영식이 그리고 나. 이렇게 넷이서 한정 없이 시간을 죽이며 있었어요. 사실은 정운이 연구실에 오디오를 설치하게 돼서 그걸 들으러 모였던 거죠. 더 사실을 말하자면 진일이는 16년, 정운이는 13년 만에 독일 유학에서 돌아온 용사들이죠. 영식이는 치과 병원을 접고 몇 해 전 대학에 자리를 잡았고. 아, 그러고 보니 나만 정지한 듯이 세월을 보낸 거고 나머지 친구들은 모두 세속적 의미에서 번듯한 이력을 지닌 교수들이었어요.

　끝도 없이 독일 노래를 들었어요. 그 나라 가요도 우리네와 별로 다를 바 없더군요. 페터 알렉산더의 노래를 틀면서 정운이가 그랬어요. 이 친구는 독일의 나훈아야. 젊은 애들은, 우리가 나훈아나 태진아과를 우습게 알듯이 그렇게 여기면서도 실은 속으로 대단히 좋아하는 인물이지. 그 중에 한 곡 「작은 술집」(Die Kleine Kneipe)이라는 노래가 나오면 모두가 따라 부르거든.

　'저녁나절 모두들 집으로 돌아갈 때/동네 입구의 작은 술집에 들리지/거기서는 삶이 살 만해/네가 무슨 일을 하는지, 어디에 사는지 아무도 관심 갖지 않네/벽에는 여행 간 친구들이 보내온 엽서/축구 동호회의 플랜카드 따위가 붙어 있고/모두들 크게 떠들며 한쪽에서는 뮤직박스에 돈을 넣고 음악을 틀고/나오는 음식은 항상 똑같은 크라우트(김치)뿐/술값은 언제든지 외상으로 할 수 있는 작은 술집…….'

　두 독일파는 노래가 나올 때마다 따라 불렀죠. 내게 필이 팍 꽂혔던 곡도 있었어요. 막스 라베Max Raabe가 부른 「어떤 개새끼도 내게 전화하지 않는다」였어요. 어떤 독신자 녀석이 날마다 외로움에 몸부림칩니다. 전화 한 통 걸려오는 데 없고. 혹시 내가 외출한 중에 오는 게 아닐까. 그는 앤서링 머신을 설치하죠. 그날 나갔다 돌아오니 아, 정말 한 통이 입력돼 있었어요. 반갑게 전화통을 켜보니 '어, 잘못 걸었는데요……' 우와! 어떤 개새끼도 내게 전화하지 않는구나Kein Schwein ruft mich an! 이런 내용. 독일파들은 슈바인Schwein을 반드시 '개새끼'라고 번역해야 맛이 산다고 강조했어요.

겨울밤은 보글보글 깊어가고 사람들은 모두가 어딘가에서 살고 있겠죠. 의미 없는 이야기로 히히거리며 한정 없이 시간을 죽이며 살고 싶어요. 그곳이 독일이든 서울 한남동 연구실이든 혹은 저 외진 변두리 지하방이든.

KI신서 9708

노는 만큼 성공한다(개정판)

1판 4쇄 발행 2024년 2월 16일

지은이 김정운
펴낸이 김영곤 **펴낸곳** (주)북이십일 21세기북스

출판마케팅영업본부 본부장 한충희
출판영업팀 최명열 김다운 권채영 김도연
제작팀 이영민 권경민
디자인표지 twoes **본문** 노승우

출판등록 2000년 5월 6일 제406-2003-061호
주소 (우 10881) 경기도 파주시 회동길 201(문발동)
대표전화 031-955-2100 **팩스** 031-955-2151 **이메일** book21@book21.co.kr

(주)북이십일 경계를 허무는 콘텐츠 리더

21세기북스 채널에서 도서 정보와 다양한 영상자료, 이벤트를 만나세요!
페이스북 facebook.com/jiinpill21 포스트 post.naver.com/21c_editors
인스타그램 instagram.com/jiinpill21 홈페이지 www.book21.com
유튜브 www.youtube.com/book21pub
서울대 가지 않아도 들을 수 있는 명강의! 〈서가명강〉
유튜브, 네이버, 팟캐스트에서 '서가명강'을 검색해보세요!

ⓒ 김정운 2010

ISBN 978-89-509-9551-5 03320
책값은 뒤표지에 있습니다.

이 책 내용의 일부 또는 전부를 재사용하려면 반드시 (주)북이십일의 동의를 얻어야 합니다.
잘못 만들어진 책은 구입하신 서점에서 교환해 드립니다.